谨以此书献给广西壮族自治区成立60周年！

壮乡的昨天和今天

潘鸿權题

（潘鸿权，广西壮族自治区人民政府原秘书长、自治区政协原副主席）

壮乡的昨天和今天

谢朝生书

（谢朝生，广西壮族自治区政协原副秘书长、巡视员，
广西老年书画研究会会长）

壮乡的昨天和今天

Mbanjcuengh Ngoenzlwenz Caeuq Ngoenzneix

The Yesterday and today of The Guangxi Zhuang Autonomous Region

陆昌珍 著

中国社会出版社
国家一级出版社·全国百佳图书出版单位

图书在版编目（CIP）数据

壮乡的昨天和今天／陆昌珍著．—北京：中国社会出版社，2016.7

ISBN 978－7－5087－5377－5

Ⅰ．①壮…　Ⅱ．①陆…　Ⅲ．①广西—概况　Ⅳ．K926.7

中国版本图书馆 CIP 数据核字（2016）第 164226 号

书　　名：壮乡的昨天和今天
著　　者：陆昌珍

出 版 人：浦善新
终 审 人：王　前
责任编辑：杜　康　　　　**责任校对**：王银霞

出版发行：中国社会出版社　邮政编码：100032
通联方法：北京市西城区二龙路甲 33 号
电　　话：编辑室：（010）58124864
邮购部：（010）58124848
销售部：（010）58124845
网　　址：www.shcbs.com.cn
shcbs.mca.gov.cn
经　　销：各地新华书店

中国社会出版社天猫旗舰店

印刷装订：保定彩虹印刷有限公司
开　　本：170mm×240mm　1/16
印　　张：22
字　　数：350 千字
版　　次：2016 年 7 月第 1 版
印　　次：2016 年 7 月第 1 次印刷
定　　价：49.00 元

中国社会出版社微信公众号

写在前面

工作32年，11680天。不变的是，每天几乎都与1、2、3、4、5、6、7、8、9、0这几个数字打交道，算加减、玩乘除；变的是，由参加工作时拨起来噼噼啪啪响个不停的小算盘，过了几年换为按起来嘀嘀响的小计算器，到后来是不断更新换代的计算机。

近一年来，经过对无数个1、2、3……8、9、0这些看起来枯燥无味其中却隐含着各种内容的数字搜索收集、提取加工、排列组合、计算剖析、评断书写，到今天，这本主要以数字话说广西的名为《壮乡的昨天和今天》的小书终于得以串连成串、付梓印刷了，心里着实有些欣慰。

之所以写这本以数字话说广西的书，起源于自己是中华民族大家庭里壮族的一分子。作为壮家的一员，早就想写一本与故乡有关的书。一是借以让自己记得自己虽早已大体被同化、甚至连本族语言基本上也不会说更不会写、穿着生活起居和汉族人也没什么两样，但血管里仍然是流淌着壮族血液的一员。壮族，是我国56朵民族之花中的第二大朵，是人口最多的少数民族，现已分布在全国各省份，主要居住在广西、云南、广东、贵州、湖南等地。其中居住在广西的壮族人口就有1500多万。著名的代表人物有：山地战开山鼻祖桀骏，建“大历国南天国”侬智高，抗倭英雄瓦氏夫人，太平天国北王韦昌辉，桂系首领陆荣廷，两广总督岑春煊，红七军师长韦拔群，全国人大副委员长韦国清、甘苦，全国政协副主席李兆焯、马飚，自治区政府主席覃应机、陆兵、陈武，体操运动员李宁，歌唱家韦唯等。二是在生我养我、培育我成长的这块土地上享受着人生的同时，作为在本土工作多年的我，回眸这些年来工作过程中的点点滴滴、所见所闻，内心深处似有个天使拿着鞭子驱赶着自己要写一本故土特别是经济社会方面的书，让更多的人特别是壮族以外的民族、广西以外的兄弟姐妹们更多地知晓壮乡，在欣赏陶醉于美丽的八桂大地之时，更加全面、具体地了解真实的壮乡，更能从内心深处、在具体行动上为广西的经济社会建设发热尽力，让广西的明天更美好！

之所以写这本以数字话说广西的书，起感于参与《中华人民共和国民族区域自治法》有关财政条款修改的座谈与同行、老师、同学的关怀怜爱。1999年，组织安排我参加由财政部在拉萨举办的仅有十几个人与会的修改《中华人民共和国民族区域自治法》有关财政条款的座谈会。在一周多的时间里，我不但有机会在西藏多处走访，还尽情领略了青藏高原醉美的自然景观和原汁原味的人文风景，更让我在浓厚的藏俗环境中静下心来认真研读了《中华人民共和国民族区域自治法》，聆听了专家们对民族区域自治条款的精湛释析，同时也让我这个歌唱爱好者在白雪皑皑、高耸入云的青藏高原，身临其境地学会了当时刚刚传唱的《青藏高原》，更高兴的是还让我将自己以1990年至1998年的广西财政状况结合民族区域自治这部法律写成的《广西财力结构的分析评判》与与会者分享，回来后这篇10万字的报告还摘登在《广西财政》1999年第6、7、8期上。2012年，党组织又派我到自治区党校第21期少数民族领导干部培训班学习。开学的头两天，在45名处级同学的投票下我被选为班长，随之又被推选为学员委员会副主席兼生活部长。在随后的几个月里，我与来自区直单位及各市县包括汉族在内的多个民族的同学们一起，在这个大集体中共同度过了非常难忘的时光，在我倡议的“人人都是班长”的班级管理服务机制下开展着生动有序而又丰富多彩的各项学习活动，得到了校领导的充分肯定，引起了区党委组织部的关注。两次代表班上向自治区党委危朝安副书记（校长）和自治区党委常委、政府常务副主席（院长）黄道伟等领导汇报。加上当年读书以及平时系统内举办的上财、中财、复旦、清华、北大等的短期培训班，我被选任为班长数起来已有好几个了。在每每遥念起青藏高原上那美好的片花或偶时翻阅着党校每个同学在《值日班长记录》本上留下的那原始的多彩手笔时，更激励着我有义务和责任去写一本与少数民族有关的书，来感谢组织与同行、老师与同学，来安抚自己那颗跃动的心，来体现团结和谐、其乐融融的中华大家庭56个民族的所有人们共同生活、共同学习、共同成长、共同工作、共同富裕、共同建设美好家园的情景。

之所以写这本以数字话说广西的书，起源于自己闲时随性、忙时即性挥涂的坏习。于是乎，才有了这300多天来昼夜冥思苦想、键盘乱舞的折难，挑战着友人对我说的“不可能”（仅数据的搜集整理就难度非常高，时间跨度长、涉及范围广、计算工作量大）。才有了在《中国财政》等报刊上刊登《在海那边》《源远才能流长》等采访报道。才有了在《广西日报》等报刊上发表《从萧何爱书说起》《豺咬杀羊及其他》《莫以亲疏定优劣》《从算缗告缗令说起》等“今日话题”“思辨一得”。才有了在《广西财政》等杂志上谈论《增强生命线意识搞好财政工作》《新形势下开展思想政治工作的艰巨复杂性》《从三大检查中看精神文明建设》《从财税违纪现象看加强基层党组织建设的重要性》等话题。才有了在《中国财经》《改革与战略》《经济参考》等杂志上挥笔《主权外债与财政风险》《县级财政的困境与出路》《财政收入占 GDP 比重低的原因分析》等业务性文章。才有了《广西财力研究》《财源建设的理论与实践》《高新技术企业认定 ABC》等“八股文”专论。才有了《我区集体私营个体经济对财政贡献率低的原因剖析》被时任自治区财政厅厅长作了“这课题很有针对性，此稿下了很大功夫，引用大量数据论证，比较成功，建议单编加按语发到县以上财政部门”的批示；《我区中央专项借款使用管理与偿还过程中存在问题及建议》被时任自治区党委副书记、自治区政府常务副主席作了“请形成专题工作意见，以政府文件形式转发各地执行”的批示；《加强政府债务管理提高政府诚信形象》被时任自治区财政厅厅长选为全区财政系统处级干部学习的内容；《广西政府债务状况的调研报告》被时任自治区政府主席与自治区党委副书记、自治区政府常务副主席作了“政府债务值得高度重视，并要防患化解风险”的批示；《推行值日班长制度的做法与体会》在《新境界》上发表并应自治区党委组织部干教处专呈；《对跟踪落实国务院批转广西请求调整税收管理政策的看法》被现任自治区财政厅厅长黄伟京作了“我厅及自治区有关部门确实存在请示报告后没有及时、反复跟踪落实的问题，确实一些政策、资金不努力汇报，等是等不来的。涉及财税事项我厅要主动，涉及其他部门的，我厅有义务督促办公厅和部门要及时汇报”的批示……有的还被选为业务培训内容到区直或南宁、梧州、桂林、贺州、崇左、北海、玉林、贵港、百色等市县讲授。

之所以写这本以数字话说广西的书，起因于自治区领导在相关业务工作上批示的启示。如自治区党委彭清华书记在争取国家财政转移支付事项上的批示，自治区政府陈武主席在应对税收跨省流出问题中的批示，自治区政府黄道伟常务副主席在抓紧跟踪落实请求调整央企驻桂机构税收政策上的批示，自治区政府唐仁健常务副主席在财政金融部门处级干部“三严三实”专题教育上的党课等。看着、听着这些非常有针对性的批示或讲话，让从事财政工作 30 多年的我陷入了长时间的思索。长期以来，广西作为民族区域自治的地方，在党中央、国务院的正确领导下，虽然各个领域取得了全面快速的发展，但与兄弟省区比较起来，为什么经济规模还是那么小、公共财力还是那么薄、人均收支还是那么低、税收流出数额还是那么大、贫困人口还是那么多？在争取中央政策或资金等支持的事项上为什么往往主动作为不够、沟通汇报不够、收效作用不大？甚至有个别县市在中央部门下发紧急通知多次催要材料的情况下仍视而不见？这些问题的产生和长期存在，原因固然多种多样、百理千条，但我认为，根源之一恐怕主要的还是在思想认识上。也就是说，由于对广西这个人口最多、少数民族人口最多的自治区的具体客观实际情况了解得仍不够全面、仍不够深入到位，因而在思想认识与工作行动上没有及时地、很好地根据壮乡这个最大的特点、最大的实际情况，因地制宜、注重实效地来创造性地贯彻执行落实中央的各项方针政策，甚至还存在或出现了许多“过于唯本”“过于唯上”“过于唯文”的言论与做法。比如，在国家财税经济大政策的环境下，作为少数民族自治的地方，广西是否有必要更加积极主动地多方争取中央给予更多财税支持政策、更多资金的具体请求事项上。有一种观点或看法认为，在现行的体制下如果没有中央发声，地方就算如何发力如何跑“部”前进都没有用，主张“等”中央有明示再说。撇开其他因素不论，我以为存在“等待、唯上、照搬”的观点或做法，其成因与没有充分了解广西的历史、概况，特别壮乡仍然是个经济十分落后、财政收支矛盾十分突出，又是一个远离祖国心脏、盘踞护卫着南疆的少数民族自治区的这一具体实际情况以及没有根据形势发展变化而相应地与时俱进有着一定的关系。我想，假如知道了壮乡的具体实际情况，相信每一位稍有责任心又敢于担当的，特别是吃广西饭、喝广西水、睡广西床、住广西屋、领广西工资的在桂工作生活的人，关心支持广西特别是有一定话语权的人，都会在思想上不违背与党中央保持高度一致的前提下尽可能地去从中央、从外省为广西争取得到更多的钱、更多的物、更多的有利于壮乡经济社会各项事业全面快速发展的政策的。退其次，如果读者能在本书中得到的哪怕是只有一点点的对广西建设发展有利的启示或灵感，笔者心也足矣。

基于上述，思来想去，站在“实”的角度，本着“实”的要求，从着“实”的需要，最终决定从壮乡的经济社会并与人们工作生活息息相关的内容为基点，通过对数据解剖的方式来阐析新中国成立 65 年以来壮乡的变化发展这样一个题材，写一本以体现壮乡“过去与现在、昨天与今天”经济社会真实状况的书。在重点于壮乡与自己纵向比的同时，更着力于广西与兄弟省的横向比，力求更加全面、更加详细、更加真实、更加客观地透视出壮乡故土的“全国味”。力求在这些枯燥无味但又裸露着真实客观故事的数字中图表里，不仅能看到 65 年来壮乡的巨大变化，更要力求找到找准广西65年来与兄弟省区的差距及原因。体味着这些数据中隐含着的甜酸辣苦，想象着当中的义务与责任。让生活工作在壮乡的各民族兄弟姐妹们更加继续积极努力，戒骄戒躁，取长补短，虚心向兄弟省区学习，在党中央、国务院的正确领导和兄弟省市的大力支持下，全面加快建设社会经济协调健康发展的步伐，共同构筑更加美丽、富强、文明的家园。

有鉴于此，本书从人口数量、经济规模、财政收支、中央财力补助、社会投资、存贷款额、上市公司、工农林牧渔、社会消费量、进出口贸易、城乡居民收入、教育卫生、社会保障、观光旅游等经济社会的有关主要指标着手。在横向上，拿来了同是自治区的4个省份、同是人口数量接近的4个省份、同是邻居的5个省份、同是少数民族较多的8个省份、同是边疆的8个省份、同是西部的11个省份的资料数据，与广西的进行比较分析。甚至还尽可能地找到相关指标排在全国前3名或后3名的省份、找到紧挨着壮乡的前3个省份或后3个省份的资料数据，再来与广西的进行对比剖析。从纵向中，选取了从1949年新中国成立一直到2014年这65年以来的这些指标的数字数据，来尽量进行全面、客观的对比分析。在力求尽可能地反映各个经济社会指标在不同时期不同年份不同表现的同时，又更加侧重地对广西的地区生产总值和财政收支状况以及中央补助资金这三大块内容，进行更全、更多、更深、更细、更密一些的比较、分析与阐述，试图揭开壮乡经济社会各个方面变化发展过程中更多的“面纱”，甚至是触及更多的“肉骨”。

本书主要分为两大部分。第一部分，即书中的第一章到第十五章“壮乡的昨天今天”。在运用大量数据说明广西经济社会取得巨大成就的同时，重点解剖了65年来壮乡与全国、特别是与兄弟省区对比后存在的差距。第二部分即《说在后尾》，根据壮乡的实际情况特别是存在的不足，结合学习十八届五中全会精神特别是创新、协调、绿色、开放、共享的发展理念，笔者浅说几句人口最多、少数民族人口最多的自治区如何紧紧依靠党中央，充分利用民族区域自治的法律法规和充分发挥海陆与东盟相邻的地缘优势，写好灿烂明天的文章。

本书中所有的数字或数据，绝大部分来自于相关年度的《中国统计年鉴》《中国财政年鉴》《新中国50年统计资料汇编》《新中国60年统计资料汇编》《中国省市经济发展年鉴》《中国年鉴》《中国经济年鉴》《广西统计年鉴》《广西财政年鉴》《内蒙古财政年鉴》《新疆财政50年》等。还有部分数字数据来自于有关省（区、市）当年度的《国民经济和社会发展公报》或网上的有关资料。这些数字或数据的说明解释、口径范围、调整更正等，具体见相应的《年鉴》《汇编》等资料上的说明，本书一般不作调整或阐清（除非是非常明显错误或矛盾的）。在此，我顺对上述《年鉴》《汇编》或相关资料文章等的出版社及其相关人员表示深深的感谢！

非常感谢自治区政协原副主席潘鸿权先生、自治区政协原副秘书长谢朝生先生为我这本书题写了书名！

在本书的资料搜集、写作编辑过程中，中国统计出版社、中国财政杂志社、财政部有关司局、相关省级财政厅和我区财政厅、国税局、地税局、民委、语委、党办、政府办、文清办、出版局、统计局等有关处室、税收外流工作小组，以及自治区图书馆何小枝主任、秦东明主任，中国社会出版社总编辑浦善新、编辑杜康等领导、同仁和朋友们提出了宝贵的意见或给予了大力的支持帮助。在此，我发自内心地对他们表示诚挚的感谢！

还值得一提的，就是我那年近 85 岁的广西医科大学党委原副书记、享受国务院特殊津贴的岳父蔡建章教授在本书的写作过程中提出了许多指导性意见，甚至戴着老花眼镜在具体字句上润色；我那宝贝儿子尽管学业繁忙紧张但仍在少许回家之时，与其严谨细致的蔡妈妈和中南财经大学毕业、广西医科大学财务室原主任的陈外婆一起复核了书中许多的数据百分比。在此，我对家人给予的关心与帮助致以由衷的敬意！

应该说明也必须指出的是，由于本人的政策水平不高、业务能力不强和写作水平有限，加上抄搬算的数字数据资料多，书中肯定存在着许多的不足甚至是错误之处。一是首先向您致歉并希望能得到您的谅解；二是恳请得到您的指正；三是感谢您细览了拙作并非常感激您提出的宝贵意见！

毛泽东主席指出："不但要懂得中国的今天，还要懂得中国的昨天和前天。我们要从国内外、省内外、县内外、区内外的实际情况出发，从其中引出其固有的而不是臆造的规律性，即找出周围事变的内在联系，作为我们行动的向导。"习近平总书记说过："必须清醒认识世情、国情、党情的变和不变。"自治区党委彭清华书记批示："要根据国家发展战略和广西区情特点，主动作为、主动汇报、主动沟通，积极争取国家有关部门的理解和支持，为我区经济社会发展提供有力的财力保障。"我深知，虽然《壮乡的昨天和今天》谈不上、也够不着是广西的区情，但应该可以说得上是我对 65 年以来广西经济社会发展状况进行的一些粗浅剖析并由此而得出的一些体会。

“天下之大务，莫大于恤民。”2018 年，将迎来广西壮族自治区成立 60 周年的大喜日子。目前，全区各地正在推出并实施 60 大庆的民生项目。假若《壮乡的昨天和今天》能够给广西的经济社会发展和各族人民生活水平的提高起到哪怕是只有一丁点的有益启示、作用或积极意义，那么，本拙作就算是我对壮乡广西 60 岁生日献上的一朵真挚之花！

今年春节后直至 8 月份，因工作原因我到自治区政府半年。几个月来，每天触摸着那些纸质已经泛黄、新中国成立 65 年以来以政府名义印发的文件，每天饭后散步走过大门入口处那悬挂着“开拓务实　高效为民”的牌子，每天看到那些忙碌的身影，每天深夜办公楼内仍亮着的许多灯光。我忽然恍悟，在这民乐路 1 号聚集了几十年的各式公仆们，不正是一直在竭力率先践行着为壮乡百姓添福、为广西众生谋乐的使命吗！

是为写在前面。

2015 年 12 月 11 日初稿于广西区财政厅 1514 房
2016 年 7 月 17 日定稿于广西区政府 1 号楼 153 房

广西壮族自治区党校第 21 期少数民族班《永远跟党走》演出照

目　录

上篇

下篇

上篇

第一章 广西的人口状况

歌仙刘三姐的故乡——广西，历史悠久，80万年前就有原始人类生息。四五万年前的旧石器时代，柳江人和麒麟山人就在这块土地上过着日出而作、日落而息的生活了。

广西最早纳入统一的中央版图，是秦始皇攻取岭南后设置桂林、象、南海三郡。唐朝岭南道分为岭南东道和岭南西道，升邕管经略使为岭南西道节度使。宋代分广南路为广南东路和广南西路，广南西路简称为广西，广西之名始现。元朝设置广西行中书省，为广西建省之始。

1949年12月11日，全广西解放，后设广西省，省会设在南宁。1952年在邕宁、宜山、百色3个专区成立桂西僮族自治区。1958年3月5日，广西省改为广西僮族自治区。1965年10月12日，广西僮族自治区改名为广西壮族自治区。1978年，自治区成立纪念日定为12月11日，与中国人民解放军解放全广西、右江苏维埃和红七军成立的日子相一致。

壮乡广西是个多民族聚居的自治区，世居民族有壮、汉、瑶、苗、侗、仫佬、毛南、回、京、彝、水、仡佬12个民族，此外还有满、蒙古、朝鲜、白、藏、黎等其他民族。截至2014年年末，全区常住人口4754万人，户籍总人口5475万人，少数民族人口占近40%。少数民族人口在全国31个省份中居于第一位，其中壮族人口占总人口的31.39%。现有14个地级市，37个市辖区、7个县级市、54个县、12个民族自治县。陆地面积23.67万平方千米。

第一节 广西的人口约占全国的3.5%

一、改革开放前的30年——1950年至1980年：约占3.4%

1949年，广西的人口数是1845万，占全国总人口5.42亿的3.4%。其中男性人口952万，占广西总人口的51.6%，女性人口893万，占48.4%，男性比女性多3.2个百分点。

1950年，广西的总人口数比1949年多了30万，占全国的比率还是3.4%。男女比例仍然是51.6：48.4；城镇人口为158万，占8.4%，比全国的6200万人占11.2%低2.8个百分点。

1960年，广西人口数增加到2172万，但占全国的比率降了0.1个多百分点，为3.28%。女性人数为1056万占48.6%，上升了0.2个百分点；城镇人口多了88万，占比11.3%，比全国的19.8低了8.5个百分点，与全国拉开了近6个百分点。

1970年，广西总人口为2818万，占全国8.3亿的3.4%，回升至新中国成立前后时的占比。男性1445万占51.3%，女性占比比1960年时提高了0.1个百分点；城镇人口10年来仅增加了16万，占比为9.3%，反退了2个百分点，与全国的17.3占比拉开8个百分点。

1980年，广西人口达到3538万，占全国的比例是3.58%，比五六十年代高出了0.2－0.3个百分点。女性为1716万，占48.5%；城镇人口数为388万占11%，与此时的全国19.4%占比相比低了8.4个百分点。

从1949年到1980年的近30年时间里，全国总人口由5.42亿增加至9.87亿人，增长了82%，广西人口也由1845万增加至3538万人，增长了92%，比全国多了10个百分点。从占比的情况来看，30年来广西占全国的比率变化不大；城镇人口虽然从158万增加至388万人，但其占人口比，却由1949年只低于全国的2.8个百分点扩大到了11.2个百分点。见下表：

1949－1980年广西与全国人口比 单位：亿人、万人

年份	全国（亿人口）			广西（万人口）		
	总人口	其中男性	其中城镇	总人口	其中男性	其中城镇
1949	5.42	2.81	0.58	1845	952	－
1950	5.52	2.86	0.62	1875	968	158
1960	6.62	3.43	1.31	2172	1116	246
1970	8.30	4.27	1.44	2818	1445	262
1980	9.87	5.08	1.91	3538	1822	388

二、改革开放后的30年——1980年至2010年：约占3.6%

从20世纪70年代后期开始，新中国人口的发展出现了划时代的根本性变化。从城市到农村、从非农业人口到农业人口都无一例外地实行了计划生育政策。壮族虽然是少数民族，但也与汉族一样“享受”着同等的待遇。1990年，广西的人口比1980年增加704万人、2000年比1990年增加509万人、2010年比2000年不增反而减少了141万人。30年间人口实际增加了1072万人。与改革开放前30年增加的1663万人相比，减少了591万人。说明计划生育政策在广西这个少数民族

地区也取得了相当大的成功。但从占比来看，这30年来广西占全国的比例比前30年不降反高，为3.63%。男女性别比，广西约为52.2%，比全国的51.5%高出了0.7个点。这段时期，城镇人口增加较快，在1980年至1990年这10年里，广西从388万增加到1960万人，年均增157万人，2000年为3575万人（统计资料数）。30年中城镇人口占比由11%扩增至40%，但与全国的50%相比，仍低了10个百分点。见下表：

1980－2010年广西与全国人口比　　单位：亿人、万人、%

年份	全国（亿人口）			广西（万人口）		
	总人口	其中男性	其中城镇	人口/占比	其中男性	其中城镇
1980	9.87	5.08	1.91	3538/3.6	1822	388
1990	11.43	5.89	3.02	4242/3.7	2205	1960
2000	12.67	6.54	4.59	4751/3.8	2484	3575
2008	13.28	6.84	6.07	4816/3.6	2536	1838
2010	13.41	6.87	6.70	4610/3.44	2396	1844

三、"十二五"时期的2010年至2014年：约占3.5%

2010年至2014年，广西的人口占全国比，很有意思，每年较上年增0.01个百分点。2014年，城镇人口达到2187万人，是广西总人口的46%，占全国城镇人口的2.19%。见下表：

2011－2014年广西与全国人口比　　单位：亿人、万人、%

年份	全国（亿人口）			广西（万人口）		
	总人口	其中男性	其中城镇	人口/占比	其中男性	其中城镇
2011	13.47	6.91	6.91	4645/3.45	2823	1942
2012	13.54	6.94	7.12	4682/3.46	2832	2038
2013	13.61	6.97	7.31	4719/3.47	–	2123
2014	13.68	7.01	7.49	4754/3.48	–	2187

第二节 广西的人口在5个自治区中人数最多、少数民族人口最多

内蒙古自治区成立于1947年4月23日，土地总面积118.3万平方千米，辖9个地级市、3盟、22市辖区、11县级市、17县、49旗、自治旗。2014年年末，全区常住人口2504.8万人，少数民族人口中以蒙古族为主，蒙古族人口为422.6万人，占17%；其他民族人口为83万人，占4%。城镇人口为1490.6万人，城镇化率达59.5%，比广西高出13个百分点。

宁夏回族自治区正式成立于1958年10月25日，总面积为6.6万多平方千米。2013年各少数民族人口为258.24万人，占全区人口的38.6%，其中回族人口为219万人；行政区域划分为5个地级市，9个市辖区、2个县级市、11个县，另外还辖1个开发区。

西藏自治区正式成立于1965年9月，面积120.2万平方千米，占全国总面积的1/8，仅次于新疆。下辖4个地级市、3个地区和73个县（市、区）。2013年，西藏少数民族人口304万人，占全区总人口312万人的97%，其中藏族人口占总人口的92%以上。

新疆维吾尔自治区成立于1955年10月1日，面积166万平方千米。辖有14个地州市，其中包括5个自治州、7个地区、2个地级市，88个县（市），其中包括32个边境县（市）、6个民族自治县、5个县级直辖市。新疆是一个多民族聚居的地区，现有47个民族成分。2013年，少数民族人口1406.57万人，占全区总人口的62%多。

成立于1958年的广西壮族自治区，不论是昨天的1950年至2010年、还是今天的2011年至2014年，不管是总人口还是少数民族人口，在5个兄弟自治区中都是排在第一：

1949年，608万人的内蒙古、120万人的宁夏、433万人的新疆，三个自治区的总人口1161万人（西藏有关数据未见），还比1845万人的广西少了684万人。

1950年，广西虽然只比1949年增加了30万人，但仍然比内蒙古660万人、西藏114万人（1952年的数）、宁夏126万人、新疆444万人多531万人。

1960年，内蒙古的人口增加了531万人、西藏增加了13万人、宁夏增加了87万人、新疆增加了242万人。4个兄弟区的总人口数，也才超过广西45万人。

30年后的1990年，广西总人口为4242万人，只比4个自治区的总人口之和4379万人少137万人。从这一年的少数民族人口统计数来看，广西有1650万人，内蒙古、西藏、宁夏、新疆分别是400万人、211万人、156万人、934万人，4个自治区共有1701万人，广西只少了51万的少数民族人口。

2010 年，广西的总人口和少数民族人口分别有 4610 万和 1957 万人，4 个兄弟区分别是 5590 万和 2322 万人，广西也只分别少了 980 万和 365 万人。

2014 年，广西 4754 万人，比内蒙古、西藏、宁夏、新疆共 5783 万人只少了 1029 万人。广西的少数民族人口 2004 万人，比 4 个自治区 2517 万少 513 万人（2013 年的数据）。这可能与同是少数民族但实行不同的计划生育政策有一定关系。见下表：

5 个自治区人口数　　单位：万人

年份	广西		内蒙古		西藏		宁夏		新疆	
	总人口	少数民族	总人口	少数民族	总人口	少数民族	总人口	少数民族	总人口	少数民族
1949	1845	–	608	–	–	–	120	–	433	–
1950	1875	–	660	–	114（1952 年）	–	126	–	444	–
1960	2172	–	1191	–	127	–	213	–	686	–
1970	2818	–	1491	–	151	–	277	–	977	–
1980	3538	1335	1876	–	185	–	374	–	1283	–
1990	4242	1650	2163	400	221	211	466	156	1529	934
2000	4751	1721	2372	493	260	246	554	194	1849	1143
2005	4850	–	2385	–	274	–	602	–	1963	–
2008	4816	–	2444	–	292	–	618	–	2131	–
2010	4610	1957	2472	506	300	276	633	233	2185	1307
2011	4645	–	2482	–	303	–	639	–	2209	–
2012	4682	–	2490	–	308	–	647	–	2233	–
2013	4719	2004	2498	548	312	304	669	258	2264	1407
2014	4754	–	2505	–	318	–	662	–	2298	–

第三节　广西的人口在5个人口接近省区中居第二

总人口数量与广西相比，比较接近的4个省是相对而言的。笔者对2002年至2013年这10余年31个省份每年的人口数量进行了比较，看到浙江、辽宁、云南、江西4个省份与广西的比较接近。比如，2002年和2013年，这4个省的人口分别是4776万人、4203万人、4333万人、4222万人和5498万人、4390万人、4687万人、4522万人，而广西的则分别是4822万人和4719万人。见下表：

5个人口接近省区人口数　　单位：万人

年份	广西	浙江	辽宁	云南	江西
1949	1845	2083	1831	1595	1314
1950	1875	2121	1876	1627	1568
1960	2172	2620	2560	1895	2010
1970	2818	3316	3084	2503	2585
1980	3538	3827	3487	3173	3270
1990	4242	4238	3917	3731	3811
2000	4751	4680	4135	4241	4149
2005	4850	4720	4228	4415	4217
2008	4816	5212	4315	4543	4400
2010	4610	5447	4375	4602	4462
2011	4645	5463	4383	4631	4488
2012	4682	5477	4389	4659	4504
2013	4719	5498	4390	4687	4522
2014	4754	5508	4391	4714	4542

1949年，广西的人口比浙江少238万人，比辽宁、云南、江西3个省分别多14万人、250万人和531万人。

1990年，广西的人口超过排在第二的浙江的4万人。

2008年，浙江以5212万人口的数量反超广西396万人。从此以后，一直到

2014年，广西的人口数量均在浙江之后。2014年，云南的人口只比广西少40万人，江西、辽宁分别比广西少212万人和363万人。

第四节　广西的人口在6个相邻省区中居第三

31个内地省份中，广西是个既沿边又沿海的自治区。与之做陆上邻居的有：西边的云南、西北部的贵州、北面的湖南和东边的广东。隔海相望的是海南。

1949年，广西的人口1845万人，高于云南1595万人、贵州1416万人，低于湖南的2987万人和广东的2783万人（海南未见有数据）。

从此后的60年一直到2010年，广西的人口虽然增加至4610万人，其他5个相邻省的人口也分别增至4602万人、3479万人、6570万人、10441万人和869万人，但广西仍居于老三的位置不变。

2014年，广西的人口比广东少5970万人、比湖南少1983万人，比云南多40万人、比贵州多1246万人、比海南多3851万人。见下表：

6个相邻省区人口数　　单位：万人

年份	广西	云南	贵州	湖南	广东	海南
1949	1845	1595	1416	2987	2783	–
1950	1875	1627	1417	3074	2849	247
1960	2172	1895	1643	3569	3471	317
1970	2818	2503	2180	4481	4382	429
1980	3538	3173	2777	5281	5230	553
1990	4242	3731	3268	6111	6347	663
2000	4751	4241	3756	6562	8650	788
2005	4850	4415	3904	6164	8889	728
2008	4816	4543	3596	6380	9893	854
2010	4610	4602	3479	6570	10441	869
2011	4645	4631	3469	6596	10505	877
2012	4682	4659	3484	6639	10594	887
2013	4719	4687	3502	6691	10644	895
2014	4754	4714	3508	6737	10724	903

第五节 广西的人口在9个民族省区中居第二

我国少数民族人口主要分布在内蒙古、新疆、宁夏、广西、西藏5个自治区，以及云南、贵州、青海、四川、甘肃、黑龙江、辽宁、吉林、湖南、湖北、海南、台湾等省份和地区。1998年开始的西部大开发包括的范围，除了重庆、四川、贵州、云南、西藏、陕西、甘肃、宁夏、青海、新疆、内蒙古、广西外（10+2），湖南的湘西土家族苗族自治州、湖北的恩施土家族苗族自治州、吉林的延边朝鲜族自治州在实际中也比照执行。考虑到台湾地区资料上的欠缺和上述有关省份在本书的其他章节中已涉及的原因，本书中所称的9个民族省区，就是专指平常说的8个民族省区再加上湖北省（8+1）。

全国民族自治地方的少数民族人口，除了上面的5个自治区外，根据《2015年中国统计年鉴》的记载，截至2013年，还有：云南1285万人、贵州952万人、青海219万人、湖北265万人、湖南404万人、河北126万人、辽宁176万人、吉林113万人、黑龙江5万人、海南92万人、重庆205万人、四川469万人、甘肃163万人、广东19万人、浙江2万人。全国一共大约有9018万的少数民族人口，占所在省份民族自治地方18316万人数的49.23%，占全国人口的6.63%。

1949年，广西以1845万人的数量排在2581万人的湖北之后。从此，一直到65年后的2014年，广西的人口数量，均居于除湖北外的其他8个民族省份中的第一位。具体见下表：

9个民族省区人口数 单位：万人

年份	广西	内蒙古	西藏	宁夏	新疆	云南	贵州	青海	湖北
1949	1845	608	–	120	433	1595	1416	148	2581
1950	1875	660	114（1952年）	126	444	1627	1417	152	2634
1960	2172	1191	127	213	686	1895	1643	249	3152
1970	2818	1491	151	277	977	2503	2180	283	4027
1980	3538	1876	185	374	1283	3173	2777	377	4684
1990	4242	2163	221	466	1529	3731	3268	448	5439
2000	4751	2372	260	554	1849	4241	3756	516	5960
2005	4850	2385	274	602	1963	4415	3904	591	5710

续表

年份	广西	内蒙古	西藏	宁夏	新疆	云南	贵州	青海	湖北
2008	4816	2444	292	618	2131	4543	3596	554	5711
2010	4610	2472	300	633	2185	4602	3479	563	5728
2011	4645	2482	303	639	2209	4631	3469	568	5758
2012	4682	2490	308	647	2233	4659	3484	573	5779
2013	4719	2498	312	669	2264	4687	3502	578	5799
2014	4754	2505	318	662	2298	4714	3508	583	5816

第六节　广西的人口在9个边疆省区中居第一

我国陆地上与周边国家山水相连的有：广西、云南、西藏、新疆、甘肃、内蒙古、黑龙江、吉林、辽宁9个省区。9个边境省区中，其中包括了除宁夏外的其他4个自治区。

1949年，广西的人口量居于9个边境省区之首；

1950年，广西仅少于辽宁1万人，位列第二；

1980年，广西的人口多于辽宁51万，又居第一。

从1980年到2014年，广西的人口数均位列9省区中的第一位。2014年，广西比排在第三的辽宁4391万人多363万人。见下表：

9个边疆省区人口数　　单位：万人

年份	广西	内蒙古	西藏	新疆	云南	甘肃	黑龙江	吉林	辽宁
1949	1845	608	–	433	1595	968	1012	1009	1831
1950	1875	660	114（1952年）	444	1627	1013	1037	1030	1876
1960	2172	1191	127	686	1895	1244	1815	1397	2560
1970	2818	1491	151	977	2503	1586	2523	1860	3084
1980	3538	1876	185	1283	3173	1918	3204	2211	3487

续表

年份	广西	内蒙古	西藏	新疆	云南	甘肃	黑龙江	吉林	辽宁
1990	4242	2163	221	1529	3731	2255	3543	2440	3917
2000	4751	2372	260	1849	4241	2557	3807	2627	4135
2005	4850	2385	274	1963	4415	2619	3820	2723	4228
2008	4816	2444	292	2131	4543	2551	3825	2734	4315
2010	4610	2472	300	2185	4602	2560	3833	2747	4375
2011	4645	2482	303	2209	4631	2564	3834	2749	4383
2012	4682	2490	308	2233	4659	2578	3834	2750	4389
2013	4719	2498	312	2264	4687	2582	3835	2751	4390
2014	4754	2505	318	2298	4714	2591	3833	2752	4391

第七节　广西的人口在西部 12 个省区中居第二

我国西部大开发 12 个省（区、市）中，1950 年，重庆、四川、陕西、甘肃、青海这 5 个省（市）的人口分别是 1725 万人（1951 年的数据）、4260 万人、1400 万人、1013 万人、152 万人，加上之前已经列过的内蒙古、西藏、宁夏、新疆、云南、贵州分别是 660 万人、114 万人（1952 年数据）、126 万人、444 万人、1627 万人和 1417 万人，广西以 1875 万人之多排在居于第一的四川之后。

到了西部大开发的 1998 年，其他 11 个西部省份的人口数分别增至 2849 万人、8407 万人、3644 万人、2557 万人、516 万人、2372 万人、260 万人、554 万人、1849 万人、4241 万人、3756 万人，广西 4751 万人仍然还是排在第一的四川 8407 万人之后。

2014 年，广西的人口数达到 4754 万人，虽然比排在第一的四川少 3386 万人，但仍比排在第三的云南多 40 万人、比位列第四的陕西多 979 万人。见下表：

12 个西部省区人口数　　单位：万人

年份	广西	内蒙古	西藏	宁夏	新疆	云南	贵州	青海	重庆	四川	陕西	甘肃
1949	1845	608	–	120	433	1595	1416	148	–	–	1317	968
1950	1875	660	114（1952 年）	126	444	1627	1417	152	1725（1951 年）	4260	1400	1013
1960	2172	1191	127	213	686	1895	1643	249	1884	4784	1944	1244
1970	2818	1491	151	277	977	2503	2180	283	2290	6052	2428	1586
1980	3538	1876	185	374	1283	3173	2777	377	2665	7155	2831	1918
1990	4242	2163	221	466	1529	3731	3268	448	2921	7893	3316	2255
2000	4751	2372	260	554	1849	4241	3756	516	2849	8407	3644	2557
2005	4850	2385	274	602	1963	4415	3904	591	2774	8650	3705	2619
2008	4816	2444	292	618	2131	4543	3596	554	2839	8138	3718	2551
2010	4610	2472	300	633	2185	4602	3479	563	2885	8045	3735	2560
2011	4645	2482	303	639	2209	4631	3469	568	2919	8050	3743	2564
2012	4682	2490	308	647	2233	4659	3484	573	2945	8076	3753	2578
2013	4719	2498	312	669	2264	4687	3502	578	2970	8107	3764	2582
2014	4754	2505	318	662	2298	4714	3508	583	2991	8140	3775	2591

第二章　广西的经济规模

GDP是一个国家区域内常住单位的生产产品和提供服务的市场价格。我国习惯上将GDP称为国内生产总值，全国的GDP—— 称为国内生产总值。而各省份的GDP——则称为地区生产总值。

经济总量或经济规模，实际上也是GDP的一个代名词或另一种叫法而已。比如，根据国际货币基金组织（IMF）的预测数据，2014年世界各国GDP排名最高的美国，其经济总量达到174980亿美元。中国位居第二，GDP总量为103857亿美元。日本48175亿美元，排在第三。之后是德国、法国、英国、巴西、印度、俄罗斯和意大利。再如，2013年中国各省（区、市）经济规模排名与世界各地排名的比较，第1名的广东相当于世界第16名的印度尼西亚，第18名的广西相当于世界第45名的希腊，第31名的西藏相当于世界第117名的冰岛等。

国内生产总值（GDP）是国民经济核算的核心指标，是衡量一个国家或地区总体经济状况的重要指标。本书中有时称之为地区生产总值、有时叫它是经济总量或经济规模、有时干脆就写一个GDP，所表述的内容或数据意思都一样。

可以说，国内生产总值也好，地区生产总值、经济总量、经济规模、GDP等也罢，大体上应属于同一概念。

第一节　翻天覆地的巨变

一、新中国成立65年来的变化

从1949年到2014年，中华民族真真正正地屹立于世界的东方。中国人民不但真正站起来了，而且真正富起来了，更是真正强起来了。2010年以408903亿元人民币的经济总量一举超过了日本，成为仅次于美国之后的世界第二大经济体。

2014年，中国的国内生产总值达到636139亿元。是1952年679亿元的937倍、1960年1457亿元的437倍、1970年2261亿元的281倍、1980年4552亿元的140倍、1990年18774亿元的34倍、2000年99776亿元的6.4倍、2005年185895亿元的3.4倍、2010年408903亿元的1.6倍、2012年534123亿元的1.2倍。比2013年588019亿元净多出48120亿元，接近1994年全年的GDP——48460亿元。2015年，全国的经济规模达到了676708亿元。

2014 年，中国的人均 GDP 达到 46629 元。是 1952 年 119 元的 392 倍、1960 年 218 元的 214 倍、1970 年 276 元的 169 倍、1980 年 464 元的 100 倍、1990 年 1654 元的 28 倍、2000 年 7902 元的 5.9 倍、2005 年 14259 元的 3.3 倍、2010 年 30567 元的 1.5 倍、2012 年 39544 元的 1.2 倍。比 2013 年 43320 元净多出 3309 元，还要比 20 年前的 1993 年的全年人均 GDP——3015 元，多了 294 元。

二、广西 65 年来的变化

65 年来，广西也与共和国一样、也同全国各兄弟省份一起，社会经济各个领域得到了全面快速迅猛的发展。为了能更直观、更具体地说明广西在经济规模上的巨变，我们特意将这 60 多年分为两大块，即 1949 年至 1979 年改革开放前的 30 年和 1980 年至 2014 年改革开放后的 30 多年来进行对比分析。

（一）1950 年至 1980 年

1950 年，广西实现国内生产总值为 9.4 亿元，到 1960 年变成了 26 亿元，1970 年接近 40 亿元，十一届三中全会召开的 1978 年达到近 76 亿元，1980 年达到 97.33 亿元。可以说，新中国成立后的 30 年，在以毛泽东主席为首的党中央领导下，广西的经济社会发生了翻天覆地的变化，为新中国成立后还是一穷二白的广西积蓄了相当规模的物质基础。改革开放前的 30 年，广西的地区生产总值，1980 年是 1950 年的 10.4 倍、1960 年的 3.72 倍、1970 年的 2.5 倍。

人均地区生产总值，也由 1950 年的 51 元，到 1960 年增加至 120 元，1970 年又增至 140 元，1980 年上升至 278 元。1980 年是 1950 年的 5.45 倍、1960 年的 2.3 倍、1970 年的 1.98 倍。具体见下表：

广西 1950 年至 1980 年地区生产总值　　　元、亿元

年份	1950	1952	1960	1965	1970	1975	1978	1980
GDP	9.40	12.81	26.15	31.45	39.36	67.02	75.85	97.33
人均 GDP	51	67	120	129	140	209	225	278

（二）1980 年至 2014 年

1. 1980 – 2010 年

在 1978 年年底十一届三中全会上提出以经济建设为中心后的 20 年里，广西实现的地区生产总值，由 1980 年的两位数 97 亿元到 1981 年变为三位数 113 多亿元，至 1990 年改写成 449 亿元，1994 年达到四位数 1198 亿元，2000 年又变为 2080 亿元。2010 年达到的 9570 亿元，是 1980 年的 98 倍、1950 年的 1018 倍。

人均国内生产总值，经过 10 年的努力，在 1980 年 278 元的基础上，1990 年终于迈进了千元门槛达到 1066 元；2010 年更是达到 20219 元，是 1980 年的 73

倍、1950 年的 396 倍。见下表：

广西 1980 年至 2010 年地区生产总值 元、亿元

年份	1980	1985	1990	1995	2000	2005	2009	2010
GDP	97.33	181	449	1498	2080	4076	7759	9570
人均 GDP	278	471	1066	3297	4652	8788	16045	20219

2. 2011 – 2014 年

“十二五”计划的第一年 2011 年，广西迎来了“开门红”。地区生产总值在 2010 年 9570 亿元差一点点的基础上，终于以 11721 亿元迈进了万亿元的省级俱乐部。2014 年达到 15673 亿元，是 1950 年的 1667 倍、1965 年的 498 倍、1975 年的 234 倍、1985 年的 87 倍、1995 年的 10.5 倍、2000 年的 7.5 倍、2005 年的 3.8 倍、2010 年的 1.6 倍、2012 年的 1.2 倍。2014 年比 2013 年净增了 1223 亿元，净增加数比 20 年前的 1994 年全年的 1198 亿元还多。2015 年，广西的经济总量又实现了 16803 亿元。

人均国内生产总值，2013 年冲破了 3 万元的大关达到 30741 元，2014 年又达到了 33090 元，是 1950 年 649 倍、1960 年的 276 倍、1970 年的 236 倍、1980 年的 119 倍、1990 年的 31 倍、1995 年的 10 倍、2000 年的 7 倍、2005 年的 3.8 倍、2010 年的 1.6 倍、2012 年的 1.2 倍。2014 年比 2013 年净增 2349 元，净增额是 1990 年 1066 元的两年量还多。见下表：

广西 2010 年至 2014 年地区生产总值 元、亿元

年份	2010	2011	2012	2013	2014
GDP	9570	11721	13035	14450	15673
人均 GDP	20219	25326	27952	30741	33090

来自世界银行 WDI 数据库的数字表明，2014 年，世界人均国内生产总值达 10804 美元，中国是 7594 美元、香港是 40170 美元、澳门为 96444 美元、日本是 36194 美元、越南是 2052 美元、美国达 54630 美元、俄罗斯达 12736 美元、印度是 1631 美元。

而广西 2014 年的人均国内生产总值为 5405 美元，是世界人均数的 50%、中国人均的 71%、日本的 15%、美国的 9.9%、俄罗斯的 42%、越南的 263%、印度的 331%、香港的 13%、澳门的 5.6%。按世行标准，人均 GDP1025 – 4055 美元为中等偏下收入国家，4056 – 12540 美元为中等偏上收入国家，12541 美元以上属高收入国家。广西终于跨入“中等偏上收入国家”的收入界线内。

第二节　广西的经济总量占全国的2.2%

一、广西的GDP占全国的比重在1.75%－2.46%区间

从占比的数据看，65年里，广西GDP总额占全国的比重有如下显著特点：以十一届三中全会召开的1978年为分界线，之前的30年是“2%”以下的占比，之后的30多年是“2%”以上的占比。在“2%”以下的年份中，呈从远到近逐年下降的趋势，即由新中国成立后刚刚不久的1952年1.89%，1960年降至1.79%，到了1970年又降到1.75%。

广西的GDP、人均GDP与全国比较　　元、亿元、%

年份	全国		广西	
	GDP	人均	GDP/占全国	人均/占全国
1952	679	119	12.81/1.89	67/56
1960	1457	218	26.15/1.79	120/55
1970	2261	276	39.36/1.75	140/51
1978	3650	382	75.85/2.08	225/59

在占比“2”点多的年份中，最高的要算2014年达到2.464%，最低的1985年也有2.0%。2010年后至2014年逐年增高，分别是2.34%、2.42%、2.44%、2.457%、2.464%。见下表：

广西的GDP、人均GDP与全国比较　　元、亿元、%

年份	全国		广西	
	GDP	人均	GDP/占全国	人均/占全国
1980	4552	464	97.33/2.14	278/60
1985	9040	860	181/2.0	471/55
1990	18774	1654	449/2.39	1066/64
1995	61130	5074	1498/2.45	3304/65
2000	99776	7902	2080/2.08	4652/59

续表

年份	全国		广西	
	GDP	人均	GDP/占全国	人均/占全国
2005	185896	14259	4076/2. 19	8788/62
2010	408903	30567	9570/2. 34	20219/66
2011	484124	36018	11721/2. 42	25326/70
2012	534123	39544	13035/2. 44	27952/71
2013	588019	43320	14450/2. 457	30741/71
2014	636139	46629	15673/2. 464	33090/71

二、广西的 GDP 在全国的排名在第 15 –23 位位区间

1952 年广西以实现 GDP13 亿元排在全国的第 20 位，到了 1955 年以 17 多亿元退至第 23 位 ，1960 年以 26 亿元保持第 23 位不变，“文化大革命” 前的 1965 年又凭 31 亿元仍保持在第 23 位，1970 年凭借 40 亿元返回到 1952 年时的第 20 位，1975 年以 67 亿元又前进了一位，1980 年以 97 亿元巩固在第 19 位，1985 年翻了一番至 181 亿元加固第 19 的位置，1990 年以 449 亿元前进到了新中国成立以来 40 年里最占前的第 17 位，1995 年以 1498 亿元艰难地前进了一位，2000 年以 2080 亿元保持在第 16 位，2005 年在 4076 亿元时后退了一位，2010 年 9570 亿元离万亿元差一些时又退一位到第 18 位，此后的 2011 年、2012 年、2013 年都是既不前进也不后退保留在第 18 位上达 4 年。2014 年尽管实现 15673 亿元，但又不得不退一位至第 19 名 。见下表：

广西 65 年来 GDP 在全国的排名情况

年份	1952	1955	1960	1965	1970	1975	1980	1985	1990	1995	2000	2005	2010	2011	2012	2013	2014
排名	20	23	23	23	20	19	19	19	17	16	16	17	18	18	18	18	19

总体来看，65 年来广西 GDP 总量在全国 31 个省份中排名在 15 – 23 位之间，均约第 19 位，属于全国的中后位置。走向上，呈 “U” 形即 “两头高中间低” 或 “盆地形” 的态势——2000 年的前 10 年与后 5 年这 15 年里占至最靠前的第 16、第 17 位，“文化大革命” 前的 10 年 1955 年至 1965 年则排到第 23 位，2010 年至 2014 年占据在第 18、第 19 位。

三、广西的人均GDP约是全国的2/3

按照国际经验，人均GDP迈入1万美元是一个重要的门槛。按平均汇率，2014年中国国内生产总值折合103585.93亿美元，人均GDP达到7594美元。在这一年里，广东和福建的人均GDP突破了1万美元的大关。再加上以前年度已有的北京、天津、上海、浙江、江苏、内蒙古，至2014年全国已有8个省份进入人均GDP 1万美元俱乐部。而广西2014年的人均GDP为人民币33090元，折合5405美元。广西要想拿到进入人均1万美元的门票，还有不短的路程要走。

广西人均GDP与全国比较

元、%

年份	全国人均GDP	广西人均GDP	占比
1952	119	67	56
1960	218	120	55
1970	276	140	51
1978	381	225	59

广西人均国内生产总值占全国的比率，大体上呈以下特点：1978年以前的年份在60%以下，1978年以后的年份基本上在60%以上：

1978年以前的年份在60%以下——1952年为56%，1960年为55%，1970年甚至降至几乎只有全国的一半，1978年才恢复并上升至59%。

1978年以后的年份基本在60%以上，且呈缓慢上升态势。1980年达到了60%，但5年后的1985年又跌至55%，1990年爬升到64%，2000年又下跌至59%。从此以后可以说是逐年上升，由2005年的62%上升至2010年的66%，2011年至2014年均保持在70%以上。见下表：

广西人均GDP与全国比较

元、%

年份	全国人均GDP	广西人均GDP	广西占全国
1980	464	278	60
1985	860	471	55
1990	1654	1066	64
1995	5074	3304	65
2000	7902	4652	59

续表

年份	全国人均 GDP	广西人均 GDP	广西占全国
2005	14259	8788	62
2010	30567	20219	66
2011	36018	25326	70
2012	39544	27952	71
2013	43320	30741	71
2014	46629	33090	71

第三节　广西的经济总量、人均数是排在最前三省份的26%

从1950年到2014年的几十年，由于时间跨度较大，特别是受各个省份各自努力等多种因素影响，地区生产总值各省份在全国的排名在不同的年份中出入较大。下面，我们来对比一下广西的GDP与排在全国的前三省份的情况。

一、地区生产总值的比较

全国的前三名，1952年分别是江苏、山东、四川。别看它们是前三，但此时它们实现的GDP绝对数与广西相差得并不是很大。江苏48亿元只是广西13亿元的3.69倍、多35亿元，山东44亿元只是广西的3.38倍、多31亿元，此时的四川省42亿元成为全国第三也只是广西的3.23倍、多29亿元。它们三者之间更是相差不大——第一名只比第二名多4亿元、第三名仅比第二名少2亿元。到了1960年，全国前三强更新为上海、辽宁和江苏，山东与四川已不见踪影，江苏也由第一退居第三。然而，此时的前三强开始拉大了与广西的距离。仅凭多过辽宁2900万元就得“坐上头等舱”的上海158.39亿元，是广西的6.09倍、多132.4亿元；第二名辽宁158.10亿元是广西的6.08倍、多132.1亿元；由10年前的老大变成老三的江苏87亿元，是广西的3.3倍、多61亿元。历史的车轮前进到1970年，前三强还是上海、老工业基地辽宁和江南水乡的江苏，三兄弟的排位还是与10年前的不变。但此时的老大上海GDP不但不比1960年增加反而减少1亿元变为157亿元，辽宁也比1960年减少了21亿元为137亿元，但老三江苏则增加了42亿元达到129亿元，江苏与广西39亿元拉大了90亿元。到了1980年，前三强变为江苏、上海和山东。江苏终于夺回了上海占去了20年的老大位置，山东代替辽宁也回到了老三的位置上。江苏320亿元是广西97亿元的3.29倍，占比上广西终于缩小了与前三的距离，但绝对值相差却越来越大，广西比江苏少了223亿元。见下表：

广西GDP总量与全国前三强比较　　亿元

年份	GDP总额排最前的三个省份			广西
1952	江苏48.41	山东43.81	四川42.10	12.81
1960	上海158.39	辽宁158.10	江苏86.80	26.15
1970	上海157	辽宁137	江苏129	39.36
1978	上海273	江苏249	四川245	75.85
1980	江苏320	上海312	山东292	97.33

1990年，山东终于坐上了老大的位置，老二的位置也被改革开放的排头兵广东省取代，江苏则由1980年的老大再退居第三，上海不得不离开了前三的位置。从1990年起一直至2014年的25年里，山东、广东、江苏三省就牢牢地占据了全国前三强的位置，其间只不过是三兄弟的排名在一些年份中稍有变化罢了。

1990年广西GDP实现449亿元，是山东1511亿元的30%，江苏1417亿元的32%。到了2000年，广东、江苏上升为老大老二、山东又不得不退当老三，此时的广西GDP虽然增扩至2080亿元，但也只分别是前三强的21%、24%和24%，进一步拉开了与它们的距离。绝对值上广西比老大哥广东就少了7582亿元。

2000年后至2014年，广东稳居老大的位置不变，老二江苏、老三山东除2005年稍为互换外其他年份不动。江苏直追广东的势头越来越猛烈，由2000年的89%占比，至2010年改写为90%，到了2013年更是上升至95%。而广西2000年与这三省的占比分别是21.21%、23.89%、24.00%，至2010年为20.80%、23.10%、24.43%。与老大广东拉开了0.4个百分点，与老二江苏更是拉大了0.8个百分点，只是与第三山东拉近了0.43个百分点。到2013年，广西终于追回了与广东的3个百分点、与江苏的1个百分点、与山东的2个百分点，但绝对值分别扩大为4.78万亿、4.48万亿、4.03万亿元，广西只有1.44万亿元。

2014年，前两强的广东、江苏，分别以67792亿、65088亿元的经济总量超过了“6万亿元”大关。排名第三的山东也有59427亿元。这一年的广西虽然达到15673亿元，但仍与前三的距离相差很大，占比分别是23.12%、24.08%、26.37%。绝对值分别少了52119亿、49415亿、43754亿元。见下表：

广西的GDP总量与全国的前三强比较

亿元

年份＼省区	GDP总额排最前的三个省			广西
1990	山东1511	广东1472	江苏1417	449
2000	广东9662	江苏8582	山东8542	2080
2005	广东22367	山东18517	江苏18306	4076
2009	广东39483	江苏34457	山东33897	7759
2010	广东46013	江苏41425	山东39170	9570
2011	广东53210	江苏49110	山东45362	11721
2012	广东57068	江苏54058	山东50013	13035
2013	广东62164	江苏59162	山东54684	14450
2014	广东67792	江苏65088	山东59427	15673

综上，广西的经济总量与前三强相比，60多年来在16%－33%的占比区间内波动，显现出“两头低中间高”的山体状。最低最小的占比是1960年的16%，最高最大的占比是1980年至1990年的30%甚至还上一点点。2000年至2014年，又降至23%左右。平均来看，广西的地区生产总值，60多年来大约只有前三强的1/4多一些，即26%左右。见下表：

广西的GDP总量与全国前三强的比率

年份	1952	1960	1970	1980	1990	2000	2010	2014
广西是前三强%	27/30/31	16/16/30	25/28/30	30/31/33	30/31/32	21/24/24	21/23/24	23/24/26

二、人均GDP的比较

从有关资料来看，60多年来，除了黑龙江省的人均GDP有幸在1952年坐上过全国第三名的位置外，其他所有年份的前三名均被上海、天津、北京这三个“老三辖市”所占有。其中，上海在2010年以前的60年均排在第一，2011年以后的这几年无奈被天津赶超迫居老二，2012年以后又被北京超过屈居于老三。

广西的人均GDP与前三省份比较，从绝对数来看可谓是“一个天上一个地下”——1952年，广西是67元，前三省（市）上海、天津、黑龙江分别是436元、299元和234元，分别比广西多367元、232元、167元；1978年广西比前三市上海、北京、天津少了2273元、1065元、935元；1998年又与前三市上海、北京、天津之比少了24177元、14406元、10732元；2010年，广西到了20219元，但此时的前三市上海却已达76074元、北京已达73856元、天津也有72994元，广西与前三市分别少55855元、53637元、52775元；2012年，广西为27952元，前三市的天津已高至93173元、北京已多至87475元、上海已拿到85373元，广西与前三市分别少65221元、59523元、57421元；2014年，广西终于在2013年人均达到3万元的基础上实现了33090元，但此时站在第一位的天津已是“10万”（105889元），北京、上海也差一点点问鼎“10万元”，分别为98966元和95956元，广西分别比它们少72768元、65845元、62835元。

2012年广西人均GDP 27952元，还差一些才达到14年前1998年排在第一位上海的28253元人均GDP。但从占比的情况看，1952年，广西人均GDP分别占前三省份的15%、22%、29%，40年后的1990年终于改写成18%、22%、29%，60年后的2010年又改写为27%、27.4%、27.7%，2011年再改为30%、30.7%、31%，2012年又上了一点点是30%、32%、33%，2013年升至31%、33%、34%，2014年与老大老二维持住、与老三缩小了一个百分点为31%、33%、35%。也就是说，经过60多年来的艰苦奋斗，广西虽然与前三省份的距离还是很大，特别是绝对值更可以说得上是可望而不可即，但在占比上，由20世纪50年代的1/4不到、终在近几年接近到1/3。具体见下表：

人均GDP广西与居最前的三个省份比较　　元

年份	人均GDP居最前的三个省市			广西
1952	上海436	天津299	黑龙江234	67
1978	上海2498	北京1290	天津1160	225
1990	上海5910	北京4881	天津3621	1066
1998	上海28253	北京18482	天津14808	4076
2009	上海69164	北京66940	天津62574	16045
2010	上海76074	北京73856	天津72994	20219
2011	天津85213	上海82560	北京81658	25326
2012	天津93173	北京87475	上海85373	27952
2013	天津99607	北京93213	上海90092	30741
2014	天津105889	北京98966	上海95956	33090

第四节　广西的经济总量、占比与排在最后的三省区相比距离缩小

下面我们再来将广西的 GDP 与排在全国的最后三个省份相比较。

一、地区生产总值的比较

地区生产总值60多年来排在全国的最后三位，相对于排在前三名的省份来说，更换或变化就没有那么大了，而且可以说相当固定。除了1952年的北京屈居过后三位之名外，其他年份基本上为宁夏、青海和西藏三省区。1960年至1990年的排位是青海、宁夏、西藏，1990年后至2014年则是宁夏、青海、西藏。

广西与后三省区相比，1952年的绝对值分别比北京、宁夏、青海多5亿、11亿、11亿元，是三省（市、区）的1.6倍、6.5倍、6.5倍。1960年广西是青海、宁夏、西藏的3.25倍、5.2倍、8.67倍，1970年是4.8倍、5.6倍、9.7倍，1980年是5.4倍、6.1倍、10.8倍，1990年是6.4倍、6.9倍、18.7倍，20年里广西比后三省区的距离虽有些拉大之势，但绝对值并不是很大。如1960年相差的8亿、21亿、23亿元，到1990年才扩大到379亿、384亿、425亿元。1990年后至2014年，广西与后三省区的宁夏、青海、西藏相比，相差的距离又变得越拉越小。2000年是7.71倍、7.76倍、17.5倍，2010年则降为5.7倍、7.1倍、19倍，2013年又降至5.6倍、6.8倍、17.8倍，2014年又似低了些为5.7倍、6.8倍、17倍。

GDP的规模广西与排后的三省区比，总体上来看，从1952年至2000年这近50年里，广西虽然进一步拉大了与后三省份的距离，但可惜没有再进一步发力下去，从2010年起又开始缩小了两者之间的差距，且有越来越近、越来越短的态势。见下表：

地区生产总值广西与排在最后的三省（区、市）比较　　亿元

年份	广西	GDP 总额排最后的三个省（区、市）		
1952	12.81	北京 7.88	宁夏 1.73	青海 1.63
1960	26.15	青海 7.70	宁夏 4.80	西藏 2.55
1970	39.36	青海 8.40	宁夏 6.52	西藏 3.69
1978	75.85	青海 15.5	宁夏 13.0	西藏 6.65
1980	97.33	青海 17.8	宁夏 15.9	西藏 8.67
1990	449	青海 69.94	宁夏 64.84	西藏 24.45
2000	2080	宁夏 266	青海 264	西藏 117

续表

年份	广西	GDP 总额排最后的三个省（区、市）		
2005	4076	宁夏 606	青海 543	西藏 251
2009	7759	宁夏 1353	青海 1081	西藏 441
2010	9570	宁夏 1690	青海 1350	西藏 507
2011	11721	宁夏 2102	青海 1670	西藏 606
2012	13035	宁夏 2341	青海 1894	西藏 701
2013	14450	宁夏 2565	青海 2101	西藏 808
2014	15673	宁夏 2752	青海 2301	西藏 921

二、人均 GDP 的比较

人均 GDP，1952 年排在最后两名的是四川和贵州，广西排在了倒数第三的位置上。到了 1978 年，广西又后退了一步变成了倒数第二，这种格局一直维持到 1998 年。从 1998 年开始，广西终于走出了倒数后三位的位置，但与最后三省区的西藏、甘肃、贵州相差的距离还是很小，三省区与广西的占比分别是 91%、85%、57%。从 2009 年以后到 2014 年，西藏离开了后三名，最后三省为云南、甘肃、贵州。但广西与它们相比相差也不大，2009 年比倒数第三的云南省只多出 2506 元，2012 年比还是倒数第三的云南省多 5757 元，2014 年比倒数第三的贵州省多 4623 元，贵州有追近广西之势。见下表：

人均 GDP 广西与最后 3 个省区比较 元

年份	广西	人均 GDP 居最后的三个省区		
1952	67	四川 67	贵州 58	–
1978	225	贵州 175	–	–
1990	1066	贵州 810	–	–
1998	4076	西藏 3716	甘肃 3456	贵州 2342
2009	16045	云南 13539	甘肃 13269	贵州 10971
2010	20219	甘肃 16113	云南 15752	贵州 13119
2011	25326	甘肃 19595	云南 19265	贵州 16413
2012	27952	云南 22195	甘肃 21978	贵州 19710
2013	30741	云南 25083	甘肃 24296	贵州 22922
2014	33090	贵州 28498	云南 28002	甘肃 25509

第五节　广西的经济总量与紧挨的前三省份相比：你追我赶，我赶你追

如果说，广西的经济规模与排在全国的最前三名和最后三名之比、尤其是与最前三名之比只是看到之间的巨大差距而对现实没有多大的意义的话，那么与紧挨广西自己的，也就是说与自己差不多的不相上下的省份比就有可能弥补这方面看法的缺陷或不足。这里说的紧挨的前三省份与后三省份，就是地区生产总值和人均 GDP 紧排在广西之前的三个省份与之后的三个省份。

下面，我们来对比一下广西的 GDP 与紧挨着的前三省份和后三省份的情况。

一、地区生产总值的比较

如前所述一样，60 多年来，由于时间跨度较大，特别是受各个省份各自努力等多种因素的影响，地区生产总值有关省份在不同的年份紧挨着广西的变化也较大。广西与紧挨的省份相比，可能更有实际意义上的可比性，可能更能清楚地看出广西与相关省份每年在经济总量跑道上你追我赶的激烈场面，也可能更知晓广西自己在与 GDP 规模相差不是很大的几个省份中看到发展的潜力和存在的不足。比如，我们看到，在 1952 年时还在广西后面跟着的天津、福建、内蒙古三个省区，到了 1960 年就全跑到广西的前面去了，尤其是福建省 2014 年站到了全国第 11 名的位置，然而广西还在第 19 名的位置上。而 1952 年在广西之前的山西、甘肃、陕西，到了 2014 年除了陕西继续在前面领跑广西外，山西与甘肃则退到了广西之后的第 24 名和第 27 名了。再比如，与我们同是自治区的内蒙古，1952 年位列第 23 位排在广西第 20 位之后，到了 1953 年仅一年时间，内蒙古就排到了第 21 位，居于第 24 位的广西之前；到 1957 年，内蒙古位列第 24 名，又排在了名列第 23 的广西之后，一年后的 1958 年内蒙古又将位于第 22 名的广西抛在身后变成第 21 名了；到了 1970 年，内蒙古又以第 21 名排在第 20 名的广西之后；1981 年广西排第 17 位时内蒙古跌至第 24 位；1994 年广西以 1198 亿元排在历史上最靠前的位置第 15 位时，内蒙古却继续在第 24 位上下徘徊；一直至 2007 年内蒙古以第 16 名又排在了第 17 名的广西之前。此后，内蒙古开始不再与广西“难分难舍”，坚决地拉开了与广西的距离。两区 2010 年、2012 年、2013 年各分别是第 15/18 位，2014 年内蒙古继续保持在第 15 位，广西则后退一位至 19 位。有关省区这些大踏步式地向前或向后拉开距离、或眼花缭乱拉锯式的变化，个中的原因是值得考究的。

下面，我们再来看一下广西地区生产总值与紧挨的前三省份对比的一些总体情况。1952 年广西实现 12.81 亿元，是陕西 12.85 亿元、甘肃 13.32 亿元和山西 16 亿元的 99.7%、96%、80%；1960 年广西 26.2 亿元，是福建、内蒙古、江西 29.6 亿

元、36.6亿元、36.8亿元的88.5%、71.6%、71.2%；1970年广西为39.4亿元是陕西、天津、吉林的83%、76%、70%；1980年GDP广西差2.67亿元就达到100亿元，是吉林99亿元、天津104亿元、山西109亿元的98.3%、93.6%、89.3%；1990年广西449亿元，是云南、北京、福建的99.6%、90%、86%；2010年广西实现9570亿元，是10123亿元陕西、10369亿元黑龙江和11672亿元内蒙古的95%、92%、82%；2011年广西11721亿元是陕西、黑龙江、内蒙古的93.7%、93.2%、82%；2012年广西13035亿元，是黑龙江13692亿元、陕西14454亿元、内蒙古15881亿元的95%、90%、82%；2013年广西为14450亿元，继续黑龙江14382亿元、陕西16045亿元、内蒙古16832亿元的99.97%、90%、85%；2014年广西达15673亿元，但排在前面的三省（市）已改为15709亿元的江西、15722亿元的天津和17690亿元的陕西了，广西与它们的占比是99.77%、99.68%、89%。其中的江西是从1998年起一直至2013年就紧追在广西之后的，2014年却以多36亿元就把广西抛在脑后了。天津也是从2005年开始一直到2013年紧随广西之后，2014年不客气地以多出49亿元不但超越广西、而且排到了江西的前面。

2009年以来，排在广西的前三省区相对稳定，基本上都是内蒙古、黑龙江和陕西。但到了2014年发生了较大变化，内蒙古凭保持了连续几年第15名的位置，脱离了与紧挨着广西的前三省份之名，黑龙江则后退了两位排在了广西之后，而江西则前进了两位排在了广西之前，天津也前进了两位排在了江西、广西之前。见下表：

广西GDP与紧挨的前三省份比较　　亿元

年份	与广西紧挨着的前三省份			广西
1952	山西16	甘肃13.32	陕西12.85	12.81
1960	江西36.8	内蒙古36.56	福建29.58	26.15
1970	吉林56	天津51	陕西47	39.36
1978	天津82.7	吉林81.98	陕西81.07	75.85
1980	山西109	天津104	吉林99	97.33
1990	福建523	北京501	云南451	449
1998	黑龙江2833	安徽2805	北京2011	1903
2000	黑龙江3253	安徽3038	北京2479	2080
2005	黑龙江5512	安徽5375	山西4180	4076
2009	内蒙古9740	黑龙江8587	陕西8170	7759

续表

年份	与广西紧挨着的前三省份			广西
2010	内蒙古 11672	黑龙江 10369	陕西 10123	9570
2011	内蒙古 14360	黑龙江 12582	陕西 12512	11721
2012	内蒙古 15881	陕西 14454	黑龙江 13692	13035
2013	内蒙古 16832	陕西 16045	黑龙江 14382	14450
2014	陕西 17690	天津 15722	江西 15709	15673

二、人均 GDP 的比较

1952 年广西人均 GDP 为 67 元，紧挨着广西走在前面的是云南 70 元、陕西 85 元、湖南 86 元。到了 1978 年，排在广西 225 元前面的仍然是云南 226 元，陕西和湖南已经跑到了更前的位置了，取代它俩的是安徽和四川。到了 1990 年广西人将 1066 元拿到手上的时候，云南也不再理会广西而跑到更前的位置了，河南接替云南来做广西的邻居了。“十一五”时期最后的两年从 2009 年起，一直到 2014 年，安徽、四川、江西一直紧挨着广西走在前面。特别是安徽，从 2009 年至 2014 年，分别以多出 353 元、669 元、333 元、840 元、1096 元和 994 元，硬是贴着广西走在前面，但绝对数上有慢慢离开广西远些更远些的走势。见下表：

人均 GDP 广西与紧挨的前三省区比较　　元

年份	紧挨的前三个省区			广西
1952	湖南 86	陕西 85	云南 70	67
1978	四川 253	安徽 244	云南 226	225
1980	–	–	–	–
1990	四川 1105	甘肃 1099	河南 1091	1066
1998	云南 4355	四川 4339	宁夏 4270	4076
2005	–	–	–	–

续表

年份	紧挨的前三个省区			广西
2009	四川 17339	江西 17335	安徽 16408	16045
2010	江西 21253	四川 21182	安徽 20888	20219
2011	江西 26150	四川 26133	安徽 25659	25326
2012	四川 29608	江西 28800	安徽 28792	27952
2013	四川 32454	江西 31771	安徽 31684	30741
2014	四川 35005	江西 34615	安徽 34115	33090

第六节　广西的经济总量与紧挨的后三省份相比：你后我前，你前我后

一、地区生产总值的比较

经济总量广西与紧挨的后三省份相比，同样也很有意思。1952 年，紧挨在广西后面的是天津、福建、内蒙古，绝对值上天津 12.80 亿元只少于广西 100 万元，福建 12.73 亿元也只比广西少 800 万元，内蒙古 12.16 亿元比广西少 6500 万元。1970 年时内蒙古仅差 1900 万元，否则就追上了广西 39.36 亿元。1980 年陕西 95 亿元，也只差 2.33 亿元要不就追上了广西。2005 年同为已达 4000 亿元的江西与广西，这两“西”兄弟只相差 19 亿元。2011 年，都是万亿元省级俱乐部的江西、广西两弟兄又只少了 18 亿元。2014 年江西终于以多出 36 亿元之值排到了广西之前。1998 年至 2012 年，江西一直紧跟在广西之后。到了 2013 年天津赶超江西排在了广西之后，再到 2014 年天津、江西双双超越广西。见下表：

GDP 广西与紧挨的后三省份比较　　亿元

年份	广西	与广西紧挨着的后三省份		
1952	12.81	天津 12.80	福建 12.73	内蒙古 12.16
1960	26.15	云南 25.43	新疆 25.20	贵州 22.94
1970	39.36	内蒙古 39.17	云南 38.52	重庆 38.18

续表

年份	广西	与广西紧挨着的后三省份		
1978	75.85	云南 69.05	福建 66.37	甘肃 64.73
1980	97.33	陕西 95	福建 87	重庆 85
1990	449	山西 429	吉林 425	江西 420
1998	1903	江西 1852	云南 1794	山西 1601
2000	2050	江西 2003	云南 1955	吉林 1821
2005	4076	江西 4057	天津 3698	陕西 3675
2009	7759	江西 7655	天津 7522	山西 7358
2010	9570	江西 9451	天津 9224	山西 9201
2011	11721	江西 11703	天津 11307	山西 11238
2012	13035	江西 12948	天津 12894	山西 12113
2013	14450	天津 14370	江西 14339	重庆 12657
2014	15673	黑龙江 15039	重庆 14265	吉林 13804

从上面的对比中我们可以看出，不论是广西与紧挨的前三省份之比，还是与紧挨的后三省份相比，相互间相差的百分比或是绝对额并不是很大，尤其是与紧挨的前一个省份或后一个省份之比更是相差得非常之小，谁在谁之前、谁在谁之后，可谓眨眼间就有变化了。如 1952 年的陕西、天津，1960 年的云南，1970 年的内蒙古，1980 年的吉林，1990 年的云南，2005 年的山西，2012 年和 2013 年的黑龙江，2014 年的江西等，有的年份相差就只是零点几，连 1 个百分点都不到。在这 65 年来的长途跑道上，30 多个省份都共处在一个大规则、大环境下，凭借着各自的独有优势你追我赶地走着甚至是跑着，在这既漫长而又短暂的征程中，各省份比的可能不仅是原有的资源、资本或实力，更要比的可能是现有的智慧、学识或技巧。

二、人均 GDP 的比较

从相关数据来看，1990 年以前的 40 年，广西人均 GDP 都处于倒数第三名甚至是倒数第二名的位置上。1952 年广西与四川同是人均 67 元排在倒数第二的同一位上，垫底的只有 58 元的贵州。到了 1978 年，四川以 253 元超 225 元的广西 4 个位置跑到了广西、云南、安徽之前，真正垫底的只有贵州了。再到 1990 年，广西倒数第二、贵州倒数第一的位置仍然没有变化。2009 年开始至 2013 年，西藏、云南、甘肃一直紧跟在广西的后三位上追着。2014 年贵州取代甘肃排在了广西的后二位。见下表：

人均 GDP 广西与后三省份比较

元

年份	广西	紧挨的后三个省份		
1952	67	四川 67	贵州 58	–
1978	225	贵州 175	–	–
1980	–	–	–	–
1990	1066	贵州 810	–	–
1998	4076	陕西 3834	西藏 3716	甘肃 3456
2005	–	–	–	–
2009	16045	西藏 15295	云南 13539	甘肃 13269
2010	20219	西藏 17319	甘肃 16113	云南 15752
2011	25326	西藏 20077	甘肃 19595	云南 19265
2012	27952	西藏 22936	云南 22195	甘肃 21978
2013	30741	西藏 26068	云南 25083	甘肃 24296
2014	33090	西藏 29552	贵州 28498	云南 28002

2009 年到 2014 年，从紧挨广西的前三位与后三位的省份来看，经济总量 GDP 规模基本上是内蒙古、黑龙江、陕西、江西、天津、吉林、山西这些省区与广西相伴相行，人均 GDP 则是四川、江西、安徽、西藏、云南、贵州、甘肃与广西相邻而走。两边都有的只是江西。从这个角度来讲，江西、广西这两个“西”，真有点风雨同舟共行之感。

第七节　广西的经济在 5 个自治区中总量第二、人均第四

一、5 个自治区经济规模在全国的排位

从 1950 年到 2014 年，5 个具有民族区域自治的省份经济总量在全国 31 个省

份的排名大致为：广西第19位，内蒙古第20位，西藏第30－31位，宁夏第29位，新疆第25－26位。

从排位的形状来看，西藏和宁夏大体上为“一”线状，年度间变化幅度不大，西藏在1975年以前的20多年里最前的排到第30名，1980年以后到现在都是排在第31名了；宁夏也只是在第28名至第30名之间比较平稳地摆动。新疆大体为有些“先高后低”状，1985年前的30多年除了1960年排至第25位外其他基本上都是第26至第27位，1990年到2014年排在第25名。内蒙古则是“两头低中间高”的山形状，中间的1975年至2000年这20多年排到第23－25位，而两头的1952年至1970年这20年排在第21－22位、2005年到2014年基本上是第15位。广西则呈“两头高中间低”的盆地样，走向上刚好与内蒙古相反，即中间的1990年至2005年这10多年曾经排到第16、第17位，但两头的1952年到1985年排在第19－23位、2010年到2014年排在第18－19位。从发展的角度来讲，西藏、宁夏虽然排位靠后、走在后面一些，但比较平稳地朝前走着，新疆则是由慢到稍快地朝前走着，内蒙古则是由先快中慢后快地朝前走着，而广西则是先慢中快后慢地朝前走着。广西后发的态势不很理想。见下表：

5个自治区GDP在全国的排位

省区	1952	1955	1960	1965	1970	1975	1980	1985	1990	1995	2000	2005	2010	2011	2012	2013	2014
广西	20	23	23	23	20	19	19	19	17	16	16	17	18	18	18	18	19
内蒙古	23	22	21	21	21	24	25	23	22	24	24	19	15	15	15	15	15
西藏	30	30	30	30	30	30	31	31	31	31	31	31	31	31	31	31	31
宁夏	28	29	29	29	29	29	30	30	30	29	29	29	29	29	29	29	29
新疆	26	26	25	27	27	27	27	27	25	25	25	25	25	25	25	25	25

二、广西的经济总量与4个自治区相比

从上面5个自治区的经济总量在全国综合平均排名的情况看，广西与内蒙古的排位靠前一些为第19、第20位左右，但也仅是处于全国31个省份的中下位置，而新疆、宁夏和西藏的排名都在第25位以后则相对靠后了。从这个角度讲，新疆、宁夏和西藏不论是从排位上还是在经济规模上60多年来都没有一年超过广西。下面，我们重点来对比一下广西与内蒙古，60多年来各个时期（年度）的经济规模情况。

从下表中我们清楚地看到，在经济总量上，广西比内蒙古多的年份是1952年、1970年、1978年、1980年、1985年、1990年、1995年、2000年、2005年，而内蒙古比广西多的年份是1960年、2009年、2010年、2011年、2012年、2013年、2014年。可以这样说，在2005年以前的55年里，除了1960年内蒙古比广西

多出 10.41 亿元外，其他年份都是广西比内蒙古多，而从 2009 年开始到 2014 年的这几年，全都是内蒙古的比广西多，且内蒙古比广西多出的绝对数非常惊人，基本上是以每年 2000 多亿元的数额高出广西。2009 年多 1981 亿元、2010 年多 2102 亿元、2011 年多 2639 亿元、2012 年多 2846 亿元、2013 年多 2454 亿元、2014 年多 2097 亿元，这 5 年内蒙古就比广西净多了 1 万亿元。而在我们列出的广西多出内蒙古的 9 个年份中，多出的部分加起来算 2000 亿元也只及内蒙古多出广西的 1 个年度。所以，我们可以说，65 年来的 GDP 总额排名广西虽然比内蒙古高出一位，但从绝对额来说内蒙古可比广西多了不少，并且走势上内蒙古是平坦地直行着，而广西则是从直行转下坡之态。

排在第 25 名的新疆，虽然排名比广西低了 6 位，但其绝对额的占比也有广西的 60% 左右。2014 年，新疆达到 9264 亿元，是广西 15673 亿元的 59.1%；宁夏为 2752 亿元，是广西的 18%；西藏实现 921 亿元，为广西的 6%。见下表。

5 个自治区的经济规模

亿元

年份	广西	内蒙古	西藏	宁夏	新疆
1950	9.4	–	–	–	–
1952	12.81	12.16	1.32	1.73	7.91
1960	26.15	36.56	2.55	4.80	25.20
1970	39.36	39.17	3.69	6.52	23.08
1978	75.85	58.04	6.65	13.00	39.07
1980	97.33	68.4	8.67	15.96	53.24
1985	181	164	17.76	30.27	112
1990	449	319	24.45	64.84	274
1995	1498	857	56.11	175.19	815
2000	2080	1401	117	266	1364
2005	4076	3895	251	606	2604
2009	7759	9740	441	1353	4277
2010	9570	11672	507	1690	5437
2011	11721	14360	606	2102	6610
2012	13035	15881	701	2341	7505
2013	14450	16832	808	2565	8360
2014	15673	17770	921	2752	9264

三、广西人均 GDP 与 4 个自治区相比

如果说 GDP 总量广西在 5 个自治区中还算是靠前排且在第二的话，那么人均 GDP 广西就属于靠后甚至是最尾的位置了。从 1952 年一直到 2000 年，广西在 5 个自治区中基本把持着最后一名的交椅，1952 年 67 元仅是其他 4 个自治区人均 GDP 的一半左右。2000 年，西藏的 4572 元只比广西少了 80 元。可惜的是时间不长，2005 年西藏又以多出 326 元将这个谁也不愿意坐的座位还给广西了。直到 2009 年后，广西终于以 16045 元的人均 GDP 超过西藏 15295 元的 750 元，从此以后至 2014 年，广西好不容易算是巩固了倒排第二的位置。

2014 年，人均 GDP 广西 33090 元与其他 4 个自治区相比，只有内蒙古 69597 元的 48%，即不及内蒙古的一半，是宁夏 42506 元的 78%，为新疆 38791 元的 85%，好不容易是西藏 29552 元的 112%。最多人口的又是最南的沿海的自治区几乎是落到了人均倒数第一的地步。见下表：

5 个自治区的人均 GDP

元

年份	广西	内蒙古	西藏	宁夏	新疆
1950	51	–	–	–	–
1952	67	173	115	126	166
1960	120	325	204	227	374
1970	140	263	247	241	236
1978	225	317	375	370	313
1980	278	361	471	433	410
1985	471	809	894	737	820
1990	1066	1478	1276	1393	1799
1995	3304	3772	2358	3448	4701
2000	4652	6502	4572	5376	7372
2005	8788	16331	9114	10239	13108
2009	16045	39735	15295	21777	19942
2010	20219	47347	17319	26860	25034
2011	25326	57974	20077	33043	30087
2012	27952	63886	22936	36394	33796
2013	30741	67498	26068	39420	37181
2014	33090	69597	29552	42506	38791

第八节　广西的经济在5个人口接近省区中总量第四、人均第四

一、5个人口接近省区的经济规模在全国的排名

65年以来，人口数量与广西接近的4个省份的GDP在全国的排名及其走向大体是：浙江排第7－8位，呈“先高后低”的走势非常明显。1980年以前的30多年排在第11－14位，1985年至1990年排到第6－7位，1995年至2014年这20年则稳稳地坐在第4位上；辽宁排第4－5位，走向上呈“先低后高”之感。1990年以前的40年均排在全国第1－4位，1995年至2014年则徘徊在第7－8位；云南在上面已说过呈“盆地”状，排在第22位；江西排第17－18位，总体上算是呈“一”字线走向。虽然有几个年度为第14、第15位，但绝大多数年份为第17－19位。见下表：

经济总量广西与4个人口接近省在全国的排位

省份	1952	1955	1960	1965	1970	1975	1980	1985	1990	1995	2000	2005	2010	2011	2012	2013	2014
广西	20	23	23	23	20	19	19	19	17	16	16	17	18	18	18	18	19
浙江	11	13	14	12	13	14	12	7	6	4	4	4	4	4	4	4	4
辽宁	3	1	2	2	2	2	4	4	4	7	7	8	7	7	7	7	7
云南	24	20	24	22	22	22	23	22	16	17	18	23	24	24	24	24	23
江西	14	17	20	15	15	18	15	16	19	18	17	18	19	19	19	20	18

二、广西的经济总量与4个人口接近省比较

从排位上看，60多年来，广西排在第19位，在5个省份中，居于浙江、辽宁、江西之后，只在云南之前。广西的经济总量也是在浙江、辽宁、江西之后，云南之前。

具体来看，云南的经济规模除了1950年比广西多出6000万元外，其他年份都少于广西，但相差不是很多。江西1980年以前的30年都比广西多，但1990年至2013年这20多年里均被广西超过，到了2014年江西终于以多出36亿元又走到了广西的前面。辽宁作为老工业基地，1990年以前的40年都在5个省份中遥遥领先，2000年以后虽被浙江迅速赶过超越，但仍凭借着雄厚的底子让广西、江西、云南远远地跟着，2014年仍比广西、江西多了1.3万亿元。见下表：

广西与4个人口相近省份的经济总量 亿元

年份	广西	浙江	辽宁	云南	江西
1949	–	–	–	9	9
1950	9.4	17	–	10	14
1952	13	25	41	12	19
1960	26	47	158	25	37
1970	39	69	137	39	58
1980	97	180	281	84	111
1990	449	905	1063	452	429
2000	2080	6141	4669	2011	2003
2005	4076	13438	8009	3473	4057
2010	9570	27722	18457	7224	9451
2011	11721	32319	22227	8893	11703
2012	13035	34665	24846	10309	12949
2013	14450	37568	27078	11721	14339
2014	15673	40154	28627	12815	15709

三、广西人均GDP与4个人口接近省份相比

广西的经济规模在5个省份中只是排在云南之前。从下表中的有关数据可以看出，人均GDP广西在5个省份中2005年以后也只是排在第四位即云南之前。但在2005年以前的50多年中，除了1980年比云南多出11元外，其他年份都是排在最后一位。

应该说，1990年以前的40年，除了辽宁“一枝独秀”之外，广西、浙江、云南、江西这4个人口接近省份的人均GDP相差得不是很大。1952年，广西67元，只分别是浙江、辽宁、云南、江西的60%、31%、96%、59%。1970年，广西人均140元，分别是这几个省的66%、31%、90%、61%。1980年广西278元，分别是浙江471元、辽宁811元、云南267元、江西342元的59%、34%、104%、81%。1990年，广西人均GDP占这几个省的比率分别是50%、40%、

87%、94%。

2000 年以后，浙江不但大踏步地抛远广西、云南、江西，而且也把一直在它前面领走的辽宁赶超跨越甩在了后尾。2000 年浙江是辽宁的 120%，2005 年升为 146%，2010 年达 122%，2014 年实现 72571 元仍还是辽宁 65254 元的 111%，人均 GDP 比辽宁多出 7317 元，更比排在倒二的广西多了 39481 元。见下表：

人均 GDP 广西与 4 个人口接近省比较　　元

年份	广西	浙江	辽宁	云南	江西
1949	–	–	–	56	69
1950	51	83	–	59	98
1952	67	112	218	70	114
1960	120	181	625	134	185
1970	140	211	447	156	229
1980	278	471	811	267	342
1990	1066	2138	2698	1224	1134
2000	4652	13416	11177	4770	4851
2005	8788	27703	18983	7835	9440
2010	20219	51711	42355	15752	21253
2011	25326	59249	50760	19265	26150
2012	27952	63374	56649	22195	28800
2013	30741	68462	61686	25083	31771
2014	33090	72571	65254	28002	34615

第九节　广西的经济在 6 个相邻省区中总量第三、人均第四

一、6 个相邻省区的经济规模在全国的排名

从下表的数据加权平均后我们可以看出，1950 年到 2014 年，与广西相邻省

份的经济规模在全国的排位大约是——云南为第22位、贵州是第26位、湖南第10位、广东第3位、海南第28位。广西第19位居于广东、湖南之后，列于云南、贵州、海南之前的中前位置上。

这几个省的走向形状大体是：云南差不多呈“盆地”线形——即“两头高中间低”，与广西的走向形状差不多。1990年至2000年这10年间曾经排名前至第16-18位，而1952年至1985年、2005年至2014年这两个时段里基本上是第22-24位。贵州基本上呈“一”字线状，60多年来大多在26名，只有1955年排到第27名、1952年和1985年排在第25名。湖南也基本上是呈“一”字线形，第10、11名贯穿60多年的时间。广东则是非常明显地“从高到低”的“7”字折形走向，从1952年的第7位到1985年逐渐占据到第3位，从1990年开始一直到现在的2014年牢牢地把控着第1名的位置。海南比湖南更具呈“一”字线的感觉，从1980年起至2014年的30多年全是排第28位。

6个相邻省区的GDP在全国的排位

省份	1952	1955	1960	1965	1970	1975	1980	1985	1990	1995	2000	2005	2010	2011	2012	2013	2014
广西	20	23	23	23	20	19	19	19	17	16	16	17	18	18	18	18	19
云南	24	20	24	22	22	22	23	22	16	17	18	23	24	24	24	24	23
贵州	25	27	26	26	26	26	26	25	26	26	26	26	26	26	26	26	26
湖南	8	11	9	10	9	10	11	12	11	10	12	13	10	9	10	10	10
广东	7	6	6	4	5	5	5	3	1	1	1	1	1	1	1	1	1
海南	-	-	-	-	-	-	28	28	28	28	28	28	28	28	28	28	28

二、广西的经济总量与5个邻省之比

先与广东比，1950年广西实现的9亿多元是广东22亿多元的42%，1960年的26亿元是广东73亿元的36%，1980年97亿元是广东250亿元的39%，2000年的2080亿元是广东9662亿元的22%，2010年的9570亿元是广东46013亿元的21%，2014年广西虽然达到15673亿元，但也只是广东67792亿元的23%。也就是说，1980年以前的30年在未改革开放的年代里，广西的GDP还有广东的40%左右，但随着改革开放进一步深化，1980年后一直至2014年，广西的地区生产总值只有广东的22%左右，下降了一半即18个百分点。

与湖南相比，广西似乎也无法比拟。1952年广西是13亿元、湖南则为28亿元，湖南是广西的2.15倍；1970年湖南93亿元是广西的2.38倍，1980年湖南是广西 97 亿多元的 1.97 倍；1990 年、2000 年、2010 年湖南分别是广西的 1.66 倍、1.78 倍、1.68 倍。2014 年，湖南再以 27049 亿元的地区生产总值比广西多出 11376 亿元之优占据着全国的第 10 位，是广西的 1.73 倍。也就是说，改革开放前的 30 年，湖南地区生产总值都比广西多 2 倍以上；改革开放后的 30 年，广西虽然拉近了与湖南的距离，但与湖南之比还有 1.7 倍左右之差。

贵州与海南两省的地区生产总值，不论是从全国的排名还是从绝对值来看，没有哪一年在广西之前或多过广西的，因此在这里我们暂不与它们比较了。

但据报道：贵阳市 2015 年实现 GDP12.5% 的增速，是 34 个省会城市经济增长的冠军；2016 年第一季度，贵州省的 GDP 增速保持在 10.5%，仅次于西藏和重庆，高居前三。

在相邻的 6 个省中，从排位上来讲，广西是第 19 位、云南为第 22 位，两省区的走向都呈“U”形即“中间低两头高”的盆地形态势。云南有 1955 年、1965 年、1990 年这三个年份的排名在广西之前。从 GDP 的绝对数来看，1990 年以前的 40 年广西与云南的都相差不大，有些年份广西多于云南、有些年份云南则多于广西，两省区比较不相上下地一前一后结伴而行。从 2000 年开始，广西慢慢拉开与云南的距离但拉开的距离也不大。比如，2000 年仅多 69 亿元，2010 年只多 2346 亿元，2014 年也仅多 2858 亿元。从两个省区的走向形态看，两个省区都有被尾随者追上或超过的可能，但好似云南比较难以追得上广西，更不可能像 1990 年以前的年度那样两省区多次出现相互胶着拉锯式前进的状态。具体见下表：

广西与 5 个相邻省的经济规模

亿元

年份	广西	云南	贵州	湖南	广东	海南
1949	–	9	6.23	–	20.3	–
1950	9.4	10	6.39	–	22.2	–
1952	12.81	12	8.55	27.81	29.52	–
1960	26.15	25	22.94	64.07	72.76	–
1970	39.36	39	28.36	93.05	112	–
1980	97.33	84	60.26	192	250	19.33
1990	449	452	260	744	1472	103
2000	2080	2011	994	3692	9662	518
2005	4076	3473	1979	6511	22367	895

续表

年份	广西	云南	贵州	湖南	广东	海南
2010	9570	7224	4602	16038	46013	2065
2011	11721	8893	5702	19670	53210	2523
2012	13035	10309	6852	22154	57068	2856
2013	14450	11721	8007	24502	62164	3146
2014	15673	12815	9251	27049	67792	3501

三、广西人均 GDP 与 5 个邻省相比

广西人均 GDP 与 5 个邻省比，应该排在第四位，也即是在湖南、广东、海南之后，云南、贵州之前。

广西人均 GOP 与广东比，大约相差一半，只有广东的 46% －48% 左右。如，1952 年的 67 元是广东 101 元的 66%，1980 年的 278 元是广东 481 元的 58%，1990 年的 1066 元是广东 2395 元的 45%，2000 年的 4652 元是广东 12736 元的 37%，2005 年的 8788 元是广东 24352 元的 36%，2010 年的 20219 元是广东 44736 元的 45%，2014 年的 33090 元是广东 63207 元的 52%。

湖南与海南，这两个“南”的人均 GDP 之间相差很小。虽有些年份两“南”有胶着拉锯前行的状态，但总体上湖南还是要比海南应略高一些，如，1980 年、1990 年、2000 年、2010 年、2014 年两省分别是 365/354 元、1228/1598 元、5425/6798 元、24719/23831 元、40123/38782 元。因而，广西人均 GDP 与这两个省相比也比较接近。如，1980 年分别是这两个省的 76%/78%、1990 年的 87%/67%、2000 年的 86%/68%、2010 年的 82%/85%、2014 年的 83%/85%。

云南与贵州，这两个广西大西南的背靠省份，人均 GDP 也差不多，且两省拉锯式的前行要比湖南与海南的明显得多。广西与这两个省相比，1950 年、1960 年、1970 年、1980 年、1990 年、2000 年、2010 年、2014 年分别是它们的 86%/113%、89.6%/88.9%、90%/106%、104%/127%、87%/132%、98%/169%、128%/154%、118%/116%。见下表：

人均 GDP 广西与 5 个相邻省份比较　　元

年份	广西	云南	贵州	湖南	广东	海南
1949	–	56	44	–	73	–
1950	51	59	45	–	78	–
1952	67	70	58	86	101	–
1960	120	134	135	176	210	–
1970	140	156	132	211	258	–
1980	278	267	219	365	481	354
1990	1066	1224	810	1228	2395	1598
2000	4652	4770	2759	5425	12736	6798
2005	8788	7835	5313	10302	24352	10835
2010	20219	15752	13119	24719	44736	23831
2011	25326	19265	16413	29880	50807	28898
2012	27952	22195	19710	33480	54095	32377
2013	30741	25083	22922	36763	58540	35317
2014	33090	28002	28498	40123	63207	38782

第十节　广西的经济在 9 个民族省区中总量第三、人均倒数第四

一、9 个民族省区经济规模在全国的排名

8 个传统叫法上的民族省份的经济总量在全国的排名，远排在湖北省之后。居于第 10 位的湖北，要比最靠前排位的广西第 19 名高出近 10 个位置。

走向态势上，湖北、青海与贵州、新疆、宁夏、西藏应该都算是比较“平稳”型的或“一”字线的。湖北站位“最前”的是 1965 年的第 8 名，站位“最后”的是 1952 – 1955 年、2005 年的第 12 名，其他年份基本上是在第 9 – 11 名之间；青海的区间在第 28 – 30 位，且三个名次都较为平均；贵州大多数是在第 26

名，1952 年和 1985 年曾进到第 25 名，1955 年退至第 27 位；新疆 1990 年以后的 25 年中都在第 25 位，1985 年以前的 35 年则在第 26 – 27 位间；宁夏大多数年份在第 29 位，1952 年曾进至第 28 名；西藏 1952 年至 1975 年是第 30 位，1980 年至 2014 年都是在第 31 位。

9 个省份中，只有广西、内蒙古、云南这 3 个省区的走向不太相同。内蒙古属"先高后低"型。而广西与云南则属"两头高中间低"型或"盆地"型的。但广西是在 2010 – 2013 年连续保住了第 18 名之后，2014 年又后退到了第 19 位；而云南是在 2010 – 2013 年连续保住第 24 名之后，2014 年向前进入了第 23 位。一个后退、一个前进，方向各异。具体见下表：

9 个民族省区 GDP 在全国的排位

年份	1952	1955	1960	1965	1970	1975	1980	1985	1990	1995	2000	2005	2010	2011	2012	2013	2014
广西	20	23	23	23	20	19	19	19	17	16	16	17	18	18	18	18	19
内蒙古	23	22	21	21	21	24	25	23	22	24	24	19	15	15	15	15	15
西藏	30	30	30	30	30	30	31	31	31	31	31	31	31	31	31	31	31
宁夏	28	29	29	29	29	29	30	30	30	29	29	29	29	29	29	29	29
新疆	26	26	25	27	27	27	27	27	25	25	25	25	25	25	25	25	25
云南	24	20	24	22	22	22	23	22	16	17	18	23	24	24	24	24	23
贵州	25	27	26	26	26	26	26	25	26	26	26	26	26	26	26	26	26
青海	29	28	28	28	28	28	29	29	29	30	30	30	30	30	30	30	30
湖北	12	12	10	8	11	9	10	10	9	11	9	12	11	10	9	9	9

二、广西的经济总量与 8 个民族省区比

9 个民族省区中超过 1 万亿元的，2010 年有湖北 15968 亿元和内蒙古 11672 亿元两个，2011 年加入广西 11721 亿元，2012 年又加入云南 10309 亿元，达到 4 个省区。但湖北 2014 年的总量比广西多了近 1.2 万亿元、也比内蒙古多 9609 亿元、更比云南多 1.46 万亿元。

从增速来看，2012 年比 2010 年，湖北是 39%、青海是 40%、广西是 36%，

广西均少于两省；2014 年比 2012 年，湖北是 23%、青海是 22%、广西是 20%，广西又都少于两省。所以，湖北有继续拉开与广西距离的前提条件，青海有继续缩小与广西差距的基础。具体见下表：

9 个民族省区的经济总量

亿元

年份	广西	内蒙古	西藏	宁夏	新疆	云南	贵州	青海	湖北
1949	–	–	–	–	–	9	6. 2	–	–
1950	9. 4	–	–	–	–	10	6. 4	–	–
1952	12. 81	12. 16	1. 3	1. 7	7. 91	12	8. 6	1. 6	24. 5
1960	26. 2	36. 6	2. 6	4. 8	25. 2	25	22. 9	7. 7	63. 6
1970	39. 4	39. 2	3. 7	6. 5	23. 1	39	28. 4	8. 4	88. 2
1980	97. 33	68. 4	8. 7	16	53. 2	84	60. 3	18	199
1990	449	319	24. 5	64. 8	274	452	260	70	824
2000	2080	1401	117	266	1364	2011	994	264	4276
2005	4076	3895	251	606	2604	3473	1979	543	6520
2010	9570	11672	507	1690	5437	7224	4602	1350	15968
2011	11721	14360	606	2102	6610	8893	5702	1670	19632
2012	13035	15881	701	2341	7505	10309	6852	1894	22250
2013	14450	16832	808	2565	8360	11721	8007	2101	24668
2014	15673	17770	921	2752	9264	12815	9251	2301	27379

三、广西人均 GDP 与 8 个民族省区相比

青海和湖北两省的人均 GDP，65 年中的第三年即 1952 年，均比广西的要多得多。2014 年广西只有青海、湖北、内蒙古、宁夏、新疆的 86%、70%、48%、78%、85%，排在第六位。

1952 年，广西的人均 GDP67 元，只比最少的贵州 58 元多 9 元。

1980 年，云南以 267 元少于广西的 278 元，排在仍是最少的贵州 219 元之前。

2000 年，只有西藏的 4572 元、贵州的 2759 元少于广西。

2010 年，云南以 15752 元，加入到少于广西的西藏 17319 元和贵州 13119 元的“后三”行列，广西退出倒三成倒四，并一直至 2014 年。具体见下表：

9 个民族省区人均 GDP　　元

年份	广西	内蒙古	西藏	宁夏	新疆	云南	贵州	青海	湖北
1949	–	–	–	–	–	56	44	–	–
1950	51	–	–	–	–	59	45		–
1952	67	173	115	126	166	70	58	101	90
1960	120	325	204	227	374	134	135	300	154
1970	140	263	247	241	236	156	132	303	222
1980	278	361	471	433	410	267	219	473	428
1990	1066	1478	1276	1393	1799	1224	810	1553	1541
2000	4652	6502	4572	5376	7372	4770	2759	5138	6293
2005	8788	16331	9114	10239	13108	7835	5313	10000	11431
2010	20219	47347	17319	26860	25034	15752	13119	24115	27906
2011	25326	57974	20077	33043	30087	19265	16413	29522	34197
2012	27952	63886	22936	36394	33796	22195	19710	33181	38572
2013	30741	67498	26068	39420	37181	25083	22922	36510	42826
2014	33090	69597	29552	42506	38791	28002	28498	38444	47145

第十一节　广西的经济在 9 个边境省区中总量第四、人均倒数第三

一、9 个边境省区的经济规模在全国的排名

9 个边境省区的经济规模在全国的排名，最靠前的非辽宁莫属，而且只有辽宁的排位能进入到全国个位数的排列中。从 1950 年至 1990 年的 40 年里，辽宁 1、2、3、4 的位置均榜上有名，1995 年至 2014 年，除了 2005 年的第 8 名外，其他

年份都在第7位上。

祖国最北端的黑龙江，1980年以前的30年都在第10位以内，1960年曾经拿下了第4名。可惜，改革开放后的30年下降得很厉害，1985年下跌到第11位之后还一路下滑，2014年退到了第20位，与1960年相比后退了16位。

吉林省最靠前的排名是1975年的第15位，2000年以前的50年基本上是在第15－20位间，2005年后的这10年相对稳定在第22位。2014年的第22名与1975年相比，后退了7位。

辽宁在2005年曾经站在第8位，与1955年曾拿下冠军第1名相比，后退了7位。

甘肃从1952年的第18名一路后退到第27位。1990年后的25年均保持在第27名的这个位置上。具体见下表：

9个边境省区的GDP总量在全国的排位

年份	1952	1955	1960	1965	1970	1975	1980	1985	1990	1995	2000	2005	2010	2011	2012	2013	2014
广西	20	23	23	23	20	19	19	19	17	16	16	17	18	18	18	18	19
内蒙古	23	22	21	21	21	24	25	23	22	24	24	19	15	15	15	15	15
西藏	30	30	30	30	30	30	31	31	31	31	31	31	31	31	31	31	31
新疆	26	26	25	27	27	27	27	27	25	25	25	25	25	25	25	25	25
云南	24	20	24	22	22	22	23	22	16	17	18	23	24	24	24	24	23
甘肃	18	21	27	25	25	21	24	26	27	27	27	27	27	27	27	27	27
黑龙江	9	8	4	6	6	6	8	11	12	13	13	14	16	16	17	17	20
吉林	16	18	16	16	17	15	18	18	20	19	19	22	22	22	22	21	22
辽宁	3	1	2	2	2	2	4	4	4	7	7	8	7	7	7	7	7

二、广西的经济总量与8个边境省区相比

1952年的经济总量，辽宁41亿元、吉林17亿元、黑龙江27亿元、甘肃13亿元，都排在了广西12.8亿元之前。但10年后的甘肃即1960年时就少于广西8亿元；到了1990年，吉林又以24亿元少于广西；到了2013年，黑龙江又少于广西67亿元。至此，在9个边境省区中，广西除少于辽宁的12954亿元、内蒙古的2097亿元外，算是排在了第三位。但从65年的经济总量来看，广西应该还是排在黑龙江之后的。

从2014年与2010年的增速来看，甘肃是66%、黑龙江是47%、吉林是58%、辽宁是55%，广西是64%。广西除了比甘肃低了2个百分点之外，均比“东三省”的高一些。具体见下表：

9 个边境省区的经济总量 亿元

年份	广西	内蒙古	西藏	新疆	云南	甘肃	黑龙江	吉林	辽宁
1949	–	–	–	–	9	–	–	–	–
1950	9.4	–	–	–	10	–	–	–	–
1952	12.81	12.16	1.32	7.91	12	13.32	26.6	16.6	41
1960	26.15	36.56	2.55	25.20	25	18	80.5	41.8	158
1970	39.36	39.17	3.69	23.08	39	35	111.2	56.1	137
1980	97.33	68.4	8.67	53.24	84	74	221	98.6	281
1990	449	319	24.5	274	452	243	715	425	1063
2000	2080	1401	117	1364	2011	983	3253	1821	4669
2005	4076	3895	251	2604	3473	1934	5512	3620	8009
2010	9570	11672	507	5437	7224	4121	10369	8668	18457
2011	11721	14360	606	6610	8893	5020	12582	10569	22227
2012	13035	15881	701	7505	10309	5650	13692	11939	24846
2013	14450	16832	808	8360	11721	6268	14383	12981	27078
2014	15673	17770	921	9264	12815	6835	15204	13685	28627

三、广西人均 GDP 与 8 个边境省区比

从人均国内生产总值来看，65 年中的任何一年，广西都比“东三省”的要少得多：

1952 年，广西的人均 GDP 只有黑、吉、辽的 28%、44%、31%；

1980 年，广西只有黑、吉、辽的 40%、62%、34%；

2000 年，广西只有黑、吉、辽的 56%、63%、42%；

2010 年，广西只有黑、吉、辽的 75%、64%、48%；

2014 年，广西只有黑、吉、辽的 84%、66%、51%。

甘肃的人均 GDP 在 2000 年以前的 50 年都比广西的多。虽然 2000 年以后的年份要比广西少，但其 2014 年与 2010 年的增速达 58%，比广西的 63% 只少了 5 个百分点。具体见下表：

9 个边境省区的人均 GDP

元

年份	广西	内蒙古	西藏	新疆	云南	甘肃	黑龙江	吉林	辽宁
1949	–	–	–	–	56	–	–	–	–
1950	51	–	–	–	59	–	–	–	–
1952	67	173	115	166	70	125	238	153	218
1960	120	325	204	374	134	143	461	289	625
1970	140	263	247	236	156	218	448	303	447
1980	278	361	471	410	267	388	694	445	811
1990	1066	1478	1276	1799	1224	1099	2028	1746	2698
2000	4652	6502	4572	7372	4770	4129	8294	7351	11177
2005	8788	16331	9114	13108	7835	7461	14434	13348	18983
2010	20219	47347	17319	25034	15752	16113	27076	31599	42355
2011	25326	57974	20077	30087	19265	19595	32819	38460	50760
2012	27952	63886	22936	33796	22195	21978	35711	43415	56649
2013	30741	67498	26068	37181	25083	24296	37697	47428	61996
2014	33090	69597	29552	38791	28002	25509	39226	50160	65201

第十二节　广西的经济在 12 个西部省区中总量第四、人均倒数第四

一、12 个西部省区的经济规模在全国的排名

从上面的分析中，我们已经知道了 5 个自治区以及云南、贵州等西部省区 65 年以来经济总量在全国的排名和大致走向的态势。即：广西排第 19 位，呈“U”形两头高中间低形走势；内蒙古排第 20 名，呈反“U”形两头低中间高的走势；西藏排第 30 – 31 位名，呈“一”字线形走势；宁夏排第 29 位，呈“一”字线形走势；新疆排第 25 – 26 位，呈“7”折线形先高后低走势；云南排第 22 名，与广西呈“U”形盆地形走势一样；贵州排第 26 名，呈“一”字线走势。

12 个西部省区 GDP 在全国的排位

省份	1952	1955	1960	1965	1970	1975	1980	1985	1990	1995	2000	2005	2010	2011	2012	2013	2014
广西	20	23	23	23	20	19	19	19	17	16	16	17	18	18	18	18	19
重庆	15	16	19	18	23	23	22	24	24	22	23	24	23	23	23	22	21
四川	10	10	17	9	10	11	6	8	8	9	10	9	8	8	8	8	8
陕西	19	19	18	20	19	20	20	20	21	21	20	21	17	17	16	16	16
甘肃	18	21	27	25	25	21	24	26	27	27	27	27	27	27	27	27	27
青海	29	28	28	28	28	28	29	29	29	30	30	30	30	30	30	30	30
内蒙古	23	22	21	21	21	24	25	23	22	24	24	19	15	15	15	15	15
西藏	30	30	30	30	30	30	31	31	31	31	31	31	31	31	31	31	31
宁夏	28	29	29	29	29	29	30	30	30	29	29	29	29	29	29	29	29
新疆	26	26	25	27	27	27	27	27	25	25	25	25	25	25	25	25	25
云南	24	20	24	22	22	22	23	22	16	17	18	23	24	24	24	24	23
贵州	25	27	26	26	26	26	26	25	26	26	26	26	26	26	26	26	26

下面，我们再来看一下其他 5 个西部省区 60 多年来经济总量在全国各省的排名和大致走向的情况。

重庆是我国现有 4 个直辖市中最年轻的一个，是西部 12 个省区中的唯一一个直辖市。我们很高兴能从有关资料中查到重庆市在 1950 年到 1997 年这段时间里各个年度的地区生产总值等数据。从这些数据中，我们可以看到，60 多年来重庆市的经济总量在全国的排名为第 15 至 24 位之间，均排第 21 位，走势上大致与内蒙古的“两头低中间高”之山体状相同。新中国成立后的前 5 年曾排到第 15、16 位，1985 年至 2005 年退至 23、24 位，到了 2013、2014 年又追回到第 22、21 位。

四川从其相关的数据来看，重庆的分出似乎并没有影响到它的经济规模在全国的排名位置，好像还让它更轻松地从 1960 年时的第 17 名进到这几年都保持的第 8 名。1975 年以前的 20 多年里排名基本上是在两位数上，1980 年至 2014 年则基本上是在一位数上走动。60 多年来均排在第 9－10 位间，最靠前的 1980 年曾到第 6 位。走势上总体上看应算是较平稳的“一”字线形。

陕西在新中国成立以来的 60 多年其地区生产总值在全国的排名均在第 18 位左右。最靠前的是 2013 年至 2014 年的第 16 位，最排后的是 1990－2005 年的第

21 位。总体上看走势上也大致呈直线状。

甘肃 60 多年来实现的 GDP 在全国的排名大约是第 25 位。排位最靠前的是 1952 年的第 18 位，1955 年和 1975 年也曾经排到第 21 位，其他年份特别是 1990 年后至 2014 年这些时间里基本上是排在第 27 位，走势上呈“先低后高”的“7”字形，与广东的走向形状刚好相反。

青海 65 年来经济规模在全国的排名基本上在第 28－30 位之间，平均排第 29 位。1955 年至 1975 年间位第 28 名，1980 年至 1990 年间和 1952 年是第 29 名，1995 年后到 2014 年为第 30 名。走向上大体上也是平稳直线状。

综上，西部 12 个省区中，65 年来地区生产总值的排名大致应该是：四川、陕西、广西、内蒙古、重庆、云南、甘肃、新疆、贵州、青海、宁夏、西藏。

二、广西的经济总量与西部 11 个省区比

从下表的数据中，西部 12 个省区 65 年来实现的地区生产总值，似分成三个方队来看更明显一些。

第一个方队，其实仅是四川一个省。1952 年，它的 GDP 42 亿元是排在第二位重庆 18 亿元的 233%；1980 年，它的 GDP 229 亿元是排在第二名广西 97 亿元的 236%；2000 年，它的 GDP 4010 亿元是排在第二位广西 2080 亿元的 193%；2010 年，它的 GDP 17185 亿元是排在第二名内蒙古 11672 亿元的 147%；2014 年，它的 GDP 28537 亿元是排在第二位内蒙古 17770 亿元的 161%。

第二方队，就是广西、内蒙古、新疆、云南、贵州、重庆、陕西、甘肃这 8 个省区。这 8 个省区，1952 年的 GDP 分别是：广西 12.81 亿元、内蒙古 12.16 亿元、新疆 7.9 亿元、云南 12 亿元、贵州 8.6 亿元、重庆 18 亿元、陕西 12.85 亿元、甘肃 13.3 亿元，广西排在重庆、甘肃、陕西之后的第四位。除新疆、贵州、重庆外，广西与内蒙古、云南、陕西、甘肃 5 个省区都在 12 亿－13 亿左右，相差很小。1960 年的 GDP，8 省区分别是 26 亿、37 亿、25.2 亿、25 亿、23 亿、38 亿、38 亿、18 亿元，广西排在重庆、陕西、内蒙古之后的第四名。1970 年的 GDP，依次是 39.4 亿、39.2 亿、23 亿、39 亿、28 亿、38 亿、47 亿、35 亿元，广西排在陕西之后、比内蒙古多 2000 万元位列第二。1980 年的 GDP，分别是 97 亿、68 亿、53 亿、84 亿、60 亿、85 亿、95 亿、74 亿元，广西比陕西多 2 亿元排到了第一。1990 年的 GDP，依次是 449 亿、319 亿、274 亿、452 亿、260 亿、300 亿、404 亿、243 亿元，广西仍排在 404 亿元的陕西之前继续稳居首位。2000 年的 GDP，分别是 2080 亿、1401 亿、1364 亿、2011 亿、994 亿、1603 亿、1661 亿、983 亿元，广西 2080 亿元比排在第二的陕西 1661 亿元高，仍再居于第一位。2010 年，广西虽然实现 GDP 9570 亿元，但已是排到内蒙古 11672 亿元、陕西 10123 亿元之后，位列第三。2014 年，广西尽管突破 1.5 万亿元的关口为 15673 亿元，但仍然不敌内蒙古的 17770 亿元和陕西的 17690 亿元，位列第三。

12 个西部省区的经济总量 亿元

年份	广西	内蒙古	西藏	宁夏	新疆	云南	贵州	重庆	四川	陕西	甘肃	青海
1949	–	–	–	–	–	9	6.2	–	–	–	–	–
1950	9.4	–	–	–	–	10	6.4	15	–	–	–	–
1952	12.8	12.2	1.3	1.7	7.9	12	8.6	18	42.1	12.9	13.3	1.6
1960	26.2	36.6	2.6	4.8	25.2	25	22.9	38	41	38	18	7.7
1970	39.4	39.2	3.7	6.5	23.1	39	28.4	38	90	47	35	8.4
1980	97.3	68.4	8.7	16	53.2	84	60.3	85	229	95	74	18
1990	449	319	24.5	64.8	274	452	260	300	1186	404	243	70
2000	2080	1401	117	266	1364	2011	994	1603	4010	1661	983	264
2005	4076	3895	251	606	2604	3473	1979	3070	7385	3676	1934	543
2010	9570	11672	507	1690	5437	7224	4602	7926	17185	10123	4121	1350
2011	11721	14360	606	2102	6610	8893	5702	10011	21027	12512	5020	1670
2012	13035	15881	701	2341	7505	10309	6852	11410	23873	14454	5650	1894
2013	14450	16832	808	2565	8360	11721	8007	12657	26261	16045	6268	2101
2014	15673	17770	921	2752	9264	12815	9251	14265	28537	17690	6835	2301

第三方队，就是西藏、宁夏、青海 3 个省区。1952 年的 GDP，西藏为 1.32 亿元、宁夏是 1.73 亿元、青海是 1.63 亿元，3 省区均在 2 亿元以下。1980 年，西藏近 9 亿元、宁夏达到 16 亿元、青海则是 18 亿元，宁夏、青海开始拉大了与西藏的差距。到了 2000 年，当西藏达到 100 亿元为 117 亿元时，宁夏已是 266 亿元、青海也为 264 亿元了。2010 年西藏实现 507 亿元，此时的宁夏 1690 亿元则比青海的 1350 亿元多出了 340 亿元。2014 年西藏接近 1000 亿元为 921 亿元时，宁夏与青海分别是 2752 亿元和 2301 亿元。广西与第三方队的这 3 个省区相比，可以说三个省区的每一年度的 GDP 之和，均未超过广西的该年数。见上表。

三、广西人均 GDP 与 11 个西部省区相比

从现有的资料中，我们无法找到 1949 年或 1950 年西部 12 个省区的人均国内生产总值。但从 1952 年的数据中很清楚地看到，广西的 67 元只排在最少的贵州 58 元和四川 53 元之前，也就是排在倒数的第三位上。改革开放的第一年 1980 年，广西仍以 278 元排在云南 267 元、贵州 219 元之前的倒数第三位上。到了

2000 年的世纪之交，广西 4652 元比西藏 4572 元、贵州 2759 元、甘肃 4129 元多一些，终于走出了倒数第三的位置。2010 年广西 20219 元，比西藏、云南、贵州、甘肃要多些，开始走到了排在倒数第七的位置上。到了 2014 年，广西的人均数虽然已达 33090 元，但也只是排在西藏 29552 元、云南 28002 元、贵州 28498 元、甘肃 25509 元之前，仍排在 12 省区的后排即倒数第五的位置上。具体见下表：

12 个西部省区的人均 GDP

元

年份	广西	内蒙古	西藏	宁夏	新疆	云南	贵州	重庆	四川	陕西	甘肃	青海
1949	–	–	–	–	–	56	44	–	–	–	–	–
1950	51	– –	–	–	–	59	45	91	–	–	–	–
1952	67	173	115	126	166	70	58	102	53	85	125	101
1960	120	325	204	227	374	134	135	188	86	200	143	300
1970	140	263	247	241	236	156	132	164	146	196	218	303
1980	278	361	471	433	410	267	219	334	320	334	388	473
1990	1066	1478	1276	1393	1799	1224	810	1080	1136	1241	1099	1553
2000	4652	6502	4572	5376	7372	4770	2759	5620	4956	4968	4129	5138
2005	8788	16331	9114	10239	13108	7835	5313	10982	9060	9887	7461	10000
2010	20219	47347	17319	26860	25034	15752	13119	27596	21182	27133	16113	24115
2011	25326	57974	20077	33043	30087	19265	16413	34500	26133	33464	19595	29522
2012	27952	63886	22936	36394	33796	22195	19710	38914	29608	38564	21978	33181
2013	30741	67498	26068	39420	37181	25083	22922	42795	32454	42692	24296	36510
2014	33090	69597	29552	42506	38791	28002	28498	46879	35005	46608	25509	38444

第三章　广西的财政收支

第一节　快速做大的财政蛋糕

北宋文学家、诗人、宰相苏辙云："财者，为国之命而万世之本。国之所以存亡，事之所以成败，常必由之。"财政，是国家治理的基础，在治国安邦中发挥着基础性、制度性和保障性的作用。党的十八届三中全会指出："科学的财税体制是优化资源配置、维护市场统一、促进社会公平、实现国家长治久安的制度保障。"

财政，对于一个国家是如此重要，那么对于一个地方来说，财政则是主要体现在确保地方党委、政府中心工作的顺利进行、社会秩序的正常运转、改善城乡居民的生活环境和提高人民大众的幸福指数等方面上。

作为一个民族区域自治区，新中国成立60多年来，广西也与其他兄弟省份一样，财政状况发生了根本性的变化，财政这个金库得以快速扩容壮大，从而有力地保证、促进和推动了广西社会经济各项事业的快速健康全面发展。

广西的财政收入（公共财政收入、一般预算收入，下同）——从1950年的6700万元，增至1960年的6亿多元、1970年的7亿多元，1980年又增至12亿多元，1997年差一些迈入了100亿元的门关达99.16亿元，2000年为147亿元，2005年达283亿元，2010年迅速扩增至772亿元，2012年增至近1200亿元，2014年又猛增到1422亿元。2014年的财政收入是1950年的2122倍、1980年的116倍、2000年的10倍、2010年的1.8倍、2012年的121.96%。2015年，广西财政的一般预算收入又实现了1515亿元。

财政支出（公共财政支出、一般预算支出，下同）——由1950年的4500万元，增加到1960年的11亿元，1980年又增至17亿多元，1990年为65亿元，1995年有141亿元，2000年达到259亿元，2005年至612亿元，2010年猛增至2008亿元，2012年差15亿元达3000亿元，2014年在2013年突破3000亿元的基础上达到3480亿元。2014年的财政支出，是1950年的7733倍、1980年的200倍、2000年的13.4倍、2010年的1.7倍、2012年的116.58%。2015年，广西的公共财政支出又达到了4076亿元。见下表：

1950－2014 年广西财政收入与支出数额　　亿元

年份	1950	1955	1960	1965	1970	1975	1980	1985	1990	1995	2000	2005	2010	2012	2014
收入	0. 67	3. 3	6. 0	4. 9	7. 3	11. 1	12. 3	20. 2	47	79	147	283	772	1166	1422
支出	0. 45	2. 34	11	6. 2	9. 2	13. 2	17. 4	30	65	141	259	612	2008	2985	3480

第二节　广西的财政占全国收入的 1. 15%、支出的 1. 8%，人均收入的 33. 4%、人均支出的 50. 8%

一、广西财政收支占全国的比重

这里所列的包括广西在内的有关省份的财政收入和财政支出，是指各个省份的公共财政收入（一般预算收入）和公共财政支出（一般预算支出）。公共财政收入，包括营业税（铁道部门、各银行总行、保险总公司集中缴纳的除外）、增值税 25%、所得税 40% 以及房产税、土地税、车船税等地方税种的收入。公共财政支出，包括地方一般公共服务、公共安全支出、地方各项社会事业支出等。财政收入和财政支出的具体口径，见不同年度的《中国财政年鉴》或《新中国 50、60 年统计资料汇编》等中的说明或解释，本书一般不作相关调整或言及。

（一）广西财政收入占全国的 1. 15%

综观广西财政收入 60 多年来占全国财政收入的比重，最高为 2. 21%，最低为 0. 84%，平均为 1. 15%。形似“金字塔”形。站在 1993 年这个实行分税制财政体制年度 2. 21% 最高处的中间点上，往后看的 40 年或往前看的 20 年皆可谓是“一览众山小”的感觉。往后看——有滑梯形样的 1990 年的 1. 59%、1975 年的 1. 36%、1955 年的 1. 31%、1950 年的 1. 08%；往前看——也有滑梯形似的 1994 年的 1. 19%、2000 年的 1. 10%、2010 年的 0. 93%、2014 年的 1. 01% 等，从高到低且呈等腰阶梯状相当明显。见下表：

广西财政收入支出占全国的比重　　亿元、%

年份	全　国		广　西	
	收入	支出	收入/占比	支出/占比
1949	–	–	–	–
1950	62. 17	68. 05	0. 67/1. 08	0. 45/0. 66
1955	249	249	3. 27/1. 31	2. 34/0. 94

续表

年份	全 国		广 西	
	收入	支出	收入/占比	支出/占比
1960	572	644	6.02/1.05	10.99/1.71
1965	473	473	4.89/1.03	6.15/1.30
1970	663	649	7.3/1.10	9.16/1.41
1975	816	816	11.1/1.36	13.16/1.61
1980	1160	1229	12.3/1.06	17.44/1.42
1985	2005	2004	20.2/1.01	29.75/1.48
1990	2937	3084	46.8/1.59	65.0/2.11
1993	4349	4642	95.9/2.21	107.49/2.32
1994	5218	5793	62.3/1.19	124.93/2.16
2000	13395	15887	147/1.10	258.49/1.63
2005	31649	33930	283/0.89	611.48/1.80
2008	61330	62593	518/0.84	1297.11/2.07
2010	83102	89874	772/0.93	2008/2.23
2011	103874	109248	948/0.91	2545/2.33
2012	117254	125953	1166/0.99	2985/2.37
2013	129210	140212	1318/1.02	3208/2.289
2014	140370	151786	1422/1.01	3480/2.293

（二）广西财政支出占全国的1.8%

从上表中我们可以看到，60多年来广西财政支出占全国财政支出的比重，最高的是2012年的2.37%，最低的是1950年的0.66%，1993年也占到了2.32%，平均为1.80%。大体上看，随着时间的推移，占比总体上呈由低缓慢地顺着斜坡向高处走的倾向，但2013年、2014年又有些开始下滑。1950年至1990年的40年，基本上都在0.66%－1.7%之间；1990年至2014年的25年，基本在1.6%－2.37%之间。

二、广西人均财政收支占全国的比重

（一）人均财政收入占全国的33.4%

广西的人均财政收入占全国的比重大约是33.4%左右。最高的是实行分税制财政体制前的1993年的60%，这一年的占比，比排在第二位的1990年的45%还要高出15个百分点；最低的是2005年的25%。总体来看，以1993年作为“高与低”的分水岭非常明显——即实行分税制体制前的1950年至1993年的43年中，广西人均财政收入占全国的比重，要比实行分税制体制后的1994年至2014年的这20年要高一些，高出近9个百分点（37.3%与28.5%）。见下表：

广西的人均财政收入占全国的比重

元、%

年份	全国	广西	占比
1950	11	4	36
1955	41	16	39
1960	87	27	31
1965	65	20	31
1970	80	26	33
1975	87	34.7	40
1980	117	35	30
1985	189	52	28
1990	258	116	45
1993	365	218	60
1994	435	139	32
2000	1055	320	30
2005	2416	593	25
2010	6202	1632	26
2011	7694	2048	27
2012	8660	2500	29
2013	9501	2803	30
2014	10246	3003	29

注：1950年至2014年的全国人均财政收入和1950年至1993年的广西人均财政收入，根据每年的财政收入和人口数计算，1994年至2014年的广西人均财政收入数出自《中国财政年鉴》。

（二）人均财政支出占全国的50.8%

广西人均财政支出占全国的比重，总体上看，似与人均财政收入所占比重的走向刚好相反，即实行分税制体制后的年份所占的份额要多一些。最低的是仅有20%的1950年，最高的是2012年的69%，1993年也有63%，平均是50.8%，分税制前的40多年约为43%，分税制后的20年约是60.6%，相差17个百分点。

广西的人均财政收入和人均财政支出占全国的份额，为什么存在着这种分税制前的几十年、与分税制后的20年截然不同的一边倒或一边东、一边西的现象？具体原因是什么？作为有兴趣的财政人不妨可以花一些时间研究一下。见下表：

广西的人均财政支出占全国的比重

元、%

年份	全国	广西	占比
1950	12	2.4	20
1955	41	12	29
1960	98	52	53
1965	65	26	40
1970	78	33	42
1975	89	41	46
1980	124	50	40
1985	189	76	40
1990	271	155	57
1993	390	244	63
1994	483	278	58
2000	1251	562	45
2005	2590	1281	49
2010	6707	4245	63
2011	8092	5500	68
2012	9302	6401	69
2013	10310	6826	66.21
2014	11079	7347	66.31

注：1950年至2014年的全国人均财政支出和1950年至1993年的广西人均财政支出，据每年的财政支出和人口数计算，1994年至2014年的广西人均财政支出数出自《中国财政年鉴》。

第三节 广西的财政在5个自治区中收支额均第二，人均收支皆为第五

一、5个自治区的财政收支在全国的排名

（一）财政收入在全国的排位

由于资料欠缺及计算的工作量过大，本章节中各省区的财政收入、支出总额和人均财政收入、支出额在全国的排名情况，1950年至1993年的部分无法算出，1994年至2014年各省份的排位主要是根据当年度《中国财政年鉴》上的数据。

1994年到2014年，也就是实行分税制后的20年，5个自治区财政收入排名上的走势总体上是：

广西是“先低后高”或“先前后后”——即从1994年靠前排至第15名，以后年份基本上是第17、第19、第22、第23名，2011年曾向后排到第23位，均排在第20名左右。2010年至2014年这几年中除2011年外均为第22名。

内蒙古大体上是“先高后低”或“先后后前”——即从1994年、2000年的第23名，到2005年的第20名、2011年以后的第18、第19名。均排在第19位。

西藏、宁夏、新疆这三个自治区可以说都是“一条平坦之路”——略有不同的是，西藏与宁夏是“先稍低后再平走”。西藏除了1994年的第30名外，其他年份均排在第31位；宁夏除了1994年为第28名外，其余年份都是第29位。而新疆则有些是“先平后再稍低走”，从1994年到2013年都是排第26位，到了2014年靠前了一位至第25名。见下表：

5个自治区财政收入在全国的排位

年份	广西	内蒙古	西藏	宁夏	新疆
1950	–	–	–	–	–
1980	–	–	–	–	–
1993	–	–	–	–	–
1994	15	23	30	28	26
2000	17	23	31	29	26
2005	19	20	31	29	26
2010	22	14	31	29	26

续表

年份	广西	内蒙古	西藏	宁夏	新疆
2011	23	18	31	29	26
2012	22	18	31	29	26
2013	22	17	31	29	26
2014	22	19	31	29	25

（二）财政支出在全国的排位

1994 年到 2014 年，5 个自治区财政支出排名上的走势总体上是：

广西除 1994 年比较靠前的第 15 名外，其他年份都是排在第 19 – 20 名。与收入排名相比，除 1994 年收支都是第 15 名处在全国各省份的中间线外，2000 年至 2014 年的支出均排在第 19 位，要比收入均排在第 21 位靠前了两位。

内蒙古支出平均排在 16.4 位，比广西的第 19 位靠前了近 3 位。最靠前排的是 2011 年的第 14 位，比广西最前的 1994 年第 15 位还进前了一位。

西藏支出排位在第 28 至 31 位之间，均排为第 29.5 位。2000 年和 2010 年曾排到全国的最后一名。

宁夏排位比较直观，也即是 2010 年之前的年份都是第 30 名，2011 年至 2014 年都是第 31 名。

新疆排位随着时间的推移，“先高后低”或“先后后前”的走势非常明显。从 1994 年的第 26 位，到 2014 年阶梯式的递进至第 21 位。具体见下表：

5 个自治区财政支出在全国的排位

年份	广西	内蒙古	西藏	宁夏	新疆
1950	–	–	–	–	–
1993	–	–	–	–	–
1994	15	19	28	30	26
2000	19	20	31	30	24
2005	20	16	28	30	24
2010	18	15	31	30	23
2011	19	14	30	31	22

续表

年份	广西	内蒙古	西藏	宁夏	新疆
2012	20	15	30	31	23
2013	19	15	29	31	22
2014	19	17	29	31	21

（三）人均财政收入在全国的排位

5 个自治区中，人均财政收入广西的排位最靠后。均排为第 26，最靠前的是 1994 年至 2000 年里的第 21 位，最靠后的是 2012 年至 2014 年间的第 29 位。从走势看，是随着时间的推移真正的“从前往后”或“从低往高”走。

内蒙古的人均财政收入走势刚好与广西相反，即随着时间的推移“从后往前”或“从高往低”走。最靠后的是 1994 年第 16 位，最靠前的是 2011 年后的第 7 位，均排在 9.5 位。

西藏在 1994 年曾经前进到第 8 位，但从 2000 年起退到第 31 位，2014 年返回到第 21 位。均排为第 22 位。

宁夏的走势与内蒙古一样“先后后前”，从 1994 年的第 20 位，然后阶梯式地“递减”到 2013 年后的第 13 位。均排在 15.25 位。

新疆的走势与其他 4 个自治区则有所不同，属于“中间高两头低”的类型。即 2010 年、2011 年、2012 年为第 16 位，而之前及之后的年份基本上是在第 12 位左右。均排为 13.88 位。

5 个自治区的人均财政收入，随着时间的推移，“从前到后”的排位是内蒙古、新疆、宁夏、西藏、广西。排在“最后”的广西要比排在“最前”的内蒙古相差达 16.5 位。具体见下表：

5 个自治区人均财政收入在全国的排位

年份	广西	内蒙古	西藏	宁夏	新疆
1950	–	–	–	–	–
1993	–	–	–	–	–
1994	21	16	8	20	15
2000	21	14	31	16	12

续表

年份	广西	内蒙古	西藏	宁夏	新疆
2005	24	10	31	16	12
2010	27	8	31	15	16
2011	28	7	30	14	16
2012	29	7	27	15	16
2013	29	7	27	13	12
2014	29	7	21	13	12

（四）人均财政支出在全国的排位

5个自治区中的人均财政支出，广西排位“靠后”的情况比人均财政收入排位的“靠后”更“靠后”。支出广西最靠前的年份1994年虽然是排在第20位，但均排在26.63位，而收入广西则均排在第26位。走势上也是非常明显的“先前后后”型或“先低后高”型，与其他4个自治区的走向上恰恰相反。

内蒙古的均排是第7.1位，比广西靠前走了近20位。走势与广西相反，是“先后后前”或“先高后低”型，且从2005年开始至2014年相当稳定地保持在第6位上。

西藏的均排是第1.63位，与广西相比走在前面足足达25位。走势也如内蒙古的一样是“先后后前”或“先高后低”型，且从2011年至2014年都相当稳定地守住在第一位。

宁夏的均排是8.25位，也大踏步地往前走与广西拉开了18位多的距离。走势上也如内蒙古、西藏一样是“先后后前”或“先高后低”型，从1994年最“靠后”的第15位一直走到2010年后的第7位。且2010年开始至2014年相当稳定地在第7位上。

新疆的均排是8.88位，也与内蒙古、西藏、宁夏一样，以多于近18位的步伐在广西的前面走。走势上也是“先后后前”或“先高后低”型的。且2010年起至2014年相当稳定地保持在第8位。

同是自治区，但人均财政支出的排名，相差之大，由此可见。2013年和2014年，广西跌至第29名，而其他4个自治区则稳排在1、6、7、8位上。具体见下表：

5 个自治区人均财政支出在全国的排位

年份	广西	内蒙古	西藏	宁夏	新疆
1950	–	–	–	–	–
1993	–	–	–	–	–
1994	20	12	2	15	10
2000	25	9	3	8	10
2005	28	6	3	8	11
2010	28	6	1	7	8
2011	27	6	1	7	8
2012	27	6	1	7	8
2013	29	6	1	7	8
2014	29	6	1	7	8

二、广西的财政收支数额与 4 个自治区比较

（一）财政收入的比较

我们已经知道，广西财政收入在 31 个省级中的排名大约是第 20 名，在 5 个自治区的排位中应在内蒙古之后。下面我们再来对比一下财政收入额广西与其他 4 个自治区的情况。

从共性来看，由于 1993 年与 1994 年是新旧财政体制的转换期，所以在实行分税制财政体制前的一年即 1993 年，我们看到了一个普遍存在的现象，就是当年 5 个自治区除西藏外，甚至是各个省份的财政收入都比 1994 年的财政收入额要多出许多，这应该说是 1994 年按分税制划分中央与地方政府收入后的结果，也就是说，分税制体制实施后的第一年，中央就达到了集中财力的初衷目的。至于西藏 1993 年的 1.56 亿元少于 1994 年的 5.5 亿元，可能是由于西藏新旧财政体制有关税种转换如增值税税种收入过少或营业税税种收入过多造成的。

西藏财政收入在 1952 年时只有 300 万元，到 2004 年以 10.02 亿元实现了 10

亿元大关，再到2014年以124亿元终于跨入了100亿元的大门。2014年是1952年的4133倍、是1994年的23倍、2004年的12倍。对于只有300多万人口、自然条件又比较恶劣的地方来讲实属不易。

宁夏财政收入1950年也只有1100万元，比西藏提前10年于1993年以10.9亿元实现了10亿元大关，2009年突破了100亿元，2014年达到340亿元。2014年是1950年的3091倍、1994年7.2亿元的47倍、2010年154亿元的2.2倍。对于一个同样只有669万人口、也是自然资源条件比较有限的内陆省区来说也实属不易。

新疆1950年的财政收入比宁夏足足多了一半即2200万元，1986年实现10.2亿元，2002年以116.47亿元突破100亿元关口，2013年以1129亿元攻破1000亿元大门，2014年达到1283亿元。2014年是1950年的5832倍、1994年28.7亿元的45倍、2010年501亿元的2.6倍，仅比广西2014年财政收入1422亿元少139亿元。但新疆只有2200万人，不到广西的一半，且新疆是个地广人稀自然条件也比较恶劣的内陆省区，打下这样扎实、规模的财政根基确实不易。

内蒙古财政收入1950年5300万元，只比广西的6700万元少1400万元，1985年以13.18亿元突破10亿元，2002年以112.85亿元突破100亿元，2010年以1070亿元比广西提前两年迈进1000亿元大关，2014年达到1843亿元。2014年是1950年的3477倍、1994年36.3亿元的51倍、2010年1070亿元的1.7倍。2014年内蒙古的人口只有2505万人，也是广西的一半多一些，但其财政收入却比广西多了421亿元，高出广西的29.6%。

总体来看，广西从1950年至2005年这55年里，除了1960年等个别年份外，财政收入均比内蒙古多；但从2006年内蒙古以343.38亿元比广西342.58亿元多8000万元开始，一直到2014年，每一年反而都比广西多。2014年新疆仅比广西少139亿元，否则就与广西持平。而新疆2014年比2013年净增154亿元、广西则只净增104亿元。具体见下表：

5个自治区的财政收入

亿元

年份	广西	内蒙古	西藏	宁夏	新疆
1949	–	0.07	–	–	–
1950	0.67	0.53	0.03 （1952年）	0.11	0.22
1960	6.02	8.99	1.02	1.05	6.33
1970	7.34	4.41	–0.21	0.99	3.57

续表

年份	广西	内蒙古	西藏	宁夏	新疆
1980	12. 30	4. 13	－0. 6	2. 04	4. 03
1990	46. 83	33	0. 18	6. 23	21. 8
1993	95. 93	56. 1	1. 56	10. 9	35. 1
1994	62	36. 3	5. 5	7. 2	28. 7
2000	147	95	5. 4	20. 8	79
2005	283	278	12	47. 7	180
2010	772	1070	37	154	501
2011	948	1357	55	220	720
2012	1166	1553	87	264	909
2013	1318	1721	95	308	1129
2014	1422	1843	124	340	1283

（二）财政支出的比较

从支出来看，广西在5个自治区中也应是排在内蒙古之后的第二个位置上。与收入数一样，2000年以前的50年里，广西的支出基本上要比内蒙古多一些。但从2005年开始内蒙古就超越了广西，2010年至2014年这5年，内蒙古的支出比广西多出2030亿元，比广西2010年全年的支出额2008亿元还要多出22亿元。

排在第三位的新疆，其支出额与广西相差不是很多。除1950年略比广西多支出2200万元外，其他年份都比广西少。但其2010年至2014年开支达13089亿元，只比广西的14226亿元少1137亿元。

西藏与宁夏两个自治区的支出总额，大约各是广西的1/3左右。

从2014年比2010年的增幅看，广西是73%、内蒙古是71%、西藏为115%、宁夏有79%、新疆95%。广西只比内蒙古高2个百分点但少了400亿元、而比新疆低22个百分点但只多了162亿元。见下表：

5 个自治区的财政支出 亿元

年份	广西	内蒙古	西藏	宁夏	新疆
1949	–	0.08	–	–	–
1950	0.45	0.46	0.10	0.05	0.67
1960	10.99	12.2	1.55	3.03	9.58
1970	9.16	7.86	1.06	1.69	6.05
1980	17.44	18.4	4.66	5.75	16.2
1990	65.00	60.9	12.9	15	47.6
1993	107.46	88.3	21.6	19.4	64.7
1994	125	92.8	30.3	19.4	71.1
2000	259	247	60	60.8	191
2005	612	682	186	160	519
2010	2008	2274	551	558	1699
2011	2545	2989	758	706	2285
2012	2985	3426	905	864	2720
2013	3208	3687	1014	922	3067
2014	3480	3880	1186	1001	3318

（三）人均财政收入的比较

由于很难找到或算出 1993 年以前的数据，我们无法对分税制前的这些年份进行相应的比较。从下表的数据中，我们很明显地就可以看到，分税制后的 20 年，广西的人均财政收入，除了西藏的 2000 年、2005 年、2010 年、2011 年外，基本上要比其他 4 个自治区的少甚至是少得多。

从 2010 年至 2014 年这几年来看，广西的人均财政收入为 2397 元，只有内蒙古 6068 元的 39.5%、西藏 2580 元的 93%、宁夏 3983 元的 60%、新疆 4064 元的 59%。只有 4 个自治区平均数 4174 元的 57.4%。见下表：

5 个自治区的人均财政收入　　元

年份	广西	内蒙古	西藏	宁夏	新疆
1950	–	–	–	–	–
1993	–	–	–	–	–
1994	139	161	234	143	176
2000	320	401	208	377	428
2005	593	1163	437	806	908
2010	1632	4374	1242	2447	2307
2011	2048	5477	1813	3459	3279
2012	2500	6246	2834	4105	4093
2013	2803	6901	3067	4739	5019
2014	3003	7370	3945	5165	5622

(四）人均财政支出的比较

广西的人均财政支出在5个自治区中，整体来看，从1994年到2014年的20年，广西的人均财政支出每年只有各个自治区的一半左右。

2010年至2014年的人均财政支出，广西为6064元、内蒙古是13087元、西藏达28756元、宁夏有12561元、新疆为11732元。广西是唯一一个没有进入万元的自治区，并且仅是其他4个自治区平均数16534元的36.7%。具体见下表：

5 个自治区的人均财政支出　　元

年份	广西	内蒙古	西藏	宁夏	新疆
1950	–	–	–	–	–
1993	–	–	–	–	–
1994	278	412	1279	386	437
2000	562	1043	2315	1101	1032

续表

年份	广西	内蒙古	西藏	宁夏	新疆
2005	1281	2859	6731	2707	2613
2010	4245	9294	18672	8884	7829
2011	5500	12068	25102	11099	10398
2012	6401	13781	29635	13443	12247
2013	6826	14783	32738	14177	13640
2014	7347	15511	37635	15204	14545

第四节　广西的财政是全国前三甲省份总收入的20%、总支出的40%，人均收入的16%、人均支出的27%

一、财政收入的比较

财政收入全国前三名，广东从1994年分税制体制实施一开始一直至2014年，就牢牢地霸占着老大的位置，这应该与它从1989年以1381.38亿元开始至2014年就长期占据在地区生产总值前三名有着必然的正比关系。仅2014年，广东的财政收入就达到8060亿元，是广西1422亿元的5.67倍。

财政收入全国第二名，1994年至2005年是上海，2006年江苏以1657亿元多于上海1600亿元开始超越，自此以后一直到2014年江苏均紧靠在广东之后。2014年江苏的财政收入7233亿元，虽比广东少827亿元，却是广西的5.1倍。

排在全国第三名，1994年至2010年分别被辽宁、山东、江苏、上海占据过，2010年到2014年山东则将上海排列在外后稳居第三位了。2014年山东的财政收入5027亿元，比第二名江苏少2206亿元，但是广西的3.54倍。

广西2014年实现1422亿元的财政收入，广东在10年前的2004年就以1419亿元差3亿元达到了，上海在9年前的2005年就以1417亿元差5亿元达到了，江苏是在8年前的2006年就以1657亿元多出了。见下表：

广西财政收入与全国的前三甲省份比较

年份	广西（亿元/排名）	全国前三甲省份（亿元/排名）		
1950	0.67	–	–	–
1993	95.93	–	–	–
1994	62/15	广东 299/1	上海 170/2	辽宁 154/3
2000	147/17	广东 911/1	上海 485/2	山东 464/3
2005	283/19	广东 1807/1	上海 1417/2	江苏 1323/3
2010	772/22	广东 4517/1	江苏 4080/2	上海 2874/3
2011	948/23	广东 5515/1	江苏 5149/2	山东 3456/3
2012	1166/22	广东 6229/1	江苏 5861/2	山东 4059/3
2013	1318/22	广东 7082/1	江苏 6569/2	山东 4560/3
2014	1422	广东 8060/1	江苏 7233/2	山东 5027/3

二、财政支出的比较

1994 年到 2014 年，财政支出排在全国第一位的一直是广东。每一年广西的财政支出只是广东的 1/3 左右。

财政支出排在第二名的，除了 1994 年和 2000 年分别被四川和山东夺得外，其他年份也由江苏一省斩获。广西每一年的财政支出，是第二名的 42% 左右。

财政支出排在全国第三位的，1994 年至 2010 年分别是辽宁、上海、四川三省（市）；2011 年到 2014 年，被山东独占。广西每一年的财政支出，大约是第三名的 48% 左右。具体见下表：

广西财政支出与全国前三甲省份比较

年份	广西（亿元/排名）	全国前三甲省份（亿元/排名）		
1950	0.45	-	-	-
1993	107.46	-	-	-
1994	125/15	广东 417/1	四川 237/2	辽宁 224/3
2000	259/19	广东 1080/1	山东 613/2	上海 609/3
2005	612/20	广东 2289/1	江苏 1673/2	上海 1646/3
2010	2008/18	广东 5422/1	江苏 4914/2	四川 4258/3
2011	2545/19	广东 6712//1	江苏 6222/2	山东 5002/3
2012	2985/20	广东 7388/1	江苏 7028/2	山东 5905/3
2013	3209/19	广东 8411/1	江苏 7799/2	山东 6689/3
2014	3480/19	广东 9153/1	江苏 8473/2	山东 7177/3

三、人均财政收入的比较

我们从上面分析得出，财政收入排在全国的前三位，分税制实施以来的 20 年，基本上被广东、江苏、山东三省占领。但人均财政收入排在全国的前三名，则应是由上海、北京、天津这三个直辖市垄断。

1994 年至 2014 年，广西的人均财政收入是 1630 元，是排在第一的上海（北京）11721 元的 13.9%，是排在第二的北京（上海、天津）11062 元的 14.7%，是排在第三的天津（广东）8448 元的 19.3%。

从 2014 年的这一年来看，广西的人均财政收入只及第一名上海的 15.85%、第二名北京的 15.9%、第三名天津的 19%。说明 20 年来广西与前三名的人均财政收入比差距并没有多少改变。具体见下表：

广西人均财政收入与全国前三甲省份比较

年份	广西（元/排名）	全国前三甲省份（元/排名）		
1950	–	–	–	–
1993	–	–	–	–
1994	139/21	上海 1256/1	天津 538/2	广东 446/3
2000	320/21	上海 3084/1	北京 2615/2	天津 1363/3
2005	593/24	上海 8053/1	北京 6065/2	天津 3211/3
2010	1632/27	上海 13610/1	北京 12668/2	天津 8477/3
2011	2048/28	北京 15103/1	上海 14752/2	天津 10966/3
2012	2500/29	北京 16218/1	上海 15840/2	天津 12717/3
2013	2803/29	北京 17500/1	上海 17139/2	天津 14411/3
2014	3003/29	上海 18945/1	北京 18876/2	天津 15994/3

四、人均财政支出的比较

广西与全国前三强相比，上面已经比较了人均财政收入，现在我们再来比较一下人均财政支出，看看广西在这方面与前三名相差究竟有多大。

从下表中我们看到，人均财政支出排在全国前三位，除了北京、上海这两个直辖市外，还有西藏、青海这两个民族省区。也就是说，西藏、青海这两个“贫穷落后”的边远省区与上海、北京这两个“国际大都市”在同等“经济”上好像站不到一起的，居然在人均财政支出这里排在了一起，而且是全国前三的位置上。

1994 年到 2014 年广西的人均财政支出平均 4055 元，是排在第一的西藏（上海）19802 元的 20.5%、是排在第二的青海（北京、上海、西藏）13655 元的 29.7%，是排在第三的北京（西藏、上海）12572 元的 32.3%。

如果从 2014 年来看，广西的人均财政支出 7347 元是排在第一西藏 37635 元的 19.5%、排在第二青海 23212 元的 31.7%、排在第三北京 21208 元的 34.6%。我们也可以像人均财政收入那样说，经过 20 年来的发展，人均财政支出广西与全国的前三名距离也没有发生多少变化。见下表。

广西人均财政支出与全国前三甲省份比较

年份	广西（元/排名）	全国前三甲省份（元/排名）		
1950	–	–	–	–
1993	–	–	–	–
1994	278/20	上海 1414/1	西藏 1279/2	北京 883/3
2000	562/25	上海 3866/1	北京 3357/2	西藏 2315/3
2005	1281/28	上海 9354/1	北京 6983/2	西藏 6731/3
2010	4245/28	西藏 18672/1	上海 15643/2	北京 14624/3
2011	5500/27	西藏 25103/1	青海 17113	上海 16838/3
2012	6401/27	西藏 29635/1	青海 20316/2	北京 18030/3
2013	6826/29	西藏 32738/1	青海 21340/2	北京 19950/3
2014	7347/29	西藏 37635/1	青海 23212/2	北京 21208/3

第五节　广西的财政与排在最后的三省区相比 人均收支跌至“后三”

一、财政收入的比较

1994 年到 2014 年，31 个省份中财政收入总额排在最后三名分别是宁夏、青海和西藏（1994 年重庆还未单设直辖市，全国共 30 个省级）。

1994 年，宁夏、青海、西藏的财政收入都差不多，分别是 7.2 亿、7 亿、5.5 亿元，广西凭 62 亿元排在全国的第 15 位，分别是它们的 8.6 倍、8.9 倍、11.2 倍。2010 年，广西退居第 22 位 772 亿元，分别是三省区的 5 倍、7 倍、21 倍。2014 年，广西继续稳居第 22 位 1422 亿元，是宁夏、青海、西藏 340 亿、252 亿、124 亿元的 4 倍、5.6 倍、11.5 倍。也就是说，经过 20 年的发展，除了最后西藏几乎保持与广西的距离外，宁夏与青海都缩小了与广西 3－4 倍的差距。见下表：

广西的财政收入与后三省区比较

年份	广西（亿元/排名）	全国后三省区（亿元/排名）		
1950	0.67	–	–	–
1993	95.93	–	–	–
1994	62/15	宁夏 7.2/28	青海 7/29	西藏 5.5/30
2000	147/17	宁夏 21/29	青海 17/30	西藏 5.4/31
2005	283/19	宁夏 48/29	青海 34/30	西藏 12/31
2010	772/22	宁夏 154/29	青海 110/30	西藏 37/31
2011	948/23	宁夏 220/29	青海 152/30	西藏 55/31
2012	1166/22	宁夏 264/29	青海 186/30	西藏 86/31
2013	1318/22	宁夏 308/29	青海 224/30	西藏 95/31
2014	1422//22	宁夏 340/29	青海 252/30	西藏 124/31

二、财政支出的比较

财政支出总额排在全国最后的三个省区，也基本上是西藏、青海、宁夏，但海南这个省也加入进来了。

广西财政支出 2000 年比 1994 年的增长率是 107%，后三个省区分别是 113%/144%/216%；广西 2010 年比 2000 年的增长率是 675%，后三个省区分别是 808%/815%/818%；广西 2014 年比 2010 年的增长率是 73%，后三个省区分别是 104%/97%/82%。从三个时期的财政支出总额增长率来看，广西都远低于排后的三个省区。具体见下表：

广西财政支出与后三省区比较

年份	广西（亿元/排名）	全国后三省区（亿元/排名）		
1950	0.45	–	–	–
1993	107.46	–	–	–
1994	125/15	西藏 30/28	青海 25/29	宁夏 19/30
2000	259/19	海南 64/29	宁夏 61/30	西藏 60/31
2005	612/20	青海 170/29	宁夏 160/30	海南 151/31
2010	2008/18	海南 581/29	宁夏 558/30	西藏 551/31
2011	2545/19	海南 779/29	西藏 758/30	宁夏 706/31
2012	2985/20	海南 912/29	西藏 905/30	宁夏 864/31
2013	3209/19	西藏 1014/29	海南 1011/30	宁夏 923/31
2014	3480/19	西藏 1186/29	海南 1100/30	宁夏 1001/31

三、人均财政收入的比较

从 2012 年到 2014 年，广西的人均财政收入在全国的排名已是第 29 位，也就是说已经跌进了后三名的行列。

1994 年至 2000 年，广西的人均财政收入 230 元，虽然与后三名的（河南、甘肃）172 元、（安徽、贵州）164 元、（贵州、西藏）149 元多不了多少，但排名却在全国的第 21 位上。

2005 年，广西的人均财政收入降至第 24 位，2010 年再降到第 27 位。此后连续下跌至第 28 位、第 29 位。我们对比了一下这些年来广西的人口没有发生多少的变化，因此，原因看来还是主要由于同期的财政收入的增加数上。财政收入上不去，意味着作为财源的经济增速也快不到哪里去。经济增速慢下来，又意味着投资、消费、出口等的数量与兄弟省区相比小、少多了。具体见下表：

广西人均财政收入与后三省区比较

年份	广西（元/排名）	全国后三省区（元/排名）		
1950	–	–	–	–
1993	–	–	–	–
1994	139/21	河南 103/28	安徽 92/29	贵州 90/30
2000	320/21	甘肃 240/29	贵州 236/30	西藏 208/31
2005	593/24	贵州 478/29	甘肃 474/30	西藏 437/31
2010	1632/27	贵州 1468/28	河南 1463/29	甘肃 1362/30
2011	2048/28	河南 1832/29	西藏 1813/30	甘肃 1757/31
2012	2500/29	河南 2171/30	甘肃 2024/31	–
2013	2803/29	河南 2567/30	甘肃 2354/31	–
2014	3003/29	河南 2907/30	甘肃 2601/31	–

四、人均财政支出的比较

上面我们已经说过，广西人均财政支出，从20年的均排来看，比人均财政收入还要靠后。1994年虽然有过第20名，但2000年开始跌到第25位，此后的这14年下降至第28、第27、第29位。具体见下表：

广西人均财政支出与后三省比较

年份	广西（元/排名）	全国后三省（元/排名）		
1950	–	–	–	–
1993	–	–	–	–
1994	278/20	四川 212/28	河南 188/29	安徽 157/30
2000	562/25	江西 534/29	安徽 529/30	河南 478/31
2005	1281/28	四川 1278/29	河南 1169/30	安徽 1134
2010	4245/28	湖南 4166/29	河北 3967/30	河南 3617/31
2011	5500/27	山东 5204/29	河北 4901/30	河南 4522/31
2012	6401/27	山东 6112/29	河北 5616/30	河南 5328/31
2013	6826/29	河北 6032/30	河南 5932/31	–
2014	7347/29	河南 6397/30	河北 6356/31	–

第六节　广西的财政与紧挨的前三省区相比收支总额和人均要想追上较难

20 年来，财政收入紧挨着广西的前三个省区，不同年份的有云南、江西、重庆、湖南、内蒙古、湖北、山西、天津、安徽、黑龙江 10 个省区，其中云南、江西与广西挨在一起的年份较多。

一、财政收入的比较

1994 年，云南、湖北、黑龙江分别以 77 亿、78 亿、85 亿元排在广西 62 亿元的前面。2010 年，排在广西前面的是江西、云南和重庆。到了 2014 年，排在广西 1422 亿元前面的变成了云南 1698 亿元、山西 1820 亿元和内蒙古 1843 亿元。但广西与最近的云南相差达 276 亿元，广西要想赶上云南不是一件很容易的事。因为，2012 年至 2014 年，连续排在第 21 位的云南年均增加 120 亿元，而同是连续排在第 22 位的广西年均增加只有 85 亿元，每年少了 35 亿元。而广西要追上走在云南之前的山西、内蒙古两省区，就更难了。具体见下表：

广西的财政收入与紧挨的前三省份比较

年份	广西（亿元/排名）	紧挨的前三省份（亿元/排名）		
1950	0.67	–	–	–
1993	95.93	–	–	–
1994	62/15	云南 76.7/14	湖北 77.5/13	黑龙江 85/12
2000	147/17	湖南 177/16	安徽 179/15	云南 181/14
2005	283/19	云南 313/18	黑龙江 318/17	天津 332/16
2010	772/22	江西 778/21	云南 871/20	重庆 952/19
2011	948/23	黑龙江 998/22	江西 1053/21	云南 1111/20
2012	1166/22	云南 1338/21	江西 1372/20	山西 1516/19
2013	1318/22	云南 1611/21	江西 1621/20	重庆 1693/19
2014	1422/22	云南 1698/21	山西 1820/20	内蒙古 1843/19

二、财政支出的比较

同样，财政支出紧挨在广西之前的三省区，20 年来也有湖北、吉林、陕西、重庆、江西、黑龙江、福建、安徽、内蒙古 9 个省区。

从增速来看，2000 年比 1994 年，广西的增速是 107%，前三省（吉林、湖北）是 91%、（陕西、福建）是 97%、（安徽、黑龙江）是 128%；2010 年比 2000 年，广西的增速是 675%，前三省（陕西、吉林）的是 750%、（黑龙江、陕西）是 728%、（内蒙古、安徽）是 602%；2012 年比 2010 年，广西的增速是 49%，前三省（江西、陕西）的是 36%、（重庆、黑龙江）是 35%、（黑龙江、内蒙古）是 39%；2014 年比 2012 年，广西的增速是 17%，前三省（贵州、江西）的是 18%、（内蒙古、重庆）是 27%、（江西、黑龙江）是 22%。可以看出，广西除了 2012 年比 2010 年的增长速度比紧挨的前三省高一些外，其他三个阶段的增速大部分都低得多。说明了广西在财政支出总数上，要赶超紧挨的前三个省份难度也非常之大。见下表：

广西财政支出与紧挨的前三省份比较

年份	广西（亿元/排名）	紧挨的前三省区（亿元/排名）		
1950	0.45	–	–	–
1993	107.46	–	–	–
1994	125/15	湖北 137/14	福建 138/13	黑龙江 142/12
2000	259/19	吉林 261/18	陕西 272/17	安徽 324/16
2005	612/20	吉林 631/19	陕西 639/18	山西 669/17
2010	2008/18	陕西 2219/17	黑龙江 2253/16	内蒙古 2274/15
2011	2545/19	重庆 2570/18	黑龙江 2794/17	云南 2930/16
2012	2985/20	江西 3019/19	重庆 3046/18	黑龙江 3172/17
2013	3209/19	黑龙江 3369/18	江西 3470/17	陕西 3665/16
2014	3480/19	贵州 3543/18	内蒙古 3880/17	江西 3883/16

三、人均财政收入的比较

人均财政收入，比紧挨广西多的三个省区不同的年份有：宁夏、青海、湖南、贵州、河北、山西、西藏、江西、黑龙江 9 个省区。

我们从 2010 年至 2014 年增加的绝对额来看：广西增加 1371 元，紧挨的前三省（河北、湖南）增加 1658 元、（湖南、江西）增加 1619 元、（黑龙江、湖北）增加 1627 元，分别比广西净增了 287 元、248 元和 256 元。而 2014 年与 2013 年的增加额，广西是 200 元，紧挨的前三个省（河北、湖南）是 278 元、（湖南、西藏）303 元、（黑龙江、河北）845 元，分别比广西净增 78 元、103 元和 742 元。人均财政收入，广西要赶追上紧挨的前三省，有一定难度。见下表：

广西人均财政收入与紧挨的前三省区比较

年份	广西（元/排名）	紧挨的前三省区（元/排名）		
1950	–	–	–	–
1993	–	–	–	–
1994	139/21	宁夏 143/20	青海 148/19	河北 149/18
2000	320/21	青海 323/20	山西 352/19	湖北 358/18
2005	593/24	湖南 607/23	青海 625/22	湖北 641/21
2010	1632/27	湖南 1667/26	江西 1751/25	湖北 1767/24
2011	2048/28	贵州 2225/27	湖南 2305/26	江西 2354/25
2012	2500/29	湖南 2693/28	西藏 2834/27	河北 2869/26
2013	28038/29	湖南 3047/28	西藏 3067/27	河北 2549/26
2014	3003/29	河北 3325/28	湖南 3370/27	黑龙江 3394/26

四、人均财政支出的比较

人均财政支出紧挨广西的前三个省，不同年份有江苏、陕西、江西、安徽、湖北、山东、山西、湖南、甘肃、海南10个省区。

人均财政支出，体现着人口数量的变化和财政支出总额的增减。而财政支出的多少，取决于地方的公共财政收入和中央补助的资金。与紧挨的前（后）三个省份对比人均财政支出，应该最能看得出这几个要素在相关省区的变化或带来的影响。

我们还是用比较直观的百分比，来看一下广西这20年来与紧挨的前三个省区在人均财政支出上的差异。

2000年比1994年，广西的人均财政支出增长率是102%，紧挨的前三省（陕西、江苏）是163%、（江苏、山西）是175%、（海南、甘肃）是171%；2010年比2000年，广西的增长率是655%，紧挨的前三省（安徽、陕西）是469%、（江西、江苏）是436%、（山东、海南）是426%；2012年比2010年，广西的增长率是51%，紧挨的前三省（湖北、安徽）是52%、（安徽、江西）是53%、（江西、山东）是54%；2014年比2012年，广西的增长率是15%，紧挨的前三省（山东、湖北）是13%、（湖南、安徽）是13%、（安徽、江西）是15%。这4个时期的平均增长率，广西是206%，紧挨的前三省分别是174%、169%、

167%。广西虽然比紧挨的前三个省高出30多个百分点，但要追上紧挨着的前三个省的人均财政支出，如果要通过比拼增加地方公共财政收入来实现，除甘肃这个内陆省份属于西部省区外，其他都是东中部的经济相对发达省份，广西很难与它们匹敌。假若在人口总量不变的前提下，解决的途径，广西只有依赖中央的补助收入增加这一条路了。具体见下表：

广西的人均财政支出与紧挨的前三省份比较

年份	广西（元/排名）	紧挨的前三省份（元/排名）		
1950	–	–	–	–
1993	–	–	–	–
1994	278/20	江苏 286/19	山西 293/18	甘肃 305/17
2000	562/19	陕西 753/18	江苏 807/17	海南 828/16
2005	1281/28	江西 1312/27	湖北 1328/26	湖南 1341/25
2010	4245/28	安徽 4284/27	江西 4327/26	山东 4352/25
2011	5500/27	安徽 5540/26	湖北 5598/25	江西 5664/24
2012	6401/27	湖北 6518/26	安徽 6626/25	江西 6715/24
2013	6826/29	山东 6889/28	湖南 7038/27	安徽 7239/26
2014	7347/29	山东 7353/28	湖南 7473/27	安徽 7701/26

第七节　广西的财政与紧挨的后三省区相比收支被赶超明显，人均收支跌到“后三”

一、财政收入的比较

财政收入紧靠在广西之后的三个省区，20年的相应年份中有安徽、山西、吉林、天津、陕西、山西、重庆、内蒙古、黑龙江、贵州、新疆11个省区。

1994年，紧接着广西62亿元后尾的，是安徽55亿元、山西54亿元和吉林51亿元。2000年天津、陕西、山西排在了广西的后面。2010年，黑龙江、吉林、贵州分别以756亿、602亿、534亿元不敌广西772亿元而居于广西之后。2014年，贵州以1366亿元超越黑龙江1301亿元紧排在广西之后，与广西之差也只有56亿元。见下表：

广西的财政收入与紧挨的后三省区比较

年份	广西（亿元/排名）	紧挨的后三省区（亿元/排名）		
1950	0.67	–	–	–
1993	95.93	–	–	–
1994	62/15	安徽55/16	山西54/17	吉林51/18
2000	147/17	天津134/18	陕西115/19	山西115/20
2005	283/19	内蒙古278/20	陕西275/21	重庆257/22
2010	772/22	黑龙江756/23	吉林602/24	贵州534/25
2011	948/23	吉林850/24	贵州773/25	新疆720/26
2012	1166/22	黑龙江1163/23	吉林1041/24	贵州1014/25
2013	1318/22	黑龙江1277/23	贵州1206/24	吉林1157/25
2014	1422/22	贵州1366/23	黑龙江1301/24	新疆1283/25

二、财政支出的比较

财政支出紧挨着排在广西后面的，有吉林、北京、安徽、内蒙古、山西、江西、福建、贵州、新疆等。

从动态来看，这些年来，曾经在广西后尾贴着走的安徽、北京、江西、内蒙古、贵州，2014 年分别以第 12、第 13、第 16、第 17、第 18 名，跑到了第 19 名的广西前面。3434 亿元的黑龙江也仅比广西少 46 亿元而已。见下表：

广西的财政支出与紧挨的后三省区比较

年份	广西（亿元/排名）	紧挨的后三省区（亿元/排名）		
1950	0.45	–	–	–
1993	107.46	–	–	–
1994	125/15	吉林 105/16	北京 99/17	安徽 93/18
2000	259/19	内蒙古 247/20	山西 225/21	江西 224/22
2005	612/20	福建 593/21	江西 564/22	贵州 521/23
2010	2008/18	山西 1931/19	江西 1923/20	吉林 1787/21
2011	2545/19	江西 2535/20	山西 2364/21	新疆 2285/22
2012	2985/20	山西 2759/21	贵州 2756/22	新疆 2720/23
2013	3209/19	贵州 3083/20	福建 3069/21	新疆 3067/22
2014	3480/19	黑龙江 3434/20	新疆 3318/21	福建 3307/22

三、人均财政收入的比较

人均财政收入，广西从 1994－2000 年时的第 21 名，到 2012－2014 年跌至第 29 名，只排在河南、甘肃两省的前面。

从发展的态势来看，河南在 2011 年后就紧咬着广西不放，2010 年时与广西人均相差还有 169 元，追到 2014 年只有 96 元，缩小了近一半。见下表：

广西人均财政收入与紧挨的后三省区比较

年份	广西（元/排名）	紧挨的后三省区（元/排名）		
1950	–	–	–	–
1993	–	–	–	–
1994	139/21	湖北 135/22	湖南 135/23	江西 123/24
2000	320/21	陕西 318/22	安徽 292/23	重庆 283/24
2005	593/24	江西 588/25	四川 566/26	河南 563/27
2010	1632/27	贵州 1468/28	河南 1463/29	甘肃 1362/30
2011	2048/28	河南 1832/29	西藏 1813/30	甘肃 1757/31
2012	2500/29	河南 2171/30	甘肃 2024/31	–
2013	2803/29	河南 2567/30	甘肃 2354/31	–
2014	3003/29	河南 2907/30	甘肃 2601/31	–

四、人均财政支出的比较

人均财政支出，广西从1994年的第20名，跌至2013－2014年的第29名。见下表：

广西人均财政支出与紧挨的后三省区比较

年份	广西（元/排名）	紧挨的后三省区（元/排名）		
1950	–	–	–	–
1993	–	–	–	–
1994	278/20	山东 253/21	河北 252/22	陕西 246/23

续表

年份	广西（元/排名）	紧挨的后三省区（元/排名）		
2000	562/25	贵州 557/26	湖南 536/27	四川 536/28
2005	1281/28	四川 1278/29	河南 1169/30	安徽 1134/31
2010	4245/28	湖南 4166/29	河北 3967/30	河南 3617/31
2011	5500/27	湖南 5348/28	山东 5204/29	河北 4901/30
2012	6401/27	湖南 6224/28	山东 6112/29	河北 5616/30
2013	6826/29	河北 6032/30	河南 5932/31	-
2014	7347/29	河南 6397/30	河北 6356/31	-

第八节　广西的财政在5个人口接近省区中收支最少、赶追乏力

一、5个人口接近省区的财政收支在全国的排名

（一）财政收入在全国的排位

浙江、辽宁、云南、江西这几个人口数量与广西接近的省份，其财政收入在全国的排名，大约分别是第5－6、第6－7、第18－19和第20－21位左右。广西则约是20.3位，也即排在江西（20.5位）之前的一点点。

从排位的态势中，我们基本上看出，广西是“由低开到高走平”型，浙江是由“高开到低走平”型，辽宁也算是“低开高走平”型，云南也属“低开高走平”型，江西为“低高起伏交替”型。广西与辽宁虽属同一类型，但辽宁的“低开”要比广西低12个百分点，“高走平”也比广西低16个百分点，两省区相距甚大。云南虽然也“低开高走”，但分别比广西要低1个百分点。江西虽“低高起伏”但走向是向“低”行，且与广西低差4个百分点。

所以，广西在5个人口接近的省份比较中，排位算倒数第二，走势上云南还要比广西稍微好一些。见下表：

5个人口接近省区财政收入在全国的排名

年份	广西	浙江	辽宁	云南	江西
1950	–	–	–	–	–
1993	–	–	–	–	–
1994	15	8	3	14	20
2000	17	6	7	14	21
2005	19	5	7	18	23
2010	22	5	7	20	21
2011	23	5	7	20	21
2012	22	5	7	21	20
2013	22	5	7	21	20
2014	22	5	7	21	18

（二）财政支出在全国的排位

走向态势上，除1994年外，广西、辽宁与云南算得上是比较平稳。广西大多数是第19位，辽宁靠第7位的多，云南大部分是第14位；浙江与江西则是“前高后低”。浙江由第10位向前进入第6位，江西由2000年最靠后的第22位往前推到第16位。见下表：

5个人口接近省区的财政支出在全国的排名

年份	广西	浙江	辽宁	云南	江西
1950	–	–	–	–	–
1993	–	–	–	–	–
1994	15	10	3	5	20
2000	19	9	5	11	22
2005	20	5	6	14	22
2010	18	7	8	14	20

续表

年份	广西	浙江	辽宁	云南	江西
2011	19	8	7	16	20
2012	20	8	6	14	19
2013	19	7	6	14	17
2014	19	6	7	14	16

（三）人均财政收入在全国的排位

5个人口接近省区的人均财政收入排位的走向，江西和浙江是“先高后低”，浙江从1994年的第10位向前走到2011年的第6位后一直稳坐，江西从2000年的第27位向前走到2012年的第20位后也稳坐；辽宁大体上属于比较平稳的走势，只有广西、云南是明显的“先低后高”走。见下表：

5个人口接近省区人均财政收入在全国的排名

年份	广西	浙江	辽宁	云南	江西
1950	–	–	–	–	–
1993	–	–	–	–	–
1994	21	10	6	13	24
2000	21	5	6	13	27
2005	24	4	7	20	25
2010	27	5	6	22	25
2011	28	6	5	24	25
2012	29	6	5	25	20
2013	29	6	5	23	20
2014	29	6	8	25	20

（四）人均财政支出在全国的排位

人均财政支出的走势，“先低后高”型的是广西、辽宁、云南。广西从第20位向后第29位走，辽宁从第7位向后第10位靠，云南从第9位退后向第17位。这三个省区的走势有所不同的是广西从2013年起退到了全国的“后三”位，辽宁虽然“后退”但也只到了第10位，云南虽“退”但到2014年时又从2013年的第18位进前了1位。

浙江的走向算是处于比较“平稳”状态。

江西则是典型的“先高后低”型走势。与广西相反，江西是从之前2000年的曾经跌到第29位、向前迈到2014年的第21位；广西则是从1994年的最靠前的第20位、跌落到2014年的第29位。随着时间的前移，意味着人均财政支出数，江西是越来越大、越来越多，而广西则是越来越小、越来越少。见下表：

5个人口接近省区的人均财政支出在全国的排名

年份	广西	浙江	辽宁	云南	江西
1950	–	–	–	–	–
1993	–	–	–	–	–
1994	20	16	7	9	26
2000	25	15	7	12	29
2005	28	9	7	17	27
2010	28	13	9	21	26
2011	27	16	10	21	24
2012	27	20	9	18	24
2013	29	19	9	18	23
2014	29	18	10	17	21

二、广西的财政收支数额与4个人口接近省区比较

（一）财政收入的比较

浙江在全国的排位虽然只比辽宁省靠前一些，但其2014年的财政收入要比辽宁净多出近1000亿元，是江西的2.19倍、云南的2.43倍、广西的2.90倍。5个

省区中，浙江不但在排位上居第一，而且总量上也是第一。

作为第二的辽宁，在1994年以前的40年中，每年的绝对额都比浙江多，但1994年以后的20年里，每年都比浙江少。然其2014年的收入3191亿元仍然是最少的广西的2.24倍。

江西在5个省区中排第三。广西曾在1990年、1994年、2000年、2005年等年份超过江西，可惜从2010年开始仅比江西少6亿元起，到了2014年就扩大到少了460亿元。仅5年时间，江西就比广西净多了1080亿元，差一些就是广西2012年的全年收入额了。具体见下表：

5个人口接近省区的财政收入 亿元

年份	广西	浙江	辽宁	云南	江西
1949	–	0.45	–	–	–
1950	0.67	1.69	3.3（1952年）	0.7	1.17
1960	6.02	16.9	49.5	9.18	6.64
1970	7.34	15.4	37.7	7.93	8.9
1980	12.30	31	86.9	11.6	12.5
1990	46.83	100	129	77.4	40.6
1993	95.93	167	214	205	65.7
1994	62	95	154	77	49
2000	147	343	296	181	112
2005	283	1067	675	312	253
2010	772	2608	2005	871	778
2011	948	3151	2643	1111	1053
2012	1166	3441	3105	1338	1372
2013	1318	3797	3344	1611	1621
2014	1422	4121	3191	1698	1882

（二）财政支出的比较

从绝对额来看，总体上最多的财政支出应该算是辽宁省，虽然这一过程中有时被云南（1993 年）、浙江（2005 年、2010 年、2014 年）超过一些，但这个结论还是对的。

从增速来看，2012 年比 2010 年，浙江为 30%、辽宁是 43%、云南达 56%、江西达 57%。而广西是 49%，处于中间。2014 年与 2012 年，浙江 24%、辽宁 11%、云南 24%、江西 29%。而广西为 17%，只比最低的辽宁高出 6 个百分点，比江西低 12 个百分点、比云南低 7 个百分点。具体见下表：

5 个人口接近省区的财政支出　　亿元

年份	广西	浙江	辽宁	云南	江西
1949	–	0.05	–	–	–
1950	0.45	0.35	3.6	0.26	0.49
1960	10.99	12.2	19.8	11.2	11.5
1970	9.16	7.2	13.8	10.6	10.7
1980	17.44	17.3	34.1	17.3	16
1990	65.00	80.2	122	90.8	50.8
1993	107.46	125	181	201	81.9
1994	125	153	224	204	92
2000	259	431	518	414	224
2005	612	1266	1204	766	564
2010	2008	3208	3196	2286	1923
2011	2545	3843	3906	2930	2535
2012	2985	4162	4559	3573	3019
2013	3208	4731	5197	4097	3470
2014	3480	5160	5081	4438	3883

（三）人均财政收入的比较

广西的人均财政收入，只有浙江、辽宁的36%－38%左右，2005年以前的年份虽然都比江西多，但2010年以后被江西超过，2014年江西多于广西1149元。

从增速来看，2014年比2010年，浙江是53%、辽宁是58%、云南是90%、江西是137%、广西是84%。广西虽然高于浙江31个百分点、高于辽宁26个百分点，但广西的人均收入只有浙江、辽宁的37%上下。

广西要在人均财政收入上追赶江西、云南，也不可能实现。因为这两个省不但2014年人均收入的绝对值分别比广西多出1149元和610元，而且它们的增速也比广西分别高出53个百分点和6个百分点。

2010年至2014年，人均年财政收入，浙江6277元、辽宁6524元、云南2850元、江西2980元，平均为4658元。广西是2397元，比4个人口接近省年均数少2261元。见下表：

5个人口接近省区的人均财政收入 元

年份	广西	浙江	辽宁	云南	江西
1950	–	–	–	–	–
1993	–	–	–	–	–
1994	139	220	378	195	123
2000	320	749	703	426	267
2005	593	2218	1601	705	589
2010	1632	4911	4612	1901	1751
2011	2048	5776	6036	2407	2354
2012	2500	6291	7080	2881	3052
2013	2803	6919	7618	3448	3592
2014	3003	7490	7272	3613	4152

（四）人均财政支出的比较

除了财政收入、支出总额和人均财政收入最少外，广西的人均财政支出在5个人口接近的省区中，也应该是最少的——尽管1994年、2000年时曾多于江西。

再看增速，2014年与2010年相比，广西73%、浙江55%、辽宁57%、云南89%、江西98%。广西处在浙江辽宁之前、云南江西之后。但仅从2014年的绝对数来看，浙江、辽宁分别比广西多出 2029 元和 4225 元。广西要追上其中的一个省份也比较难。

2010 年至 2014 年，浙江、辽宁、云南、江西各自的人均年财政支出，分别是 7738 元、10016 元、7447 元、6592 元，4 省平均为 7948 元。广西是 6064 元，比 4 个人口接近省年均少 1884 元。见下表：

5 个人口接近省区人均财政支出

元

年份	广西	浙江	辽宁	云南	江西
1950	–	–	–	–	–
1993	–	–	–	–	–
1994	278	356	550	517	229
2000	562	943	1232	977	534
2005	1281	2632	2855	1729	1312
2010	4245	6040	7352	4987	4327
2011	5500	7044	8920	6346	5664
2012	6401	7609	10393	7691	6715
2013	6826	8620	11841	8767	7689
2014	7347	9376	11572	9442	8567

第九节　广西的财政在 6 个相邻省区中收支总额均第三、人均收支皆最少

一、6 个相邻省区的财政收支在全国的排名

（一）财政收入在全国的排位

从下表中可以看出，在 6 个相邻省区中，广东稳居第 1，而湖南约在全国排第 13 位、云南排第 18 – 19 位、广西排第 20 位、贵州排第 23 位、海南排第 28 位。20 年里，6 个相邻省区的排位先前至后应该是广东、湖南、云南、广西、贵州、海南。

走势上，广东、海南、贵州基本呈一条线，变化不是很大，而广西、云南、

湖南的“先低后高”型很是明显。特别是广西，从1994年最“前”的15位，退到近几年的第22位、第23位，跨度8个位。湖南从1994年的第11位开始后退，到2013年的第15位止“跌”，2014年回升了一位至第14位。云南也从第14位一直跌至第21位，跨度为7个位。

6个相邻省区的财政收入在全国的排名

年份	广西	云南	贵州	湖南	广东	海南
1950	–	–	–	–	–	–
1993	–	–	–	–	–	–
1994	15	14	24	11	1	27
2000	17	14	25	16	1	28
2005	19	18	25	12	1	28
2010	22	20	22	13	1	28
2011	23	20	25	12	1	28
2012	22	21	25	13	1	28
2013	22	21	24	15	1	28
2014	22	21	23	14	1	28

（二）财政支出在全国的排位

与财政收入一样，广东的财政支出20年来一直占据着第1的位置。相邻的6个省区中，接下来的排序是湖南、云南、广西、贵州、海南。财政支出与财政收入的排序差不多。

从走势来看，除广东的呈“一”字线平稳型外，云南曾经从第5位退到2011年的第16位，但从2012年又走回到了第14位并一直至2014年保持不动。湖南、贵州是比较明显的“先后后前”型地往前走。湖南从1994年的第11位、特别是从2000年的最“后”第14位向“前”走至2013年、2014年的第8位；贵州从1994年时的第23位，向“前”拐了几个弯后至2014年也走进了第18位，“前”进了5位。而广西的走向与贵州、湖南的刚好相反，呈“先前后后”之态势，从1994年的第15位往“后”退到2012年、2013年的第20、第19位，跨度“后”退了4－5位。海南虽然也从1994年的第27位“后退”至2013年的第30位，但还算属于是比较平稳的。见下表：

6 个相邻省区的财政支出在全国的排名

年份	广西	云南	贵州	湖南	广东	海南
1950	–	–	–	–	–	–
1993	–	–	–	–	–	–
1994	15	5	23	11	1	27
2000	19	11	23	14	1	29
2005	20	14	23	11	1	31
2010	18	14	18	11	1	29
2011	19	16	23	10	1	29
2012	20	14	22	9	1	29
2013	19	14	20	8	1	30
2014	19	14	18	8	1	30

（三）人均财政收入在全国的排位

6 个相邻省区人均财政收入排名与自己的财政收入排名相比，除了海南省向“前”走了近 20 名、贵州基本保持不变外，广东则“后”退了5 – 6 位、湖南“后”退了8 –9 位、云南“后”退了 2 –3 位、广西“后”退了 6 –7 位。广西从 1994 年的第 21 名退到 2012 年后的第 29 名，并从 2012 年开始至 2014 年连续三年进入全国“后三省”的行列；湖南省在 2012 年、2013 年两年中也由 1994 年的第 23 名退到 2012 年的第 28 名，好在 2014 年又回到了第 27 位；云南从 1994 年的第 13 名退至 2014 年的第 25 名；海南从第 5 名也跌到第 11 名。最好是贵州，从 1994 年全国的“后二位”前进到 2013 年、2014 年的第 21、22 名。具体见下表：

6 个相邻省区人均财政收入在全国的排名

年份	广西	云南	贵州	湖南	广东	海南
1950	–	–	–	–	–	–
1993	–	–	–	–	–	–
1994	21	13	30	23	3	5
2000	21	13	30	26	4	10
2005	24	20	29	23	5	14
2010	27	22	28	26	7	11
2011	28	24	27	26	8	12
2012	29	25	24	28	8	11
2013	29	23	21	28	8	11
2014	29	25	22	27	5	11

（四）人均财政支出在全国的排位

6 个相邻省区人均财政支出排名与自身的财政支出排名相比，除了贵州“前进”了 3 – 4 名、海南“前进”了 19 – 20 名外，广东“后退”了 19 名、湖南“后退”了 15 – 16 名、云南“后退”了 4 – 5 名、广西“后退”了 9 – 10 名。1994 年到 2014 年，海南从第 6 位跌至第 9 位、广东从第 5 位跌至第 22 位、湖南从第 25 位跌至第 27 位、云南从第 9 位跌至第 17 位、广西从第 20 位跌至第 29 位，而贵州则从第 27 位跃升至第 15 位。广西的人均财政支出与人均财政收入，“双双”不得不“挤”进了全国的后三位。具体见下表：

6 个相邻省区人均财政支出在全国的排名

年份	广西	云南	贵州	湖南	广东	海南
1950	–	–	–	–	–	–
1993	–	–	–	–	–	–
1994	20	9	27	25	5	6
2000	25	12	26	27	5	16
2005	28	17	24	25	10	16
2010	28	21	23	29	19	10
2011	27	21	19	28	20	9
2012	27	18	17	28	21	11
2013	29	18	16	27	22	10
2014	29	17	15	27	22	9

二、广西的财政收支数额与 5 个邻居省比

（一）财政收入的比较

广西与云南比，60 年来只有 1980 年多于云南 7000 万元，其他年份均是云南比广西多——1950 年多 300 万元、1970 年多 5900 万元、1990 年多 31 亿元、2000 年多 34 亿元、2010 年多 99 亿元、2012 年多 172 亿元、2014 年多 276 亿元。广西的财政收入要追上云南必须有非常之功。

广西与湖南比，没有一年超过湖南——1950 年湖南多 1.48 亿元、1994 年多 24 亿元、2010 年多 310 亿元、2014 年多 838 亿元。1950 年湖南是广西的 3.2 倍，2000 年湖南是广西的 1.2 倍，2010 年湖南是广西的 1.4 倍，2014 年湖南是广西的 1.6 倍。2000 年后，二者差距越来越大。

广西与贵州比，贵州没有一年多过广西——1950 年贵州少于广西 3900 万元，1980 年少 5.6 亿元，2000 年少 62 亿元，2010 年少 238 亿元，2012 年少 152 亿元，2014 年少 56 亿元。2010 年后，贵州在绝对值上缩小与广西之差的迹象十分显眼。

广西与海南比——1960 年是海南的 9.7 倍，1990 年是海南的 6.3 倍，2010 年是海南的 2.85 倍，2012 年是海南的 2.85 倍，2014 年是海南的 2.56 倍。50 多年来，海南与广西的差距进一步缩小。见下表：

6 个相邻省区的财政收入

亿元

年份	广西	云南	贵州	湖南	广东	海南
1949	-	-	-	-	-	-
1950	0.67	0.7	0.28	2.15	7.15（1952 年）	0.13（1952 年）
1960	6.02	9.18	5.8	15.2	-	0.62
1970	7.34	7.93	3.36	15	24.3	1.43
1980	12.30	11.6	6.69	30	36.1	1.19
1990	46.83	77.4	35.4	70.1	131	7.39
1993	95.93	205	56.5	128	347	23.0
1994	62	77	31	86	299	28
2000	147	181	85.2	177	911	39.2
2005	283	312	183	395	1807	69
2010	772	871	534	1082	4517	271
2011	948	1111	773	1517	5515	340
2012	1166	1338	1014	1782	6229	409
2013	1318	1611	1206	2031	7082	481
2014	1422	1698	1366	2260	8060	555

（二）财政支出的比较

从财政支出的总数上来看，65 年来 6 个相邻省区从“多到少”的顺序应该是广东、湖南、云南、广西、贵州、海南。

从增速来看，广西与云南、贵州相比，2012 年比 2010 年分别是 49%、56%、69%，广西分别低于云南、贵州 7 个和 20 个百分点；2014 年比 2012 年分别是 17%、24%、29%，广西分别低于云南、贵州的 7 个和 12 个百分点。说明了在财政支出上，广西要追上云南很难，而贵州要超出广西会是一个很短的时间——实际上，2014 年贵州就已多过广西 63 亿元，而之前的 2013 年广西还比贵州多了 125 亿元。具体见下表：

6 个相邻省区的财政支出　　亿元

年份	广西	云南	贵州	湖南	广东	海南
1949	–	–	–	–	–	–
1950	0. 45	0. 26	0. 14	0. 79	3. 32	0. 21
1960	10. 99	11. 2	8. 6	14. 1	–	1. 08
1970	9. 16	10. 6	5. 42	10. 8	12. 6	0. 94
1980	17. 44	17. 3	12. 7	23. 7	24. 9	2. 10
1990	65. 00	90. 8	47. 9	80. 1	151	17. 4
1993	107. 5	201	67. 4	132	417	38. 5
1994	125	204	74	152	417	40
2000	259	414	202	348	1080	64
2005	612	766	521	873	2289	151
2010	2008	2286	1632	2703	5422	581
2011	2545	2930	2249	3521	6712	779
2012	2985	3573	2756	4119	7388	912
2013	3208	4097	3083	4691	8411	1011
2014	3480	4438	3543	5017	9153	1100

（三）人均财政收入的比较

广西的人均财政收入在 6 个相邻省区中是最少的，大约只有广东、海南各的 45% –49%，只及贵州、云南、湖南各的 80% –92%。

2014 年与 2013 年，人均财政收入的增速，云南、贵州、湖南、广东、海南分别是 5%、13%、11%、13%、14%，广西是 7%。广西只比云南高出 2 个百分点，而比贵州、湖南、广东、海南分别低 6、4、6、7 个百分点。广西要在人均财政收入上追上几个邻居们很难——2014 年，增速虽低于广西 2 个百分点的云南但其人均财政收入额要比广西多出 610 元。

2010 年至 2014 年，云南、贵州、湖南、广东、海南的人均年财政收入，分别是 2850 元、2763 元、2616 元、5978 元、4643 元，平均为 3770 元，广西是 2397 元，比 5 个邻居省份少 1373 元。具体见下表：

6 个相邻省区人均财政收入 元

年份	广西	云南	贵州	湖南	广东	海南
1950	–	–	–	–	–	–
1993	–	–	–	–	–	–
1994	139	195	90	135	446	388
2000	320	426	236	273	1145	506
2005	593	705	478	607	2066	835
2010	1632	1901	1468	1667	4502	3131
2011	2048	2407	2225	2305	5266	3896
2012	2500	2881	2917	2693	5905	4612
2013	2803	3448	3454	3047	6669	5399
2014	3003	3613	3899	3370	7549	6177

（四）人均财政支出的比较

广西的人均财政支出，在 6 个相邻省中也是最少的。1994 年的贵州比广西还少了 63 元，到了 2005 年反超广西 83 元，2010 年又多了 242 元，2014 年更高出 2734 元。

从 2014 年比 2013 年的增速看，广西是 7. 6%，云南、贵州、湖南、广东、海南分别是 7. 7%、15%、6. 2%、8. 2%、7. 8%。广西比云南、贵州、广东、海南分别低 0. 1、7. 4、0. 6、0. 2 个百分点，只比湖南高出 1. 4 个百分点。人均财政支出广西要追上几个邻居们难度也很大——与广西比较接近的湖南 2014 年的人均财政支出绝对数也比广西多出了 126 元。

2010 年至 2014 年，人均年财政支出，云南为 7447 元、贵州 7564 元、湖南 6050 元、广东 7061 元、海南 9912 元，平均为 7607 元。广西是 6064 元，比 5 个邻居省年均数少 1543 元。具体见下表：

6 个相邻省区人均财政收支出　　元

年份	广西	云南	贵州	湖南	广东	海南
1950	–	–	–	–	–	–
1993	–	–	–	–	–	–
1994	278	517	215	238	623	562
2000	562	977	557	536	1358	828
2005	1281	1729	1364	1341	2616	1838
2010	4245	4987	4487	4166	5403	6716
2011	5500	6346	6475	5348	6409	8921
2012	6401	7691	7927	6224	7003	10336
2013	6826	8767	8825	7038	7921	11350
2014	7347	9442	10108	7473	8567	12233

第十节　广西的财政在 9 个民族省区中收支总额均第四、人均收支皆倒数第一

一、9 个民族省区的财政收支在全国的排名

（一）财政收入在全国的排位

传统上的民族省区加上湖北共 9 个民族省区中，财政收入的排名走向可分为三种类型：西藏、宁夏、新疆、贵州、青海 5 个省区属较为“平稳”型，湖北、内蒙古为“先高后低”型，广西、云南为“先低后高”型。

湖北大体上从 1994 年的第 13 名“向前”走到 2014 年的第 10 名——尽管其间的 2010 年曾突然走出个第 16 名。

青海 1994 年虽然拿下了第 29 名，但从 2000 年开始一直至 2014 年，均为第 30 位。具体见下表：

9 个民族省区财政收入在全国的排名

年份	广西	内蒙古	西藏	宁夏	新疆	云南	贵州	青海	湖北
1950	–	–	–	–	–	–	–	–	–
1993	–	–	–	–	–	–	–	–	–
1994	15	23	30	28	26	14	24	29	13
2000	17	23	31	29	26	14	25	30	12
2005	19	20	31	29	26	18	25	30	13
2010	22	14	31	29	26	20	22	30	16
2011	23	18	31	29	26	20	25	30	11
2012	22	18	31	29	26	21	25	30	11
2013	22	17	31	29	26	21	24	30	11
2014	22	19	31	29	25	21	23	30	10

（二）财政支出在全国的排位

财政支出排位上的走向，湖北与其收入的走向一样“从高往低”走。此外，贵州、新疆、内蒙古也属于这种类型。

属于“平稳”型走向的有西藏、宁夏、青海三个省区。

云南、广西如不考虑1994年的排名，也可以算是比较“平稳”型走向。但云南是在“一级公路”上的平稳走（均位是12.8）、广西则是在“二级公路”上平稳行（均位为18.6）。见下表：

9 个民族省区财政支出在全国的排名

年份	广西	内蒙古	西藏	宁夏	新疆	云南	贵州	青海	湖北
1950	–	–	–	–	–	–	–	–	–
1993	–	–	–	–	–	–	–	–	–
1994	15	19	28	30	26	5	23	29	14
2000	19	20	31	30	24	11	23	28	13
2005	20	16	28	30	24	14	23	29	13
2010	18	15	31	30	23	14	18	28	13
2011	19	14	30	31	22	16	23	28	13
2012	20	15	30	31	23	14	22	28	12
2013	19	15	29	31	22	14	20	28	11
2014	19	17	29	31	21	14	18	28	9

（三）人均财政收入在全国的排位

人均财政收入排位的“先高后低”型态势，非内蒙古、宁夏、新疆、贵州、湖北这几个省区莫属。广西、云南属于“先低后高”的走势。青海为“平稳”型，西藏属“两头低中间高”。但广西从 2012 年起就连续 3 年排到了全国第 29 名，而最与广西靠近的云南只到了第 25 位。

1994 年到 2014 年，湖北是从第 22 位开始前行至第 17 位；青海则从第 19 位向“后”走到第 22 位后，又掉转车头返回到第 18、第 19 位，算是 20 年间围着 19 位转了个小圈圈。具体见下表：

9 个民族省区人均财政收入在全国的排名

年份	广西	内蒙古	西藏	宁夏	新疆	云南	贵州	青海	湖北
1950	–	–	–	–	–	–	–	–	–
1993	–	–	–	–	–	–	–	–	–
1994	21	16	8	20	15	13	30	19	22
2000	21	14	31	16	12	13	30	20	18
2005	24	10	31	16	12	20	29	22	21
2010	27	8	31	15	16	22	28	19	24
2011	28	7	30	14	16	24	27	18	19
2012	29	7	27	15	16	25	24	18	19
2013	29	7	27	13	12	23	21	18	19
2014	29	7	21	13	12	25	22	19	17

（四）人均财政支出在全国的排位

9 个民族省区中，人均财政支出在全国的排名个位数内的，就有内蒙古、西藏、宁夏、新疆、青海 5 个省区。也就是说 5 个自治区中，只有广西被排在个位数之外、且是居于全国的第 26 – 27 位上。

湖北则排在第 24 – 25 位上，排在广西之前。再往前看就应该是贵州、云南了。具体见下表：

9个民族省区人均财政支出在全国的排名

年份	广西	内蒙古	西藏	宁夏	新疆	云南	贵州	青海	湖北
1950	–	–	–	–	–	–	–	–	–
1993	–	–	–	–	–	–	–	–	–
1994	20	12	2	15	10	9	27	8	24
2000	25	9	3	8	10	12	26	6	23
2005	28	6	3	8	11	17	24	5	26
2010	28	6	1	7	8	21	23	4	24
2011	27	6	1	7	8	21	19	2	25
2012	27	6	1	7	8	18	17	2	26
2013	29	6	1	7	8	18	16	2	25
2014	29	6	1	7	8	17	15	2	23

二、广西的财政收支数额与8个民族省区比

（一）财政收入的比较

1950年的财政收入，由于湖北的数据查找不到，广西以6700万元排在8个民族省区中的第二。

1960年，内蒙古、新疆、云南、湖北4个省区的财政收入就超过广西了。

到了1980年，广西又以12亿多元排回了第一的湖北34亿元之后。

分税制前的1993年，云南以205亿元多于湖北、广西排在第一位。

到了2010年，内蒙古以1070亿元反超湖北1011亿元、云南871亿元、广西772亿元居于第一。

湖北从2011年开始又反超内蒙古的1357亿元夺回了第一位，并一直保持到2014年。而广西从2010年起到2014年，均为第四位。

青海在1994年前的40多年里，大多数年份的财政收入要比宁夏的多一些，但从2000年一直到2014年均被宁夏超过。2014年比宁夏少了88亿元，但比最少的西藏多128亿元。具体见下表：

9个民族省区的财政收入 亿元

年份	广西	内蒙古	西藏	宁夏	新疆	云南	贵州	青海	湖北
1949	–	0.07	–	–	–	–	–	–	–
1950	0.67	0.53	0.03（1952年）	0.11	0.22	0.7	0.28	–	4.9（1953年）
1960	6.02	8.99	1.02	1.05	6.33	9.18	5.8	2.91	13.5
1970	7.34	4.41	−0.21	0.99	3.57	7.93	3.36	1.20	15.2
1980	12.30	4.13	−0.6	2.04	4.03	11.6	6.69	1.65	34.01
1990	46.83	33	0.18	6.23	21.8	77.4	35.4	7.24	77.9
1993	95.93	56.1	1.56	10.9	35.1	205	56.5	11.5	115
1994	62	36.3	5.5	7.2	28.7	77	31	7	77
2000	147	95	5.4	20.8	79	181	85.2	17	214
2005	283	278	12	47.7	180	312	183	34	376
2010	772	1070	37	154	501	871	534	110	1011
2011	948	1357	55	220	720	1111	773	152	1527
2012	1166	1553	87	264	909	1338	1014	186	1823
2013	1318	1721	95	308	1129	1611	1206	224	2191
2014	1422	1843	124	340	1283	1698	1366	252	2567

（二）财政支出的比较

从2014年的绝对数来看，广西3480亿元排在湖北4934亿元、云南4438亿元、内蒙古3880亿元、贵州3543亿元之后。

从2014年与2013年的增速看，广西8.48%、内蒙古5.23%、西藏17%、宁夏8.57%、新疆8.18%、云南8.32%、贵州15%、青海9.69%、湖北12.85%。广西虽然高于内蒙古、新疆、云南一点点，但内蒙古、云南2014年的财政支出已经比广西分别多出了400亿元和958亿元，新疆也只比广西少162亿元。具体见下表：

9个民族省区的财政支出

亿元

年份	广西	内蒙古	西藏	宁夏	新疆	云南	贵州	青海	湖北
1949	–	0.08	–	–	–	–	–	–	–
1950	0.45	0.46	0.10	0.05	0.67	0.26	0.14	0.04	1.96（1953）
1960	10.99	12.2	1.55	3.03	9.58	11.2	8.6	7.10	14.9
1970	9.16	7.86	1.06	1.69	6.05	10.6	5.42	2.71	15.7
1980	17.44	18.4	4.66	5.75	16.2	17.3	12.7	5.88	26.5
1990	65.00	60.9	12.9	15	47.6	90.8	47.9	17.1	84.8
1993	107.46	88.3	21.6	19.4	64.7	201	67.4	22.5	115
1994	125	92.8	30.3	19.4	71.1	204	74	25	137
2000	259	247	60	60.8	191	414	202	68	369
2005	612	682	186	160	519	766	521	170	779
2010	2008	2274	551	558	1699	2286	1632	743	2501
2011	2545	2989	758	706	2285	2930	2249	967	3215
2012	2985	3426	905	864	2720	3573	2756	1159	3760
2013	3208	3687	1014	922	3067	4097	3083	1228	4372
2014	3480	3880	1186	1001	3318	4438	3543	1347	4934

（三）人均财政收入的比较

人均财政收入，在9个民族省区中广西是最少的，2014年只分别是内蒙古、西藏、宁夏、新疆、云南、贵州、青海、湖北的41%、76%、58%、53%、83%、77%、69%、68%，平均为66%。

分税制实施的第一年即1994年，广西的人均财政收入多于贵州和湖北。2000年、2010年又多于西藏、贵州。2012年西藏、贵州分别反超广西334元、417元，广西开始站到了倒数第一位上。

从2010年至2014年的人均财政收入来看，广西2397元、内蒙古6068元、西藏2580元、宁夏3983元、新疆4064元、云南2850元、贵州2793元、青海3230元、湖北3158元。除广西外的其他8个民族省区年人均为3196元，广西少于它们799元。见下表：

9个民族省区的人均财政收入　　元

年份	广西	内蒙古	西藏	宁夏	新疆	云南	贵州	青海	湖北
1950	–	–	–	–	–	–	–	–	–
1993	–	–	–	–	–	–	–	–	–
1994	139	161	234	143	176	195	90	148	135
2000	320	401	208	377	428	426	236	323	358
2005	593	1163	437	806	908	705	478	625	641
2010	1632	4374	1242	2447	2307	1901	1468	1969	1767
2011	2048	5477	1813	3459	3279	2407	2225	2685	2659
2012	2500	6246	2834	4105	4093	2881	2917	3268	3160
2013	2803	6901	3067	4739	5019	3448	3454	3890	3785
2014	3003	7370	3945	5165	5622	3613	3899	4336	4420

（四）人均财政支出的比较

人均财政支出，从2014年的具体数来看，广西只有内蒙古、西藏、宁夏、新疆、云南、贵州、青海、湖北的47%、20%、48%、51%、78%、73%、32%、86%，平均为54%。比人均财政收入低了12个百分点。

1994年，广西的人均财政支出278元，比贵州的215元、湖北的240元两省要多；2000年湖北以616元多于广西54元，让广西排在了其后；2005年广西又被贵州以多出83元排在了最后。此后一直至2014年，广西均在倒数第一的位置上。

2010年至2014年的人均年财政支出，广西6064元、内蒙古13087元、西藏28756元、宁夏12561元、新疆11732元、云南7447元、贵州7564元、青海19052元、湖北6507元。广西比它们的年均数13338元少了7274元。具体见下表：

9 个民族省区的人均财政支出

元

年份	广西	内蒙古	西藏	宁夏	新疆	云南	贵州	青海	湖北
1950	–	–	–	–	–	–	–	–	–
1993	–	–	–	–	–	–	–	–	–
1994	278	412	1279	386	437	517	215	536	240
2000	562	1043	2315	1101	1032	977	557	1328	616
2005	1281	2859	6731	2707	2613	1729	1364	3138	1328
2010	4245	9294	18672	8884	7829	4987	4487	13279	4372
2011	5500	12068	25102	11099	10398	6346	6475	17113	5598
2012	6401	13781	29635	13443	12247	7691	7927	20316	6518
2013	6826	14783	32738	14177	13640	8767	8825	21340	7552
2014	7347	15511	37635	15204	14545	9442	10108	23212	8496

第十一节　广西的财政在9个边境省区中收入总额第四、支出总额第五，人均收入倒数第二、人均支出倒数第一

一、9 个边境省区的财政收支在全国的排名

（一）财政收入在全国的排位

9 个边境省区财政收入的排位，在个位数行走的只有辽宁一个省。从后往前排，分别是西藏、甘肃、新疆、吉林、广西、黑龙江、内蒙古、云南。走势上，甘肃、辽宁与新疆、西藏一样比较“平稳”直行；黑龙江、吉林与广西、云南一样是从低往高处去；只有一个内蒙古是“从高往低”行的。

从低往高去的广西，区间是 15 – 22，其间的 2011 年还有个第 23 名，跨度为 8；云南区间为 14 – 21，跨度 7；黑龙江区间是 12 – 24，跨度为 12；吉林区间是 18 – 26，跨度为 8。

而甘肃与辽宁，除了 1994 年各自曾有过最辉煌的第 25 名和第 3 名之后，其他年份都各是第 27 位和第 7 位，甘肃比辽宁整整后站了 15 年的 20 位，西藏也比辽宁整整后站了 15 年的 24 位，新疆更在辽宁之后站了整整 19 年的 19 位甚至更后——历史就是让人觉得这么有意思或不可思议。具体见下表：

9 个边境省区财政收入在全国的排位

年份	广西	内蒙古	西藏	新疆	云南	甘肃	黑龙江	吉林	辽宁
1950	–	–	–	–	–	–	–	–	–
1993	–	–	–	–	–	–	–	–	–
1994	15	23	30	26	14	25	12	18	3
2000	17	23	31	26	14	27	13	22	7
2005	19	20	31	26	18	27	17	24	7
2010	22	14	31	26	20	27	23	24	7
2011	23	18	31	26	20	27	22	24	7
2012	22	18	31	26	21	27	23	24	7
2013	22	17	31	26	21	27	23	25	7
2014	22	19	31	25	21	27	24	26	7

（二）财政支出在全国的排位

财政支出的排位，9 个边境省区中最前站的也是辽宁。接下来分别是云南、黑龙江、内蒙古、广西、吉林、新疆、甘肃、西藏。

走向上，甘肃与西藏、云南应算是比较“平稳”的，黑龙江、吉林、辽宁与广西一样应算是“先低后高”型的，内蒙古、新疆算是“先高后低”型的。

“先低后高”型的广西，区间是15－20，跨度为5；黑龙江区间是12－20，跨度为8；吉林区间是 16－25，跨度为 9；辽宁区间是 3－7，跨度为 4。具体见下表：

9 个边境省区财政支出在全国的排位

年份	广西	内蒙古	西藏	新疆	云南	甘肃	黑龙江	吉林	辽宁
1950	–	–	–	–	–	–	–	–	–
1993	–	–	–	–	–	–	–	–	–
1994	15	19	28	26	5	24	12	16	3
2000	19	20	31	24	11	25	12	18	5
2005	20	16	28	24	14	27	12	19	6
2010	18	15	31	23	14	26	16	21	8
2011	19	14	30	22	16	27	17	24	7
2012	20	15	30	23	14	27	17	25	6
2013	19	15	29	22	14	27	18	25	6
2014	19	17	29	21	14	27	20	25	7

（三）人均财政收入在全国的排位

人均财政收入 9 个边境省区的排位，甘肃是最后一位。接下来从后到前的分别是广西、西藏、云南、黑龙江、吉林、新疆、内蒙古、辽宁。

甘肃、吉林、辽宁应该算是比较“平稳”型走向的。只有黑龙江与广西“先低后高”型的态势比较明显。20 年间，黑龙江从第 9 位一直下降到第 26 位，广西从第 21 位一路跌进“后三位”。具体见下表：

9 个边境省区人均财政收入在全国的排位

年份	广西	内蒙古	西藏	新疆	云南	甘肃	黑龙江	吉林	辽宁
1950	–	–	–	–	–	–	–	–	–
1993	–	–	–	–	–	–	–	–	–
1994	21	16	8	15	13	25	9	11	6
2000	21	14	31	12	13	29	11	15	6
2005	24	10	31	12	20	30	15	17	7
2010	27	8	31	16	22	30	18	17	6
2011	28	7	30	16	24	31	20	17	5
2012	29	7	27	16	25	31	21	17	5
2013	29	7	27	12	23	31	25	17	5
2014	29	7	21	12	25	31	26	18	8

（四）人均财政支出在全国的排位

人均财政支出9个边境省区的排位，能进入个位数的，有西藏、内蒙古、辽宁、新疆4个省区。接下来从前到后，分别是吉林、黑龙江、云南、甘肃、广西。

从2010年至2014年这几年的排名情况来看，西藏第1、内蒙古第6、新疆第8，且相当牢固稳定。云南、甘肃是“从高往低”或“从后往前”走，云南从21位排进了17位，甘肃从17位靠前了一两位。辽宁则有点反复在9－10位间移动。黑龙江、吉林与广西是“先低后高”或“先前后后”型的，黑龙江从15位后退至19位，吉林从11位退至13位，广西则从27位退到29位。具体见下表：

9个边境省区人均财政支出在全国的排位

年份	广西	内蒙古	西藏	新疆	云南	甘肃	黑龙江	吉林	辽宁
1950	–	–	–	–	–	–	–	–	–
1993	–	–	–	–	–	–	–	–	–
1994	20	12	2	10	9	17	14	13	7
2000	25	9	3	10	12	19	11	13	7
2005	28	6	3	11	17	20	14	12	7
2010	28	6	1	8	21	17	16	11	9
2011	27	6	1	8	21	17	15	12	10
2012	27	6	1	8	18	16	15	12	9
2013	29	6	1	8	18	15	17	12	9
2014	29	6	1	8	17	16	19	13	10

二、广西的财政收支数额与8个边境省区比

（一）财政收入的比较

9个边境省区的财政收入，从2014年来看，广西1422亿元排在辽宁3191亿元、内蒙古1843亿元、云南1698亿元之后。

1960年，“东三省”的财政收入占据前三名。辽宁以近50亿元居于第一，第

二是黑龙江 23 亿元，第三是吉林 14 亿元。接下来是云南、内蒙古、甘肃、新疆，广西只在西藏之前。

1993 年，辽宁以 214 亿元继续排在第一，云南为第二，第三是黑龙江，广西排第四。

2010 年，广西继续排在第四，但前三变成了辽宁、内蒙古、云南省了。黑龙江以少于 16 亿元的代价排到了广西之后，吉林又以 602 亿元的身份排在了黑龙江之后。

从增速来看，2014 年比 2012 年，甘肃 29%、黑龙江 12%、吉林 16%、辽宁 3%、广西 22%，广西低于甘肃、但高于“东三省”。见下表：

9 个边境省区的财政收入

亿元

年份	广西	内蒙古	西藏	新疆	云南	甘肃	黑龙江	吉林	辽宁
1949	–	0. 07	–	–	–	–	–	–	–
1950	0. 67	0. 53	0. 03（1952年）	0. 22	0. 7	0. 49	4. 7（1952 年）	3. 6（1952 年）	3. 3（1952 年）
1960	6. 02	8. 99	1. 02	6. 33	9. 18	7. 19	23. 1	14. 1	49. 5
1970	7. 34	4. 41	–0. 21	3. 57	7. 93	5. 99	14. 4	10. 3	37. 7
1980	12. 30	4. 13	–0. 6	4. 03	11. 6	14. 9	17. 1	14. 4	86. 9
1990	46. 83	33	0. 18	21. 8	77. 4	34. 2	76. 6	50. 7	129
1993	95. 93	56. 1	1. 56	35. 1	205	52. 1	108	79. 8	214
1994	62	36. 3	5. 5	28. 7	77	29	85	51	154
2000	147	95	5. 4	79	181	61	185	104	296
2005	283	278	12	180	312	124	318	207	675
2010	772	1070	37	501	871	354	756	602	2005
2011	948	1357	55	720	1111	450	998	850	2643
2012	1166	1553	87	909	1338	520	1163	1041	3105
2013	1318	1721	95	1129	1611	607	1277	1157	3344
2014	1422	1843	124	1283	1698	672	1301	1203	3191

（二）财政支出的比较

财政支出，2014 年辽宁以 5081 亿元排在第一，第二、第三是云南、内蒙古，黑龙江比广西少 46 亿元排在第五。在 9 个边境省区的收入与支出总额中，广西应该都是排在第四。

1960 年，支出排在前三位的是辽宁、黑龙江、内蒙古。广西近 11 亿元只比西藏、新疆、甘肃多一些。

1994 年，排在广西前面的是辽宁、云南、黑龙江三个省。

2010 年，广西排在辽宁、云南、内蒙古、黑龙江之后。

增速上，2014 年与 2012 年，辽宁是 12%、吉林 18%、黑龙江 8%、甘肃 23%，广西是 17%。广西高于辽宁、黑龙江，低于吉林、甘肃。具体见下表：

9 个边境省区的财政支出 亿元

年份	广西	内蒙古	西藏	新疆	云南	甘肃	黑龙江	吉林	辽宁
1949	–	0. 08	–	–	–	–	–	–	–
1950	0. 45	0. 46	0. 10	0. 67	0. 26	0. 19	1. 6（1952 年）	1. 02（1952 年）	3. 6
1960	10. 99	12. 2	1. 55	9. 58	11. 2	10. 8	16. 9	11. 6	19. 8
1970	9. 16	7. 86	1. 06	6. 05	10. 6	6. 56	15. 4	9. 7	13. 8
1980	17. 44	18. 4	4. 66	16. 2	17. 3	12. 3	25. 8	17. 3	34. 1
1990	65. 00	60. 9	12. 9	47. 6	90. 8	45. 9	92. 7	71. 7	122
1993	107. 46	88. 3	21. 6	64. 7	201	63. 2	125	103	181
1994	125	92. 8	30. 3	71. 1	204	72	142	105	224
2000	259	247	60	191	414	188	382	261	518
2005	612	682	186	519	766	429	788	631	1204
2010	2008	2274	551	1699	2286	1469	2253	1787	3196
2011	2545	2989	758	2285	2930	1791	2794	2202	3906
2012	2985	3426	905	2720	3573	2060	3172	2471	4559
2013	3208	3687	1014	3067	4097	2310	3369	2745	5197
2014	3480	3880	1186	3318	4438	2542	3434	2913	5081

（三）人均财政收入的比较

除了甘肃之外，广西的人均财政收入排在倒数第一。倒数第三是黑龙江，倒数第四为云南。虽然 2014 年内蒙古比辽宁多出 98 元，但辽宁应在内蒙古之前排在第一的位置上。

增速上，2014 年与 2012 年，辽宁是 3%、吉林是 16%、12%、甘肃是 29%，广西是 20%。广西高于“东三省”但低于甘肃。

2010 年至 2014 年的人均年财政收入，内蒙古 6068 元、西藏 2580 元、新疆 4064 元、云南 2850 元、甘肃 2020 元、黑龙江 2867 元、吉林 3531 元、辽宁 6524 元。8 个省区的年人均为 3813 元，广西只有 2397 元，少了 1416 元。具体见下表：

9 个边境省区人均财政收入　　元

年份	广西	内蒙古	西藏	新疆	云南	甘肃	黑龙江	吉林	辽宁
1950	–	–	–	–	–	–	–	–	–
1993	–	–	–	–	–	–	–	–	–
1994	139	161	234	176	195	122. 4	230	199	378
2000	320	401	208	428	426	240	496	386	703
2005	593	1163	437	908	705	474	833	764	1601
2010	1632	4374	1242	2307	1901	1362	1974	2196	4612
2011	2048	5477	1813	3279	2407	1757	2602	3094	6036
2012	2500	6246	2834	4093	2881	2024	3034	3787	7080
2013	2803	6901	3067	5019	3448	2354	3331	4206	7618
2014	3003	7370	3945	5622	3613	2601	3394	4374	7272

（四）人均财政支出的比较

人均财政支出在 9 个边境省区中，广西最少：

2014 年，广西只有辽宁的 63%、吉林的 69%、黑龙江的 82%、甘肃的 75%。

2012 年，广西只有辽宁的 62%、吉林的 71%、黑龙江的 77%、甘肃的 80%。

2005 年，广西只有辽宁的 45%、吉林的 55%、黑龙江的 62%、甘肃的 78%。

1994 年，广西只有辽宁的 51%、吉林的 68%、黑龙江的 72%、甘肃的 91%。

2010 年至 2014 年，人均年财政支出，内蒙古 13087 元、西藏 28756 元、新疆

11732元、云南7447元、甘肃7888元、黑龙江7838元、吉林8816元、辽宁10016元。8个省区的年均为11947元，广西是6064元，少了5883元。具体见下表：

9个边境省区的人均财政支出

元

年份	广西	内蒙古	西藏	新疆	云南	甘肃	黑龙江	吉林	辽宁
1950	–	–	–	–	–	–	–	–	–
1993	–	–	–	–	–	–	–	–	–
1994	278	412	1279	437	517	305	387	406	550
2000	562	1043	2315	1032	977	737	1021	968	1232
2005	1281	2859	6731	2613	1729	1647	2063	2327	2855
2010	4245	9294	18672	7829	4987	5657	5885	6515	7352
2011	5500	12068	25102	10398	6346	6992	7289	8012	8920
2012	6401	13781	29635	12247	7691	8011	8272	8988	10393
2013	6826	14783	32738	13640	8767	8952	8786	9978	11841
2014	7347	15511	37635	14545	9442	9826	8957	10588	11572

第十二节　广西的财政在西部12个省区中收支总额第六，人均收支倒数第二、第一

一、西部12个省区的财政收支在全国的排名

（一）财政收入在全国的排位

上面我们已经分析过，1994年到2014年这20年间，财政收入的排位，广西是20、内蒙古为19、西藏是31、宁夏为29、新疆是26、云南为18、贵州是23。

从下表中，我们大体可以看出重庆应排在第18－19位、四川在第8位、陕西为第18位、甘肃在第27位、青海居第30位。

也就是说，在12个西部省区中，广西位于四川、陕西、内蒙古、云南、重庆之后，排在贵州、新疆、甘肃、宁夏、青海、西藏之前。即排在中间的第6名上。

走向态势上，比较“平稳”行的，有西藏、宁夏、新疆、四川、甘肃、青海、贵州7个省区；“从高到低”或“先后后先”型走的，有内蒙古、重庆、陕

西3个省区；“从低到高”或“先先后后”型走的，有广西、云南2个省区。

四川省在1994年时曾前占到第5位，2000年跌至第11位，2010年至2014年的这5年均保持在第8位，在12个省区中是唯一的一个财政收入排位进入个位数的。

重庆作为后来的直辖市，从2000年时的第24位，一路进至2011年的15位，到2013年又退至第19位，2014年再次回到第16位。

陕西从1994年的第22位一路上升至2011年的第14位。2012－2014年又退回到第16、第17位。具体见下表：

西部12个省区财政收入在全国的排位

年份 省（区）	1950	1994	2000	2005	2010	2011	2012	2013	2014
广西	–	15	17	19	22	23	22	22	22
内蒙古	–	23	23	20	14	18	18	17	19
西藏	–	30	31	31	31	31	31	31	31
宁夏	–	28	29	29	29	29	29	29	29
新疆	–	26	26	26	26	26	26	26	25
云南	–	14	14	18	20	20	21	21	21
贵州	–	24	25	25	25	25	25	24	23
重庆	–	–	24	22	19	15	16	19	16
四川	–	5	11	10	8	8	8	8	8
陕西	–	22	19	21	18	14	17	16	17
甘肃	–	25	27	27	27	27	27	27	27
青海	–	29	30	30	30	30	30	30	30

（二）财政支出在全国的排位

财政支出中，排在个位数的，12个省区中如财政收入一样只有四川一省。1994年该省甚至靠前至全国的第2的位置上。

走势比较“平稳”的，是青海、宁夏、西藏、甘肃，云南和广西除开1994年不考虑的话，也算属此类型；“由高到低”或“先后后前”型的，是内蒙古、新疆、重庆、陕西、贵州、四川。

重庆从2000年的第26位，到2011年挺进18位并保持两年不动，2013年又退回到第23位且2014年坚持不变；陕西从1994年的第22位跨至2011年的第15位，且一直到2014年基本保住。见下表：

西部12个省区财政支出在全国的排位

省（区）	1950	1994	2000	2005	2010	2011	2012	2013	2014
广西	–	15	19	20	18	19	20	19	19
内蒙古	–	19	20	16	15	14	15	15	17
西藏	–	28	31	28	31	30	30	29	29
宁夏	–	30	30	30	30	31	31	31	31
新疆	–	26	24	24	23	22	23	22	21
云南	–	5	11	14	14	16	14	14	14
贵州	–	23	23	23	25	23	22	20	18
重庆	–	–	26	25	22	18	18	23	23
四川	–	2	6	8	3	4	4	4	4
陕西	–	22	17	18	17	15	16	16	15
甘肃	–	24	25	27	26	27	27	27	27
青海	–	29	28	29	28	28	28	28	28

（三）人均财政收入在全国的排位

人均财政收入，重庆和内蒙古一样，从2010年至2014年双双进入全国个位数位置的行列。重庆尽管2000年时曾经后退至第24位，但到了2010年后连续5年保持在第9位不变。

四川和陕西都是“从高往低”或“先后后前”型的走势。四川从1994年的第27名，至2010年时前进至第20名；陕西从1994年的第26名，至2011年更是比四川大步地跨进第11名。

广西虽然属于“从低到高”或“先前后后”型的，一路从1994年的第21位往后走，到2012年至2014年连续3年跌入到了“后三位”，但从20年的平均值来看，应该还能排在第26位，还算在甘肃之前一些。见下表：

西部 12 个省区人均财政收入在全国的排位

省（区）＼年份	1950	1994	2000	2005	2010	2011	2012	2013	2014
广西	–	21	21	24	27	28	29	29	29
内蒙古	–	16	14	10	8	7	7	7	7
西藏	–	8	31	31	31	30	27	27	21
宁夏	–	20	16	16	15	14	15	13	13
新疆	–	15	12	12	16	16	16	12	12
云南	–	13	13	20	22	24	25	23	25
贵州	–	30	30	29	28	27	24	21	22
重庆	–	–	24	13	9	9	9	9	9
四川	–	27	25	26	20	21	22	24	23
陕西	–	26	22	19	14	11	12	16	15
甘肃	–	25	29	30	30	31	31	31	31
青海	–	19	20	22	19	18	18	18	19

（四）人均财政支出在全国的排位

人均财政支出，重庆就没有如人均财政收入那样幸福，与西藏、青海、宁夏、内蒙古一样站在个位数里。但重庆较之于西部其他省区来说，2010 年至 2014 年均排在第 10 – 11 位间的位置。

四川和陕西的人均财政支出走势，与人均财政收入“从高到低”或“先后后先”型的态势一样。四川曾经有过从“最后”时 2005 年的第 29 位进前进到 2010 年的第 20 位；陕西从 1994 年的第 23 位，更是一路前跨至 2011 年的第 14 位，且一直到 2014 年的 4 年间保持不变。

广西虽然 2013、2014 年也像人均财政收入时的排位跌入“后三”之位，但由于有 1994 年至 2000 年排在 20 – 25 名的位置“救”起来，20 年里平均应排在全国的 26 – 27 位间。但此时的甘肃已不再如同人均财政收入时一样甘心做广西的尾巴，反而排到了全国的第 17 的位置里，与广西拉开了 10 个位置的距离。见下表：

西部 12 个省区人均财政支出在全国的排位

省（区）	1950	1994	2000	2005	2010	2011	2012	2013	2014
广西	–	20	25	28	28	27	27	29	29
内蒙古	–	12	9	6	6	6	6	6	6
西藏	–	2	3	3	1	1	1	1	1
宁夏	–	15	8	8	7	7	7	7	7
新疆	–	10	10	11	8	8	8	8	8
云南	–	9	12	17	21	21	18	18	17
贵州	–	27	26	24	23	19	17	16	15
重庆	–	–	24	21	14	11	10	11	11
四川	–	28	28	29	20	23	23	24	25
陕西	–	23	18	18	15	14	14	14	14
甘肃	–	17	19	20	17	17	16	15	16
青海	–	8	6	5	4	2	2	2	2

二、广西的财政收支数额与西部 11 个省区比较

（一）财政收入的比较

纵观 65 年来西部 12 个省区的财政收入额，从多到少的顺序是：

1960 年，重庆、陕西、云南、内蒙古、甘肃、新疆、广西、贵州、青海、宁夏、西藏（四川无数据）。广西居第 7 位。

1980 年，陕西、甘肃、重庆、广西、云南、贵州、内蒙古、新疆、宁夏、青海、西藏（四川无数据）。广西居第 4 位。

1993 年，云南 205 亿元、四川 143 亿元、广西 96 亿元、陕西 63 亿元、重庆 59 亿元、贵州 56.5 亿元、内蒙古 56.1 亿元、甘肃 52 亿元、青海 12 亿元、宁夏 11 亿元、西藏 2 亿元。广西居第 3 位。

1994 年，四川 136 亿元、云南 77 亿元、广西 62 亿元、陕西 43 亿元、内蒙古 36 亿元、贵州 31 亿元、甘肃 29 亿元、新疆 28.7 亿元、宁夏 7.2 亿元、青海 7 亿元、西藏 6 亿元（重庆无数据），广西居第 3 位。

2000 年，四川、云南、广西、陕西、内蒙古、重庆、贵州、新疆、甘肃、宁夏、青海、西藏。广西居第 3 位。

2010 年，四川、内蒙古、陕西、重庆、云南、广西、贵州、新疆、甘肃、宁

夏、青海、西藏。广西退居至第6位。

2014年，四川3059亿元、重庆1922亿元、陕西1890亿元、内蒙古1843亿元、云南1698亿元、广西1422亿元、贵州1366亿元、新疆1283亿元、甘肃672亿元、宁夏340亿元、青海252亿元、西藏124亿元。广西保居第6位。

可以说，广西在2005年以前，基本上是排在第三名的位置上的。到了2006年，被内蒙古以343亿元多于1亿元之差被迫退到了第四位。2007年，又被云南、重庆超过再退排到第六位。从此以后一直至2014年，均排在第六位。具体见下表：

西部12个省区的财政收入

亿元

年份	广西	内蒙古	西藏	宁夏	新疆	云南	贵州	重庆	四川	陕西	甘肃	青海
1950	0.67	0.53	0.03（1952年）	0.11	0.22	0.7	0.28	0.94	–	0.86	0.49	–
1960	6.02	8.99	1.02	1.05	6.33	9.18	5.8	12.3	–	10.46	7.19	2.91
1970	7.34	4.41	–0.21	0.99	3.57	7.93	3.36	5.54	–	9.78	5.99	1.20
1980	12.30	4.13	–0.6	2.04	4.03	11.6	6.69	12.6	–	15.81	14.9	1.65
1990	46.83	33	0.18	6.23	21.8	77.4	35.4	25.6	81.9	41.19	34.2	7.24
1993	95.93	56.1	1.56	10.9	35.1	205	56.5	58.5	143	62.9	52.1	11.5
1994	62	36.3	5.5	7.2	28.7	77	31	–	136	43	29	7
2000	147	95	5.4	20.8	79	181	85.2	87	234	115	61	17
2005	283	278	12	47.7	180	312	183	257	480	275	124	34
2010	772	1070	37	154	501	871	534	952	1562	958	354	110
2011	948	1357	55	220	720	1111	773	1488	2045	1500	450	152
2012	1166	1553	87	264	909	1338	1014	1704	2421	1601	520	186
2013	1318	1721	95	308	1129	1611	1206	1693	2784	1748	607	224
2014	1422	1843	124	340	1283	1698	1366	1922	3059	1890	672	252

（二）财政支出的比较

1950年的财政支出，在12个省区中，广西以4500万元居于新疆、内蒙古之后，排在第三名（四川1950年至1980年的数据未见）。

分税制之前的1993年，广西以107亿元继续排在第三位上，此时的四川以161亿元居于第二，第一是云南201亿元。

2005年，广西的财政支出除了继续被云南、四川高出外，又被内蒙古、陕西两省区超过。

2012 年，广西又被重庆以 3046 亿元超过，继排在四川 5451 亿元、云南 3573 亿元、内蒙古 3426 亿元、陕西 3324 亿元之后，广西排到了第 6 名。

2014 年，广西虽然反超出重庆 176 亿元、但又被贵州超过 63 亿元，只好继续居于第 6 位。具体见下表：

西部 12 个省区的财政支出 亿元

年份	广西	内蒙古	西藏	宁夏	新疆	云南	贵州	重庆	四川	陕西	甘肃	青海
1949	–	0. 08	–	–	–	–	–	–	–	–	–	–
1950	0. 45	0. 46	0. 10	0. 05	0. 67	0. 26	0. 14	0. 21	–	0. 31	0. 19	0. 04
1960	10. 99	12. 2	1. 55	3. 03	9. 58	11. 2	8. 6	6. 2	–	11. 2	10. 8	7. 10
1970	9. 16	7. 86	1. 06	1. 69	6. 05	10. 6	5. 42	3. 48	–	9. 29	6. 56	2. 71
1980	17. 44	18. 4	4. 66	5. 75	16. 2	17. 3	12. 7	7. 4	–	18. 3	12. 3	5. 88
1990	65. 00	60. 9	12. 9	15	47. 6	90. 8	47. 9	33. 5	107	53. 9	45. 9	17. 1
1993	107. 46	88. 3	21. 6	19. 4	64. 7	201	67. 4	56. 1	161	75. 4	63. 2	22. 5
1994	125	92. 8	30. 3	19. 4	71. 1	204	74	–	238	86	72	25
2000	259	247	60	60. 8	191	414	202	188	452	272	188	68
2005	612	682	186	160	519	766	521	487	1082	639	429	170
2010	2008	2274	551	558	1699	2286	1632	1709	4258	2219	1469	743
2011	2545	2989	758	706	2285	2930	2249	2570	4675	2931	1791	967
2012	2985	3426	905	864	2720	3573	2756	3046	5451	3324	2060	1159
2013	3208	3687	1014	922	3067	4097	3083	3062	6221	3665	2310	1228
2014	3480	3880	1186	1001	3318	4438	3543	3304	6797	3963	2542	1347

（三）人均财政收入的比较

人均财政收入，在 12 个省区中，广西排在最后的甘肃之前。

2014 年，广西的人均财政收入，只有内蒙古的 41%、西藏的 76%、宁夏的 58%、新疆的 53%、云南的 83%、贵州的 77%、重庆的 47%、四川的 80%、陕西的 60%、甘肃的 115%、青海的 69%。只及 11 个省区的 69%。

1994 年，广西 139 元，分别多于贵州 49 元、四川 18 元、陕西和甘肃均为 17 元而排在第八位。

从增速来看，2014年比2012年，重庆是11%、四川为25%、陕西是17%、甘肃29%、青海33%、内蒙古18%、西藏39%、宁夏26%、新疆37%、云南25%、贵州34%，广西是20%。广西仅比重庆、陕西、内蒙古3省区高出一些。云南、四川不仅在增速上比广西各高出5个百分点，而且2014年的人均财政收入分别比广西多了610元和765元。

2010年至2014年，广西的人均年财政收入是2397元，而内蒙古是6068元、西藏为2580元、宁夏有3983元、新疆是4064元、云南有2850元、贵州为2793元、青海是3230元、甘肃有2020元、重庆为5286元、四川是2936元、陕西为4101元，11个省区的年人均数是3628元，广西比它们少了1231元。具体见下表：

西部12个省区的人均财政收入

元

年份	广西	内蒙古	西藏	宁夏	新疆	云南	贵州	重庆	四川	陕西	甘肃	青海
1949	–	–	–	–	–	–	–	–	–	–	–	–
1993	–	–	–	–	–	–	–	–	–	–	–	–
1994	139	161	234	143	176	195	90	–	121	122. 3	122. 4	148
2000	320	401	208	377	428	426	236	283	277	318	240	323
2005	593	1163	437	806	908	705	478	868	566	742	474	625
2010	1632	4374	1242	2447	2307	1901	1468	3315	1925	2554	1362	1969
2011	2048	5477	1813	3459	3279	2407	2225	5129	2541	4012	1757	2685
2012	2500	6246	2834	4105	4093	2881	2917	5810	3003	4271	2024	3268
2013	2803	6901	3067	4739	5019	3448	3454	5725	3441	4652	2354	3890
2014	3003	7370	3945	5165	5622	3613	3899	6449	3768	5015	2601	4336

（四）人均财政支出的比较

人均财政支出，尽管2000年广西的562元多于贵州的557元、四川的536元，居于倒数第三位，但也无法改变得了20年间排在倒数第一的位置。

2005年，四川仍以少于3元的微薄之差排在广西1281元的后面。

从2010年起，在12个省区中，广西开始以4245元的人均财政支出跟在后尾，这个位置一直到2014年没有改变。

2014年，广西的人均财政支出，只有内蒙古的47%、西藏的20%、宁夏的48%、新疆的51%、云南的78%、贵州的73%、重庆的66%、四川的88%、陕西的70%、甘肃的75%、青海的32%。只是11省区的59%，还比人均收入少了

10个百分点。

2014年与2012年的增速，重庆是7%、四川24%、陕西19%、甘肃23%、青海14%、内蒙古13%、西藏27%、宁夏13%、新疆19%、云南23%、贵州28%，广西为15%。广西仅比重庆、青海、内蒙古、宁夏4省区高出一些。四川、陕西不仅增速上分别高于广西9个百分点和4个百分点，而且2014年的人均财政支出还分别比广西多了1020元和3165元。

人均年财政支出，2010年至2014年，内蒙古13087元、西藏28756元、宁夏12561元、新疆11732元、云南7447元、贵州7564元、青海19052元、甘肃7888元、重庆9328元、四川6775元、陕西8577元。广西人均年6064元，比11个西部省区的12070元少6006元。具体见下表：

西部12个省区的人均财政支出　　元

年份	广西	内蒙古	西藏	宁夏	新疆	云南	贵州	重庆	四川	陕西	甘肃	青海
1950	–	–	–	–	–	–	–	–	–	–	–	–
1993	–	–	–	–	–	–	–	–	–	–	–	–
1994	278	412	1279	386	437	517	215	–	212	246	305	536
2000	562	1043	2315	1101	1032	977	557	609	536	753	737	1328
2005	1281	2859	6731	2707	2613	1729	1364	1647	1278	1721	1647	3138
2010	4245	9294	18672	8884	7829	4987	4487	5951	5248	5913	5657	13279
2011	5500	12068	25102	11099	10398	6346	6475	8857	5809	7839	6992	17113
2012	6401	13781	29635	13443	12247	7691	7927	10390	6761	8868	8011	20316
2013	6826	14783	32738	14177	13640	8767	8825	10354	7688	9751	8952	21340
2014	7347	15511	37635	15204	14545	9442	10108	11087	8367	10512	9826	23212

第四章　广西获得的中央资金

第一节　相关的财税术语

中央资金即是中央补助的资金，或是说各个省（区、市）从中央财政得到的（获得的）资金。1994 年我国实行分税制的财政体制后，我们说的从中央得到的补助资金，就是指本省区得到的所有来自于中央财政的税收返还与转移支付的资金。比如，2015 年，中央财政对全国 31 个省份的税收返还与转移支付共 55097.51 亿元。其中，税收返还是 5018.86 亿元，转移支付为 50078.65 亿元。转移支付中，又分为一般性的转移支付 28455.02 亿元、专项转移支付 21623.63 亿元。

一、税收返还

税收返还，是指 1994 年实行分税制改革、2002 年所得税收入分享改革和 2009 年成品油税费改革后，对原属于各省级的地方收入上划为中央收入后返还给地方的叫法。包括增值税、消费税返还、企业所得税基数返还以及成品油税收返还这三大部分。

1. 分税制的财政体制。1994 年分税制财政体制的建立，取代了我国沿袭多年的各种形式的财政包干办法，对调整中央和地方的分配关系，制约地方政府和企业行为，为其他各项改革的顺利进行奠定了基础。改革的原则和主要内容是：按照中央与地方政府的事权划分，合理确定各级财政的支出范围，将税种统一划分为中央税、地方税和中央地方共享税，建立中央税收和地方税收体系，分设中央与地方两套税务机构。与地方财政预算有关的，一是以 1993 年的实际数为计算依据来核定税收返还基数（如消费税 100%，75% 的增值税）；二是在 1993 年基数的基础上调整税收返还的递增率；三是确定收入增长目标及奖励；四是对原包干体制的分配格局暂时不作调整。比如，中央与地方共享的收入包括：增值税、资源税、证券交易税。增值税中央分享 75%，地方分享 25%。资源税按不同的资源品种划分，大部分资源税作为地方收入，海洋石油资源税作为中央收入。证券交易税，中央与地方各分享 50% 等。国务院 2015 年 12 月 31 日《关于调整证券交易印花税中央与地方分享比例的通知》，从 2016 年 1 月 1 日起，将证券交易印花税全部调整为中央收入。

2. 所得税收入分享改革。2002年起国务院实施的所得税收入分享改革，主要是对企业所得税和个人所得税收入实行中央和地方按比例分享。如，2002年各分享50%，2003年以后中央分享变为60%、地方分享则降至40%等。

3. 成品油税费改革。2009年起在全国实施的成品油价格和税费改革，是在取消公路养路费、航道养护费、公路运输管理费、公路客货运附加费、水路运输管理费、水运客货运附加费等的基础上，相应提高汽油、柴油等成品油消费税单位税额的改革。如，汽油消费税单位税额每升提高0.8元，柴油消费税单位税额每升提高0.7元等。

二、转移支付

转移支付分为一般性转移支付和专项转移支付两大项。各省每年从中央得到的这两大项所有的转移支付数额，就是我们平常所说的争取得到的中央转移支付收入。

1. 一般性转移支付。指中央财政对因有财力缺口的地方政府，按照规范的办法给予的各种补助。主要的有均衡性转移支付，义务教育转移支付，革命老区、民族地区、边境地区转移支付等。

均衡性转移支付，是指以促进地区间基本公共服务均等化为目标，选取影响各地财政收支的客观因素，考虑地区间支出成本差异、收入努力程度及财政困难程度等，按统一公式分配给地方的各种补助资金。如：县级基本财力保障机制（保工资、保运转、保民生）奖补资金、重点生态功能转移支付、产粮大县奖励资金等。

2. 专项转移支付。指对承担中央委托事务、中央与地方共同事务的地方政府，中央财政给予该地方政府的具有指定用途的资金。还有，就是对应由地方政府承担的事务，中央给予的具有指定用途的资金。经过进一步清理后，中央财政至2015年年底还有90多个专项转移支付资金。

可以这样说，转移支付的这一大块资金是相对机动的、不确定性的，主要是根据地方政府承担的各种事务或取得的一定效果，中央通过规范的办法给予的补助或奖励。

三、预算法的一些规定

1994年3月22日，第八届全国人民代表大会第二次会议通过了《中华人民共和国预算法》，以法律的形式明确了各级权力机关、政府机关、各级财政部门以及各部门、各单位在预算管理中的职权。为了保证预算收支的严肃性，该法的第27条规定“中央政府公共预算不列赤字”“中央预算中必需的建设投资的部分资金，可以通过举借国内和国外债务等方式筹措”。第28条规定“地方各级预算按照量入为出、收支平衡的原则编制，不列赤字”“地方政府不得发行地方政府债券”的硬性约束。

基于上述旧的预算法的法律规定，以及20年来历经四次审议修改通过后新的预算法于2015年1月1日起施行的情况，同时考虑到新中国成立60多年来相关数据的缺陷性和计算过程中的繁杂性等因素，我们在本章中所说的地方各个省份相关年度的来自中央的补助资金或税收返还与转移支付收入，是指该省份的“财政支出”减去“财政收入”后的差额。比如，2013年，广西从中央得到的税收返还与转移支付收入是1891亿元（3209－1318）、内蒙古得到的是1966亿元（3687－1721）、广东得到的是1330亿元（8411－7081）、云南得到的是2486（4097－1611）亿元等。通过对这些相关数据进行相应的比较剖析后，我们就可以大体上知晓60多年来广西这个少数民族地区省份从中央得到的财政资金数额或财力补助的情况。

“税收返还与转移支付”是1994年实行分税制的财政体制后才出现的名称，之前的即1950年至1993年各省份的来自于中央财政的资金一般称为“中央补助”。为了口径一致、或读起来更加顺口、或比较好直观理解，我们在本书中将从“中央获得的税收返还与转移支付收入”，统一称之为“获得的中央补助收入”或“中央资金”。比如，《新疆财政50年》一书中“辉煌的成就”里就写道：“中央财政始终给予了新疆财政的大力支持，1955－2004年，中央财政对新疆累计补助收入达到2852.6亿元，占财政总支出的57.5%”等。

第二节 广西获得的中央资金占全国的3.3%、人均占92%

一、中央补助地方的具体数额

由于资料的缺陷，我们无法查到1950年至1989年间的中央财政对地方补助的具体数据。根据财政部和相关省区财政厅局有关年度财政报告的表述或年度财政预决算报表的反映，1990年至2014年有关年度的中央财政对地方补助的具体数额是：

1990年，中央对地方的补助是596.11亿元。

1993年，中央补助地方支出为544.63亿元。其中，补助经常性支出490.17亿元，补助建设性支出54.46亿元。

1994年，中央补助地方数为2389.09亿元。其中：补助地方经常性支出1911亿元，补助地方建设性支出488亿元。

2000年，中央对各省区补助4665亿元。其中：税收返还2268亿元，定额补助125亿元，转移支付832亿元，专项补助1440亿元。

2005年，中央补助地方资金是11484亿元。其中：税收返还和体制性补助4143亿元，各类转移支付资金7341亿元。

2010年，中央对地方税收返还和转移支付32341.09亿元。

2011 年，中央对地方税收返还和转移支付 39921.21 亿元（报告上写的是 39899.96 亿元，其中：税收返还 5078.38 亿元，一般转移支付 18299.93 亿元，专项转移支付 16521.65 亿元）。

2012 年，中央对地方税收返还和转移支付 45361.68 亿元（报告上写的是 45383.47 亿元）。

2013 年，中央对地方税收返还和转移支付 48019.92 亿元（报告上写是 48019.92 亿元，其中：税收返还 5046.74 亿元，一般转移支付 24362.72 亿元，专项转移支付 18610.46 亿元）。其中：广西 1823 亿元（报表 1823.4 亿元）、内蒙古 1780 亿元、西藏 903 亿元、宁夏 357 亿元、新疆 1852 亿元、湖南 2185 亿元、海南 465 亿元、广东 1502 亿元、云南 2162 亿元、贵州 1841 亿元、辽宁 1682 亿元、江西 1722 亿元、浙江 985 亿元、重庆 1198 亿元、四川 3305 亿元、陕西 1720 亿元、甘肃 1646 亿元、青海 859 亿元。

2014 年，中央对地方税收返还和转移支付 51591 亿元（报告上写的是：税收返还 5081.55 亿元；一般性转移支付 27568.37 亿元，占转移支付总额 59.3%；专项转移支付 18941.12 亿元，占 48.7%。共 51591.04 亿元）。

二、广西获得的中央补助占全国的比重

从下表中我们可以看出，每年广西从中央得到的资金占全国下拨数的份额，1990 年至 2014 年平均为 3.29%。最低的是实行分税制财政体制的前一年，即 1993 年的 2.2%；最高的是 2012 年，达 4.01%。分税制的头 10 年即 1994 年至 2005 年，基本上是在 2.5% -3.8% 之间；2010 年以来的这几年比较均等，且基本上达到 4%。见下表：

广西获得的中央补助占全国的比重 亿元/%

年份	中央补助地方数额	补助广西数额	占比
1949	-	-	-
1985	-	10	-
1990	596	18	3.02
1993	545	12	2.20
1994	2389	63	2.64
2000	4665	112	2.4
2005	11484	329	2.86
2010	32341	1236	3.82
2011	39921	1597	4.0
2012	45362	1819	4.01
2013	48020	1891	3.94
2014	51591	2058	3.99

三、广西人均中央补助资金占全国的比重

1990年以来，广西获得的人均中央补助资金占全国的比重平均大约是92%，走向上大体为“两头高中间低”——分税制体制前的1990年是83%，“十二五”期间的这几年为116%－115%。1993－2005年这10年里最低，2000年甚至只占到全国的64%。也就是说，广西25年来获得的人均中央财政资金还差8%左右才能达到全国的平均数。具体见下表：

广西获得的人均中央补助占全国比　　元、%

年份	全国人均数	广西人均数	占比%
1949	–	–	–
1985	–	–	–
1990	52	43	83
1993	46	27	59
1994	199	140	70
2000	367	236	64
2005	877	678	77
2010	2414	2681	111
2011	2957	3434	116.13
2012	3350	3887	116.03
2013	3531	4006	113.5
2014	3766	4329	115

第三节　广西获得的中央资金在5个自治区中总量第二、人均不到一半

一、5个自治区获得的中央补助

从1960年和2014年的绝对数来看，广西的5亿元和2058亿元最高，分别比排在第二的新疆4亿元和内蒙古的2037亿元多1亿元和21亿元。但从1960年至2014年这55年的时间来看，总数上的绝对额应该是内蒙古最多、广西第二、新疆第三、西藏第四、宁夏最少。

我们在列出的13个年度中，广西得到的中央资金比内蒙古多的年份，只有1960年、1994年、2010年、2014年这4年，且多出的数额很小，只是61亿元。而内蒙古仅2013年一年，就比广西多了75亿元。

广西与新疆得到的中央资金差不多。广西比新疆多出的年份有1960年、1994年、2010年、2011年、2012年、2014年，这6年共多了123亿元，而新疆比广西多出的年份有1980年、1990年、1993年、2005年、2013年，这5年共多了90亿元。如果计算55年来的具体数，可能新疆还要比广西的更多一些。因为新疆比广西多出最多的2013年就有47亿元，而广西比新疆多出最多的2010年也只是38亿元。

2010年至2014年，5个自治区共获得的中央补助资金是32641亿元，占全国下拨补助资金217235亿元的15.03%。其中：内蒙古8712亿元、广西8601亿元、新疆8547亿元、西藏4016亿元、宁夏2765亿元。见下表：

5个自治区获得的中央补助收入

亿元

年份	广西	内蒙古	西藏	宁夏	新疆
1950	–	–	–	–	–
1960	5	3	1	2	4
1970	2	4	1	1	2
1980	5	14	6	4	12
1990	18	28	13	9	26
1993	12	32	20	8	30
1994	63	57	24	12	42
2000	112	152	55	40	112
2005	329	404	174	112	339
2010	1236	1204	514	404	1198
2011	1597	1632	703	486	1565
2012	1819	1873	818	600	1811
2013	1891	1966	919	614	1938
2014	2058	2037	1062	661	2035

二、广西获得的人均中央补助与其他自治区比

5个自治区中，人均获得的中央财政资金，广西最少。

1960年，最多是宁夏的94元，接下来是西藏79元、新疆58元、内蒙古25元、广西23元。广西分别只是宁夏、西藏、新疆、内蒙古的24%、29%、40%、

92%，平均为46%。

1980年，广西只有14元，只是内蒙古75元的19%、西藏324元的4%、宁夏107元的13%、新疆94元的15%，平均为13%。

1994年，广西以63元在5个自治区中最多——内蒙古57元、西藏24元、宁夏12元、新疆42元。

2000年，广西236元，只有内蒙古的37%、西藏的11%、宁夏的33%、新疆的39%，平均为30%。

2010年，广西2681元，是内蒙古的54%、西藏的16%、宁夏的42%、新疆的49%，平均为40%。

2013年，广西虽然达到4006元，但也只有内蒙古的51%、西藏的14%、宁夏的44%、新疆的47%，平均为39%。

如果不考虑1994年的这一年因素，广西与其他4个自治区最高时的占比，是1960年的46%。

从增速来看，2014年与2012年比，广西11.4%、内蒙古8.1%、西藏26%、宁夏7.7%、新疆9.2%。除低于西藏外，广西虽然比其他3个自治区分别高出3.3%、3.7%、2.2%，但它们的基数都很大，最少的内蒙古都有8132元，几乎比广西大出一半。具体见下表：

5个自治区的人均中央补助收入

元

年份	广西	内蒙古	西藏	宁夏	新疆
1950	–	–	–	–	–
1960	23	25	79	94	58
1970	7	27	66	36	20
1980	14	75	324	107	94
1990	42	129	588	193	170
1993	27	143	862	162	187
1994	63	57	24	12	42
2000	236	641	2115	722	606
2005	678	1694	6350	1860	1727
2010	2681	4971	17133	6382	5483
2011	3438	6575	23201	7606	7085
2012	3885	7522	26558	9274	8110
2013	4006	7870	29455	9178	8560
2014	4329	8132	33396	9985	8856

第四节 广西获得的中央资金在5个人口接近省区中总数第二、人均第四

一、5个人口接近省区获得的中央补助收入

5个人口数接近的省区从中央获得的补助，从多到少的排名是：云南第一、广西第二、江西第三、辽宁第四、浙江第五。

2010年至2014年，中央补助的资金，云南为10695亿元、广西是8601亿元、江西有8124亿元、辽宁是7649亿元、浙江也有3985亿元，共39054亿元，占中央这5年下拨全国的补助资金的17.98％。见下表：

5个人口接近省区获得的中央补助收入 亿元

年份	广西	浙江	辽宁	云南	江西
1950	–	–	–	–	–
1960	5	–	–	2	5
1970	2	–	–	2	2
1980	5	–	–	5	4
1990	18	–	–	14	10
1993	12	–	–	–	15
1994	63	58	70	127	43
2000	112	88	222	233	112
2005	329	199	529	454	311
2010	1236	600	1191	1415	1145
2011	1597	692	1263	1819	1482
2012	1819	721	1454	2235	1647
2013	1891	934	1853	2486	1849
2014	2058	1038	1888	2740	2001

二、广西获得的人均中央补助与4个人口接近省比

在5个人口接近的省区中，广西得到的人均中央资金应该是排在云南、辽宁

之后的第三位。

江西 2012 年以前，除 1960 年、1970 年、1993 年、2005 年多于广西外，其他年份都比广西少。2013 年后超过广西，且 2014 年比广西净增了 77 元。

辽宁分税制前的有关数据查找不到。但其 1994 年后获得的人均中央补助，除 2011 年、2012 年、2014 年不及广西外，其他年份都超过广西。2013 年比广西多了 215 元，2014 年只比广西少 29 元。具体见下表：

5 个人口接近省区人均获得的中央补助收入　　元

年份	广西	浙江	辽宁	云南	江西
1949	–	–	–	–	–
1950	–	–	–	–	–
1960	23	–	–	11	25
1970	7	–	–	8	8
1980	14	–	–	16	12
1990	42	–	–	38	26
1993	27	–	–	–	38
1994	140	135	172	322	107
2000	236	188	537	549	270
2005	678	422	1251	1028	737
2010	2681	1102	2722	3075	2566
2011	3438	1267	2882	3928	3302
2012	3885	1316	3313	4797	3657
2013	4006	1699	4221	5304	4089
2014	4329	1885	4300	5812	4406

第五节　广西获得的中央资金在 6 个相邻省区中总量第三、人均第五

一、6 个相邻省区获得的中央补助收入

1960 年，除湖南、广东两省数据未见外，从已知的数据中，广西同 5 个自治区一样，在 6 个相邻省中也是获得中央补助最多的。

从整体来看，相邻的6个省区中，拿到中央资金最多的要算湖南或云南，二者2014年就各比广西多了近700亿元。第三是广西或贵州，再下来是广东，最尾的是海南。

从趋势来看，除了湖南、云南得到的中央资金远多于广西之外，贵州也要比广西多。因为2013年广西只比贵州多出14亿元，而2014年贵州就反比广西高出了118亿元。

2010年至2014年这5年里，这6个相邻省区共得到的中央补助47184亿元，占全国下拨的补助资金的21.72%。其中：湖南、云南双双达到万亿元，即湖南11376亿元、云南10695亿元、贵州8507亿元、广东5678亿元、海南2327亿元。见下表：

6个相邻省区获得的中央补助收入 亿元

年份	广西	云南	贵州	湖南	广东	海南
1950	–	–	–	–	–	–
1960	5	2	3	–	–	0.5
1970	2	2	2	–	–	–
1980	5	5	5	–	–	1
1990	18	14	13	10	20	10
1993	12	–	10	4	70	15
1994	63	127	43	66	118	12
2000	112	233	117	171	169	25
2005	329	454	338	478	482	82
2010	1236	1415	1236	1621	905	310
2011	1597	1819	1476	2004	1197	439
2012	1819	2235	1742	2337	1159	503
2013	1891	2486	1877	2660	1329	530
2014	2058	2740	2176	2754	1088	545

二、广西获得的人均中央补助与5个相邻省比

1993年前的年份，我们从1990年数据看，广西的42元在最多的海南省151元之后。

1994年，广西就以仅得的140元排到了第四，在云南、广东、海南之后。

2000年，广西236元排在云南、贵州、湖南、海南之后，广东之前。

2010年，广西2681元排第四，在湖南、广东之前。

2014年，广西4329元虽然仍排在湖南、广东之前。但湖南的增速是65%，广西的增速是61%。

具体见下表：

6个相邻省区的人均中央补助收入 元

年份	广西	云南	贵州	湖南	广东	海南
1950	–	–	–	–	–	–
1960	23	11	18	–	–	16
1970	7	8	9	–	–	–
1980	14	16	18	–	–	18
1990	42	38	40	16	32	151
1993	27	–	29	6	106	214
1994	140	322	124	104	176	169
2000	236	549	312	261	195	317
2005	678	1028	866	775	542	1126
2010	2681	3075	3553	2467	867	3567
2011	3438	3928	4255	3038	1139	5006
2012	3885	4797	5000	3520	1094	5671
2013	4006	5304	5360	3975	1249	5922
2014	4329	5812	6203	4088	1015	6035

第六节 广西获得的中央资金在9个民族省区中总量第四、人均倒数第二

一、9个民族省区获得的中央补助比较

9个民族省区中，从中央得到的资金总量排序依次为云南、湖北、内蒙古、广西、新疆、贵州、青海、西藏、宁夏。

湖北虽然不是传统上说的8个民族省区，但其除云南外，从1994年起，每年从中央获得的资金基本上都超过其他7个民族省区。

从态势来看，新疆、贵州的总量都有可能在较短的时间内超出广西。实际上，新疆2013年就比广西多了47亿元、贵州2014年也比广西多出了118亿元。

2010年至2014年，9个民族省区共获得中央资金66026亿元，占5年来全国补助地方资金的30.39%。其中，除云南达到1万亿元即10695亿元外，湖北也接近万亿元达9663亿元，贵州8507亿元，青海有4520亿元。见下表：

9个民族省区获得的中央补助收入 亿元

年份	广西	内蒙古	西藏	宁夏	新疆	云南	贵州	青海	湖北
1950	-	-	-	-	-	-	-	-	-
1960	5	3	1	2	4	2	3	4	1.4
1970	2	4	1	1	2	2	2	1	0.5
1980	5	14	6	4	12	5	5	4	-7.51
1990	18	28	13	9	26	14	13	10	6.9
1993	12	32	20	8	30	-	10	11	0
1994	63	57	24	12	42	127	43	18	60
2000	112	152	55	40	112	233	117	51	155
2005	329	404	174	112	339	454	338	136	403
2010	1236	1204	514	404	1198	1415	1236	633	1490
2011	1597	1632	703	486	1565	1819	1476	815	1688
2012	1819	1873	818	600	1811	2235	1742	973	1937
2013	1891	1966	919	614	1938	2486	1877	1004	2181
2014	2058	2037	1062	661	2035	2740	2176	1095	2367

二、广西获得的人均中央补助与8个民族省区比

在9个民族省区中，广西的人均中央补助资金在湖北之前，排在倒数第二位。

青海2014年的人均中央补助达18782元，是广西的4倍多。且其2014年比2013年增速为8.13%，还比广西的8.06%高出0.07个百分点。湖北的增速也有7.84%。见下表：

9 个民族省区人均获得的中央补助收入　　元

年份	广西	内蒙古	西藏	宁夏	新疆	云南	贵州	青海	湖北
1949	–	–	–	–	–	–	–	–	–
1950	–	–	–	–	–	–	–	–	–
1960	23	25	79	94	58	11	18	161	5
1970	7	27	66	36	20	8	9	35	–
1980	14	75	324	107	94	16	18	106	–
1990	42	129	588	193	170	38	40	223	13
1993	27	143	862	162	187	–	29	236	–
1994	140	252	1017	238	257	322	124	380	105
2000	236	641	2115	722	606	549	312	988	260
2005	678	1694	6350	1860	1727	1028	866	2301	706
2010	2681	4971	17133	6382	5483	3075	3553	11243	2601
2011	3438	6575	23201	7606	7085	3928	4255	14349	2932
2012	3885	7522	26558	9274	8110	4797	5000	16981	3352
2013	4006	7870	29455	9178	8560	5304	5360	17370	3774
2014	4329	8132	33396	9985	8856	5812	6203	18782	4070

第七节　广西获得的中央资金在 9 个边境省区中总数第四、人均倒数第一

一、9 个边境省区获得的中央补助

9 个保卫着祖国陆地边疆的省区，每年获得的中央资金，综合来看从多到少应该分别是：云南、黑龙江、内蒙古、广西、新疆、辽宁、甘肃、吉林、西藏。

2010 年至 2014 年，9 个边境省份获得的中央资金是 71040 亿元，占这 5 年中央下拨资金的 32.70%。除了云南获得的补助达到 10695 亿元外，黑龙江省也有 9527 亿元，辽宁为 7649 亿元，吉林是 7265 亿元，甘肃也有 6028 亿元。见下表：

9 个边境省区获得的中央补助收入　　亿元

年份	广西	内蒙古	西藏	新疆	云南	甘肃	黑龙江	吉林	辽宁
1950	–	–	–	–	–	–	–	–	–
1960	5	3	1	4	2	3	–	–	–
1970	2	4	1	2	2	1	1	–	–
1980	5	14	6	12	5	–	9	3	–
1990	18	28	13	26	14	12	16	21	–
1993	12	32	20	30	–	11	17	23	–
1994	63	57	24	42	127	43	57	54	70
2000	112	152	55	112	233	127	197	157	222
2005	329	404	174	339	454	305	470	424	529
2010	1236	1204	514	1198	1415	1115	1497	1185	1191
2011	1597	1632	703	1565	1819	1341	1796	1352	1263
2012	1819	1873	818	1811	2235	1540	2009	1430	1454
2013	1891	1966	919	1938	2486	1703	2092	1588	1853
2014	2058	2037	1062	2035	2740	1869	2133	1710	1888

二、广西获得的人均中央补助与 8 个边境省区比

在 9 个边境省份中，广西获得的人均中央资金应该是倒数第一，但与辽宁应该差不多。辽宁在 2010 年以前的年份和 2013 年都比广西的多，而广西只是在 2011 年、2012 年和 2014 年比辽宁多一些。

2014 年，广西的人均补助只有甘肃的 60%、黑龙江的 78%、吉林的 70%。2014 年与 2012 年的增速，甘肃是 21%、黑龙江是 6%、吉林是 20%，广西是 11%。广西只比黑龙江高出 5 个百分点。具体见下表：

9 个边境省区人均获得的中央补助收入　　元

年份	广西	内蒙古	西藏	新疆	云南	甘肃	黑龙江	吉林	辽宁
1950	–	–	–	–	–	–	–	–	–
1960	23	25	79	58	11	24	–	–	–
1970	7	27	66	20	8	6	–	–	–
1980	14	75	324	94	16	–	–	–	–
1990	42	129	588	170	38	53	–	–	–
1993	27	143	862	187	–	47	47	92	–

续表

年份	广西	内蒙古	西藏	新疆	云南	甘肃	黑龙江	吉林	辽宁
1994	140	252	1017	257	322	182	155	215	172
2000	236	641	2115	606	549	497	517	598	537
2005	678	1694	6350	1727	1028	1165	1230	1557	1251
2010	2681	4971	17133	5483	3075	4356	3906	4314	2722
2011	3438	6575	23201	7085	3928	5230	4684	4918	2882
2012	3885	7522	26558	8110	4797	5974	5240	5200	3313
2013	4006	7870	29455	8560	5304	6596	5455	5772	4221
2014	4329	8132	33396	8856	5812	7213	5565	6214	4300

第八节 广西获得的中央资金在12个西部省区中总数第四、人均不到44%

一、12个西部省区获得的中央补助

65年来，西部大开发中的12个省区取得的中央资金，从多到少分别是：四川、云南、内蒙古、广西、新疆、贵州、陕西、甘肃、重庆、青海、西藏、宁夏。

1960年，12个省区得到的中央补助最多的是广西的5亿元。

1990年，广西18亿元，被内蒙古、新疆、四川三个省区超过了。

2005年，广西329亿元，被内蒙古、新疆、云南、贵州、四川、陕西超出。

2011年，广西1597亿元，被内蒙古、云南、四川超过。

2013年，广西1891亿元，被内蒙古、新疆、云南、贵州、四川、陕西超出。

2010年至2014年，12个西部省区共获得中央补助92257亿元，占该5年全国补助地方的资金217235亿元的42.47%。其中，四川就有15529亿元，比排在第二的云南多了4834亿元，比排在第五的广西高出6928亿元。陕西的8405亿元与广西、新疆、贵州的差不多，重庆的5932亿元与甘肃的6028亿元比较接近。见下表：

12个西部省区获得的中央补助收入 亿元

年份	广西	内蒙古	西藏	宁夏	新疆	云南	贵州	重庆	四川	陕西	甘肃	青海
1950	–	–	–	–	–	–	–	–	–	–	–	–
1960	5	3	1	2	4	2	3	–	–	1	3	4
1970	2	4	1	1	2	2	2	–	–	–	1	1

续表

年份	广西	内蒙古	西藏	宁夏	新疆	云南	贵州	重庆	四川	陕西	甘肃	青海
1980	5	14	6	4	12	5	5	–	–	2	–	4
1990	18	28	13	9	26	14	13	8	25	13	12	10
1993	12	32	20	8	30	–	10	–	18	12	11	11
1994	63	57	24	12	42	127	43	–	102	43	43	18
2000	112	152	55	40	112	233	117	101	218	157	127	51
2005	329	404	174	112	339	454	338	230	602	364	305	136
2010	1236	1204	514	404	1198	1415	1236	757	2696	1261	1115	633
2011	1597	1632	703	486	1565	1819	1476	1082	2630	1431	1341	815
2012	1819	1873	818	600	1811	2235	1742	1342	3030	1723	1540	973
2013	1891	1966	919	614	1938	2486	1877	1369	3437	1917	1703	1004
2014	2058	2037	1062	661	2035	2740	2176	1382	3736	2073	1869	1095

二、广西获得的人均中央补助与 11 个西部省区比

65 年来，尽管广西获得的人均中央补助资金有些年份高出两三个省区，但从总体上看，在西部 12 个省区中，广西获得的人均资金是最少的。2013 年和 2014 年这两年，没有一个省区的人均补助少于广西。

2010 年至 2014 年的这 5 年，11 个西部省区获得的人均中央补助资金，从多到少应该是：西藏 129743 元、青海 78725 元、宁夏 42425 元、新疆 38094 元、内蒙古 35075 元、甘肃 29369 元、贵州 24371 元、云南 22916 元、陕西 22374 元、重庆 20114 元、四川 19200 元，平均为 42037 元。广西只有 18339 元，不到 11 个省区平均数的 44%。

重庆、四川、陕西 2014 年的人均补助，分别是广西的 107%、106%、127%。具体见下表：

12 个西部省区人均获得的中央补助收入　　元

年份	广西	内蒙古	西藏	宁夏	新疆	云南	贵州	重庆	四川	陕西	甘肃	青海
1949	–	–	–	–	–	–	–	–	–	–	–	–
1950	–	–	–	–	–	–	–	–	–	–	–	–
1960	23	25	79	94	58	11	18	–	–	5	24	161
1970	7	27	66	36	20	8	9	–	–	–	6	35

续表

年份	广西	内蒙古	西藏	宁夏	新疆	云南	贵州	重庆	四川	陕西	甘肃	青海
1980	14	75	324	107	94	16	18	–	–	7	–	106
1990	42	129	588	193	170	38	40	31	32	39	53	223
1993	27	143	862	162	187	–	29	–	16	35	47	236
1994	140	252	1017	238	257	322	124	–	91	126	182	380
2000	236	641	2115	722	606	549	312	355	259	431	497	988
2005	678	1694	6350	1860	1727	1028	866	829	696	983	1165	2301
2010	2681	4971	17133	6382	5483	3075	3553	2624	3351	3376	4356	11243
2011	3438	6575	23201	7606	7085	3928	4255	3707	3267	3823	5230	14349
2012	3885	7522	26558	9274	8110	4797	5000	4557	3752	4591	5974	16981
2013	4006	7870	29455	9178	8560	5304	5360	4609	4240	5093	6596	17370
2014	4329	8132	33396	9985	8856	5812	6203	4621	4590	5491	7213	18782

第五章　广西的全社会投资

以上，我们用了较大的篇幅，比较全面、详细地对广西新中国成立65年以来的地区生产总值和财政收支状况以及从中央得到的财力补助这三大块指标进行了对比分析。我们知道，投资、出口和消费是拉动一个地区经济发展的三驾马车。特别是对于后发展的广西来说，一定时期的投资规模大与小，对当期的经济总量和财政收入有着密切的关系。有了新的投资，才能够有新的生产能力，才能够有新的产品，才能够满足社会的生产生活需要，才能够有产品商品或服务的收入，才能够有税收收入，才能够增大财政这个政府钱袋子。

全社会固定资产投资，是在一定时期内全社会建造和购置固定资产的工作量以及与此有关的费用的总称，是反映固定资产投资规模、结构和发展速度的综合性指标。下面我们来看看广西各个时期固定资产投资规模。

第一节　广西的全社会投资额占全国的2%

广西的全社会固定资产投资，由1950年的6700万元，到2014年达13843亿元。2014年的投资额是1950年的19833倍、1960年6.8亿元的1954倍、1970年5.9亿元的2252倍、1980年13亿元的1022倍、1990年69亿元的193倍、2000年660亿元的20倍、2005年1769亿元的7.5倍、2010年7058亿元的2倍、2012年9809亿元的1.4倍，比2013年的投资额11908亿元多出1935亿元，增长16%。2015年，广西的投资额为16228亿元，占全国562000亿元的2.9%。具体见下表：

广西全社会固定资产投资占全国的比率　　亿元、%

年份	全国	广西	占比
1950	92（1953年）	0.67	0.73
1960	417	6.80	1.63
1970	368	5.90	1.60

续表

年份	全国	广西	占比
1980	746	13	1.74
1990	4517	69	1.53
1995	20019	429	2.14
1998	28406	572	2.01
2000	32918	660	2.01
2005	88774	1769	1.99
2008	172828	3778	2.19
2010	278122	7058	2.54
2011	311485	7991	2.57
2012	374695	9809	2.62
2013	446294	11908	2.67
2014	512021	13843	2.70
2015	562000	16228	2.90

从上表中可以看出，广西的全社会固定资产投资额占全国的比率，最低的是1950年，只有0.73%（注：1950年的全国投资额没有查到，只好用1953年的92亿元来替代），最高的是2014年的2.7%。可以看出，1990年以前的40年，每年都在2%以下即0.73% -1.74%，最高的1980年1.74%，也未能达到2个百分点；1990年至2014年这20多年，每年基本上都在2% -2.67%；2010年至2014年的这几年，每年都保持在2.5%以上。

广西全社会固定资产投资额，在全国的总规模里是这个样子。我们再来看一下广西与三个投资规模最大、最多的省份比较情况。

由于资料的欠缺，我们只找到了2010年到2014年这5年中投资额排在最前三的3个省的数据。在这5年中，投资额排在前两位的是山东和江苏，排在第三位的除了2012年是辽宁外，之后4年里都是河南。我们看到，比较有意思的是排在第一的山东与紧跟其后的江苏每年相差的投资额均不是很大，分别是97亿、57亿、402亿、413亿、46亿元。见下表：

广西全社会投资与排在全国的前三省份比较 亿元

年份	广西	前一	前二	前三
2010	7058	山东 23281	江苏 23184	河南 16586
2011	7991	山东 26750	江苏 26693	河南 17769
2012	9809	山东 31256	江苏 30854	辽宁 21836
2013	11908	山东 36789	江苏 36373	河南 26088
2014	13843	山东 41599	江苏 41553	河南 30012

广西全社会固定资产投资规模，占排在全国前三名的比例，2010年的7058亿元分别是3省份的30.3%、30.4%、43%，2011年的7991亿元分别有29.87%、29.93%、45%，2012年的9809亿元分别是31.4%、32%、45%，2013年的11908亿元分别为32.37%、32.73%、46%，2014年的13843亿元分别是33.28%、33.3%、46%。也就是说，广西与第一、第二名的省份比，每一年的投资额只有它们的31%左右，与第三名的省份比也只有45%左右。

第二节　广西的投资在5个自治区中总量第二、增幅走势最低

1950年，对于5个自治区来说，全社会固定资产投资都非常少。额度最多的广西也仅有6700万元；排在第二的新疆，只有3300万元；宁夏只有5万元。虽然内蒙古和西藏未见有相关数据，但内蒙古1951年的投资额也只不过是1000万

元，西藏1952年的也只有40万元。

经过60多年的建设，5个自治区的全社会固定资产投资规模急剧扩大。2014年广西、内蒙古、西藏、宁夏、新疆的投资额，分别是1960年、1970年、1980年、1990年、2000年、2005年、2010年、2012年的1954倍、2252倍、1022倍、193倍、20倍、7.5倍、2倍、1.4倍（广西），1373倍、2724倍、1162倍、246倍、41倍、6.5倍、1.95倍、1.47倍（内蒙古），1080倍、1875倍、591倍、140倍、16倍、5.5倍、2.3倍、1.59倍（西藏），1289倍、1238倍、774倍、141倍、19倍、6.95倍、2.1倍、1.48（宁夏），855倍、2013倍、443倍、102倍、15倍、6.7倍、2.6倍、1.47倍（新疆）。

从投资增长率来看，除了1970年的投资额比1960年全国及各省基本都少的这个共性外（只有宁夏多了1000万元），1980年比1970年、1990年比1980年、2000年比1990年、2010年比2000年、2012年比2010年、2014年比2012年的增长率，广西、内蒙古、西藏、宁夏、新疆分别是117%、431%、857%、969%、39%、35%，134%、373%、506%、1976%、33%、47%，218%、320%、774%、596%、45%、59%，100%、450%、632%、797%、45%、48%，356%、334%、585%、461%、80%、47%。1980年比1970年，增速最高的是新疆，最低的是宁夏，广西为倒数第二；1990年比1980年，增速最高的是宁夏，最低的是西藏，广西第二；2000年比1990年，增速最高的是广西，最低的是内蒙古；2010年比2000年，增速最高的是内蒙古，最低的是宁夏，广西第二；2012年比2010年，增速最高的是新疆，最低的是内蒙古，广西倒数第二；2014年比2012年，增速最高的是宁夏，最低的是广西。

归纳起来，6组数据中，广西有1个最低、2个倒数第二、2个第二、1个最高，内蒙古有2个最低、1个最高，西藏有1个最低，宁夏有2个最低、1个最高，新疆有2个最高。从1970年至2014年的年均增长来看，广西是56%、内蒙古是70%、西藏是46%、宁夏是47%、新疆是42%，广西排第二。从2010年至2014年的年均增长来看，广西是18.5%、内蒙古是20%、西藏是26%、宁夏是23.3%、新疆是32%，广西是倒数第一。从走势来看，5个自治区都是“中间高两头低”，不同的是内蒙古、西藏、宁夏是“翘尾”，广西、新疆是“垂尾”。但“垂尾”的新疆47%比广西的35%要“翘”出12个百分点。

从投资绝对额来看，最多的是内蒙古，其次是广西，再次是新疆、宁夏、西藏。排在第三的新疆2014年虽然比广西少4230亿元，但从2010年至2014年的年增速来看，新疆的28%（35%、33%、25%、17%）要比广西的17%（13%、23%、21%、12%）高出11个百分点。内蒙古除了1950年、1995年、2000年比广西的投资额少之外，在所列的14个年份中有11个年度都比广西多。特别是2008年至2014年，每一年的投资额平均比广西高出2000亿元。其中2014年净多4143亿元，比广西的2008年全年投资额3778亿元还多。具体见下表：

5 个自治区全社会固定资产投资额 亿元

年份	广西	内蒙古	西藏	宁夏	新疆
1950	0.67	0.1（1951 年）	0.004（1952 年）	0.0005	0.33
1960	6.80	12.7	0.99	2.4	10.59
1970	5.90	6.4	0.57	2.5	4.50
1980	13	15	1.81	4.0	20.47
1990	69	71	7.61	22.0	88.78
1995	429	273	36.95	70.1	333
2000	660	430	66.50	161	610
2005	1769	2688	196	445	1352
2008	3778	5605	310	859	2260
2010	7058	8927	463	1444	3423
2011	7991	10366	516	1645	4632
2012	9809	11876	671	2097	6159
2013	11908	14217	876	2651	7732
2014	13843	17431	1069	3094	9058

第三节　广西的投资在5个人口接近省区中总额第四、增速第二

1950年，广西全社会固定资产投资额与4个人口量接近省对比，与5个相邻省的一样——位居第二，在辽宁的2亿元之后。这一年的浙江、江西两省都是只有2000万元，只是广西的30%。作为邻居的云南在下一节中将会提及，即只有700万元。

到了1960年，广西的投资额在5个人口接近省份中变成了倒数第一。辽宁25亿元，比广西多了整整18亿元；最少的浙江也有9亿元，比广西多了2亿元。

1970年，5个人口接近省的投资额都少于10年前的1960年。浙江出人意料地居然以4.4亿元少于广西的1.5亿元垫了底；辽宁比1960年的投资额少了一半只有12亿元；云南的10.31亿元只比1960年少了5000万元。

1980年，浙江不再垫底了，以33亿多元的投资额反成了在辽宁之后的第二。辽宁则凭53.6亿元多出浙江20亿元居于首位；广西仅有的13亿元额度又如1960年一样在5个省份中排在倒数第一，比云南的21亿元、江西的19亿元分别少了8亿元和6亿元。1990年，广西仍然以69亿元的投资额少于4个省。

2000年，广西终于比最少的江西548亿元多出112亿元排在了倒数第二。而此时的浙江已以2267亿元，比50年来均居于第一的辽宁1268亿元多出了999亿元，终于位列第一。

2005年，云南1755亿元以少于广西14亿元排倒数第一。江西以2169亿元的额度排在了浙江6696亿元和辽宁4234亿元之后。

2010年，云南5529亿元少于广西1529亿元继续在倒数第一的位置。辽宁在2008年以10019亿元多于浙江9323亿元夺回首位之后，2010年继续多于浙江3667亿元稳居第一。从此以后一直至2014年，辽宁、浙江、江西、广西、云南的投资额从多到少的排座不变。广西2014年的投资额13843亿元，分别只有辽宁、浙江、江西、云南的57%、59%、94%和125%。东三省的辽宁24427亿元比广西多了一半多，长三角的浙江23555亿元比广西多了1万多亿元，江西也比广西多了1389亿元。

从2010年到2014年的增幅来看，辽宁是11%（10%、23%、15%、-3%）、浙江是15%（15%、24%、18%、13%）、江西是14%（4%、19%、19%、14%）。而云南是19%、广西是17%。从高到低的增幅是云南、广西、浙江、江西、辽宁。见下表：

5 个人口接近省区的投资额　　亿元

年份	广西	浙江	辽宁	云南	江西
1950	0.67	0.2	2.1	0.07	0.2
1960	6.80	8.9	24.8	10.82	9.2
1970	5.90	4.4	12.3	10.31	7.4
1980	13	33.3	53.6	20.9	18.8
1990	69	187	263	75.7	70.7
2000	660	2267	1268	698	548
2005	1769	6696	4234	1755	2169
2008	3778	9323	10019	3527	4745
2010	7058	12376	16043	5529	8772
2011	7991	14185	17726	6191	9088
2012	9809	17649	21836	7831	10774
2013	11908	20782	25108	9968	12850
2014	13843	23555	24427	11074	14677

第四节　广西的投资在 6 个相邻省区中总量第三、增速第四

1950 年广西与陆地上相邻的云南、贵州、湖南、广东 4 省区的固定资产投资额相比，仅居于湖南的 1.03 亿元之后。当时的广东才有 1500 万元，云南只有 700 万元，贵州只是 300 万元。海南到 1952 年才有 2000 万元投资额的记载。应该说，新中国成立后第一年的投资额，广西的是“开门红”。

10 年后广西的投资额，在与相邻省的对比中刚好与 1950 年反过来，变成了倒数第二。这一年不但湖南 15 亿元远多于广西的 7 亿元，而且广东 13 亿元、云南 11 亿元、贵州 8 亿元都多于广西。此后的 30 年一直至 1990 年，广西倒数第二的名次才因贵州只有 52 亿元的投资额来替代。

从 2005 年开始，广西以 1769 亿元多出云南、贵州，但仍在广东、湖南之后。一直到 2014 年这 10 年，广西第三的位置保持不变。综观 6 个相邻省区 60 多年来的投资量，从数额上来比，从高到低的排序是广东、湖南、广西、云南、贵州、海南。以 2014 年的数据，广西只有广东 25843 亿元的 51%，少于湖南 20575 亿元的 7287 亿元，分别多于云南、贵州、海南的 2214 亿、4510 亿、10248 亿元。

从增速来看，2010 年至 2014 年这几年，广东是 13.5%（9%、10%、19%、16%）、湖南是 21%（23%、22%、23%、15%）、云南是 19%（12%、26%、27%、11%）、贵州是 30%（36%、35%、29%、19%）、海南是 24%（26%、29%、26%、13%）。广西是 17%，分别比湖南、云南、贵州、海南少了 4 个、2 个、13 个、7 个百分点，只比广东多 3.5 个百分点。广西追赶湖南很难，但云南、贵州追逼广西的态势却非常之明显。见下表：

6 个相邻居省区的投资额 亿元

年份	广西	云南	贵州	湖南	广东	海南
1950	0.67	0.07	0.03	1.03	0.15	0.2（1952 年）
1960	6.80	10.82	7.79	15.05	12.93	1.7
1970	5.90	10.31	12.33	17.86	8.61	1.5
1980	13	20.9	13.97	32.2	38.29	3.5
1990	69	75.7	51.51	124	381	35.6
2000	660	698	403	1066	3234	194
2005	1769	1755	1018	2564	7164	379
2008	3778	3527	1864	5650	11165	709
2010	7058	5529	3105	9664	15624	1317
2011	7991	6191	4236	11881	17069	1657
2012	9809	7831	5718	14523	18752	2145
2013	11908	9968	7374	17841	22308	2698
2014	13843	11074	8778	20575	25843	3040

第五节　广西的投资在9个民族省区中总量第三、增速倒数第二

2014年，9个民族省区超过1万亿元投资额的，有湖北、内蒙古、广西和云南4个省区。其中，湖北以22915亿元多出内蒙古5484亿元，比排在第三的广西多了9072亿元。

2014年与2010年的增速，青海是174%、湖北为123%、内蒙古95%、西藏131%、宁夏114%、新疆165%、云南100%、贵州183%、广西96%。只有广西与内蒙古是两位数，且广西只比内蒙古高出1个百分点，而内蒙古2014年的投资量要比广西净多3588亿元。具体见下表：

9个民族省区全社会固定资产投资　　亿元

年份	广西	内蒙古	西藏	宁夏	新疆	云南	贵州	青海	湖北
1950	0.67	–	–	–	0.33	0.07	0.03	–	0.29
1960	6.8	12.7	0.99	2.4	10.59	10.8	7.79	4.7	16
1970	5.9	6.4	0.57	2.5	4.50	10.3	12.33	3.1	24.4
1980	13	15	1.81	4.0	20.47	20.9	13.97	7.4	35.5
1990	69	71	7.61	22.0	88.78	75.7	51.51	22.3	144
2000	660	430	66.50	161	610	698	403	155	1422
2005	1769	2688	196	445	1352	1755	1018	367	2835
2008	3778	5605	310	859	2260	3527	1864	583	5799
2010	7058	8927	463	1444	3423	5529	3105	1017	10263
2011	7991	10366	516	1645	4632	6191	4236	1436	12557
2012	9809	11876	671	2097	6159	7831	5718	1883	15578
2013	11908	14217	876	2651	7732	9968	7374	2361	19307
2014	13843	17431	1069	3094	9058	11074	8778	2789	22915

第六节　广西的投资在 9 个边境省区中总量第三、增速倒数第四

2014 年，9 个边境省区超过 1 万亿元投资额的，有辽宁、吉林、内蒙古、广西和云南 5 个省区。其中，辽宁以 24427 亿元多出内蒙古 6996 亿元，比排在第三的广西多 10584 亿元。

吉林、黑龙江、云南 3 个省的投资额都差不多。其实，黑龙江 2013 年的投资额就达到 11453 亿元，比云南的 9968 亿元还要多，比广西的只少 455 亿元。从 65 年的投资额来看，黑龙江要比云南多一些，但比吉林的要少一点。

增速上，2014 年与 2010 年比，甘肃是 146%、黑龙江是 44.3%、吉林是 44.1%、辽宁是 52%。甘肃排在青海之后的第二。吉林最低，比黑龙江少 0.2 个百分点。但 2014 年吉林比 2013 年增长 14%，而黑龙江 2014 年的投资额反比自己 2013 年的少 1624 亿元。具体见下表：

9 个边境省区全社会固定资产投资　　亿元

年份	广西	内蒙古	西藏	新疆	云南	甘肃	黑龙江	吉林	辽宁
1950	0.67	–	–	0.33	0.07	0.2	0.4	0.6	2.1
1960	6.8	12.7	0.99	11	10.8	11.2	23	11	24.8
1970	5.9	6.4	0.57	4.5	10.3	10.3	11	9	12.3
1980	13	15	1.81	20.5	20.9	12.6	39	21	53.6
1990	69	71	7.61	88.8	75.7	59.3	163	94	263
2000	660	430	66.5	610	698	441	859	587	1268
2005	1769	2688	196	1352	1755	875	1732	1802	4234
2008	3778	5605	310	2260	3527	1736	3656	5608	10019
2010	7058	8927	463	3423	5529	3158	6813	7870	16043
2011	7991	10366	516	4632	6191	3966	7475	7442	17726
2012	9809	11876	671	6159	7831	5145	9695	9512	21836
2013	11908	14217	876	7732	9968	6528	11453	9979	25108
2014	13843	17431	1069	9058	11074	7760	9829	11340	24427

第七节　广西的投资在12个西部省区中总量第四、增速倒数第三

2014年，西部12个省区超过1万亿元的投资额，从多到少分别是四川、内蒙古、陕西、广西、重庆、云南6个。四川比广西多出8819亿元。

从增速来看，2012年与2010年、2014年与2012年，分别是：四川30%和33%、内蒙古33%和47%、陕西51%和40%、广西39%和41%、重庆31%和40%、云南42%和41%、新疆80%和47%、贵州84%和54%、甘肃63%和51%、宁夏45%和48%、青海85%和48%、西藏45%和59%。增速最高的应该是贵州（69%），接下来的应分别是青海（67%）、新疆（64%）、甘肃（57%）、西藏（52%）、宁夏（47%）、陕西（46%）、云南（42%）、内蒙古、广西（40%）、重庆（36%）、四川（32%）。

2014年的投资总量，广西与陕西比还净少2997亿元，这几年的增速广西又少于陕西6个百分点。可以看出，广西很难在投资量上追上陕西。具体见下表：

12个西部省区全社会固定资产投资　　亿元

年份	广西	内蒙古	西藏	宁夏	新疆	云南	贵州	重庆	四川	陕西	甘肃	青海
1950	0.67	–	–	0.005	0.33	0.07	0.03	0.1	0.2	0.1	0.2	–
1960	6.8	12.7	0.99	2.4	11	10.8	7.79	6.7	15.8	12.1	11.2	4.7
1970	5.9	6.4	0.57	2.5	4.5	10.3	12.33	6.2	35.3	17.1	10.3	3.1
1980	13	15	1.81	4.0	20.5	20.9	13.97	10.3	32.0	27.8	12.6	7.4
1990	69	71	7.61	22.0	88.8	75.7	51.51	69.3	163	104	59.3	22.3
2000	660	430	66.5	161	610	698	403	656	1404	746	441	155
2005	1769	2688	196	445	1352	1755	1018	2006	3478	1982	875	367
2008	3778	5605	310	859	2260	3527	1864	4045	7602	4851	1736	583
2010	7058	8927	463	1444	3423	5529	3105	6689	13117	7964	3158	1017
2011	7991	10366	516	1645	4632	6191	4236	7473	14222	9431	3966	1436
2012	9809	11876	671	2097	6159	7831	5718	8736	17040	12045	5145	1883
2013	11908	14217	876	2651	7732	9968	7374	10435	20326	14884	6528	2361
2014	13843	17431	1069	3094	9058	11074	8778	12137	22662	16840	7760	2789

第六章　广西的农林牧渔

农业是国民经济的基础。一个地方的农、林、牧、渔业总产值基本上能反映出一定时期内该地的农林牧渔业的总规模或总成果。

第一节　广西的农林牧渔总产值占全国的3.5%

广西农林牧渔业生产占全国的份额，随着时间的推移而增大，但到了2008年达到高峰4.12%之后，比较平稳地发展。

广西1950年的9.2亿元只占到全国的2.4%，是60多年中的最低一年。1960年虽然只有不到15亿元的产值，但却占到了3.22%。2008年实现2390亿元，是全国总数58002亿元的4.12%。2010年以来的这几年，都在4%上下波动且幅度较小。2014年产值虽然达到近4000亿元，也只是全国10万多亿元的3.86%。说明广西在产业结构的调整上取得了初步的效果。具体见下表：

广西农林牧渔产值占全国的比率　　　　亿元、%

年份	全国	广西	占比
1950	384	9.2	2.40
1960	457	14.7	3.22
1970	1021	26.9	2.63
1980	1923	63.3	3.29
1990	7662	252	3.29
2000	24916	829	3.33
2008	58002	2390	4.12
2010	69320	2721	3.93
2011	81304	3323	4.09
2012	89453	3491	3.90
2013	96995	3755	3.87
2014	102226	3948	3.86

第二节 广西的农林牧渔在5个自治区中总量第一、增速第四

5个自治区的农林牧渔产值，内蒙古1949年就有6亿元，西藏1951年时也有1.4亿元。

到1970年时，广西以多于内蒙古3亿元的产值排在了第一位。此后，一直到2014年，广西的农林牧渔业产值总量均排在5个自治区的首位。

西藏和宁夏两区的产值都较少。2000年以前两区的数量都差不多，2010年后宁夏均以3倍数左右的产值多于西藏。

内蒙古和新疆两区的产值不相上下。2000年以前内蒙古每年要比新疆多一些。2010年新疆以1846亿元反超2亿元。2014年，内蒙古的2780亿元又比新疆多36亿元。

从增速来看，2014年与2010年、2010年与2000年比，广西是45%与228%、内蒙古为50%与240%、西藏是38%与98%、宁夏为46%与292%、新疆达49%与278%。广西除了比西藏高出一些之外，都比其他3个区低。一方面说明这几个区在农林牧渔业上比广西取得的成绩更为显著；另一方面也可以说明广西在这些行业的结构调整上有了一定的考虑与行动。具体见下表：

5个自治区农林牧渔总产值 亿元

年份	广西	内蒙古	西藏	宁夏	新疆
1950	9.2	6.0（1949年）	1.4（1951年）	1.1	3.71
1960	14.7	17.1（1962年）	1.67	1.8	7.92
1970	26.9	24.0	2.80	2.8	12.27
1980	63.3	30.7	5.32	6.4	22.01
1990	252	157	19.05	24.7	145
2000	829	543	51.22	77.8	487
2010	2721	1844	101	306	1846
2011	3323	2204	109	355	1955
2012	3491	2449	118	385	2276
2013	3755	2700	128	430	2539
2014	3948	2780	139	446	2744

第三节　广西的农林牧渔在 5 个人口接近省区中总量第二、增速第四

5 个人口相近省的农林牧渔业，辽宁除了在 1970 年、1980 年、2000 年的产值不敌浙江外，其他年份的要比浙江多。广西、云南、江西 3 省区没有一个年份的产值比辽宁多。因此，产量上辽宁排在首位的情况非常明显。

从 2014 年与 2010 年的增速来看，浙江为 31%、辽宁为 45%、江西为 44%，云南、广西是 45%。辽宁、江西、广西的增速都差不多，都比浙江多 13 个百分点。说明浙江从第一产业转向第二、第三产业的“先见”要比其他 4 个省区要早得多。见下表：

5 个人口接近省区的农林牧渔业总产值　　亿元

年份	广西	浙江	辽宁	云南	江西
1950	9.2	15.9	16.6（1952 年）	8.52	11.0
1960	14.7	–	19.2	13.33	18.3
1970	26.9	45.4	37.7	24.89	41.7
1980	63.3	92.7	73.5	48.2	68.2
1990	252	332	273.8	212	255
2000	829	1057	967	681	741
2010	2721	2173	3107	1811	1901
2011	3323	2535	3634	2307	2207
2012	3491	2659	4062	2680	2399
2013	3755	2837	4350	3056	2578
2014	3948	2845	4498	3263	2727

第四节　广西的农林牧渔在 6 个相邻省区中总量第三、增速第四

从总量上看，广西排在湖南、广东之后。

由于广东 1950 年到 1970 年的有关数据查找不到。从这 30 年里几个相邻省区的相关数据中，湖南的产值比广西的要多，云南、贵州、海南的产值比广西的

要少。

从1980年开始一直到2014年，包括广东在内的6个相邻省区中，广西的产值都是在第三位也即是在湖南、广东之后。

从增速来看，2014年与2010年，湖南是40%、广东是39%、云南是80%、贵州是112%、海南是52%、广西是45%。这多少说明了广西在产业结构调整上要比广东、湖南力度上稍微弱一些或慢一点，但要比云南、贵州、海南要强一些或快一点。具体见下表：

6个相邻省区的农林牧渔业总产值 亿元

年份	广西	云南	贵州	湖南	广东	海南
1950	9.2	8.5	6.5	19.2	–	2.6（1952年）
1960	14.7	13.3	11.0	25.9	–	4.0（1962年）
1970	26.9	24.9	20.5	38.0	–	6.1
1980	63.3	48.2	36.4	116	126	10.2
1990	252	212	146	430	601	68.7
2000	829	681	413	1252	1701	312
2010	2721	1811	998	3788	3755	821
2011	3323	2307	1166	4506	4384	1002
2012	3491	2680	1437	4904	4657	1062
2013	3755	3056	1663	5044	4947	1145
2014	3948	3263	2119	5305	5234	1252

第五节　广西的农林牧渔在9个民族省区中总量第二、增速倒数第二

从1950年开始直至2014年的这65年，湖北的产值一直领跑在9个民族省区的前面，排在第二的广西也没有哪一年的产值超过湖北。2014年，湖北更以5453亿元多出广西1505亿元。

从2014年与2010年的增速看，湖北仍有56%、青海63%，这两个省都高于广西的45%、内蒙古50%、西藏38%、宁夏46%、新疆49%，但低于云南的80%、贵州的112%。具体见下表：

9 个民族省区的农林牧渔总产值　　亿元

年份	广西	内蒙古	西藏	宁夏	新疆	云南	贵州	青海	湖北
1950	9.2	6（1949 年）	1.4（1951 年）	1.1	3.7	8.5	6.5	2.4	12
1960	15	17（1962 年）	1.7	1.8	7.9	13	11	3.4	27
1970	27	24.0	2.8	2.8	12.3	24.89	21	5.6	51
1980	63	30.7	5.3	6.4	22	48.2	36	7.8	95
1990	252	157	19	24.7	145	212	146	24.5	402
2000	829	543	51	77.8	487	681	413	57	1126
2010	2721	1844	101	306	1846	1811	998	201	3502
2011	3323	2204	109	355	1955	2307	1166	231	4253
2012	3491	2449	118	385	2276	2680	1437	264	4732
2013	3755	2700	128	430	2539	3056	1663	310	5161
2014	3948	2780	139	446	2744	3263	2119	328	5453

第六节　广西的农林牧渔在 9 个边境省区中总量第三、增速倒数第二

黑龙江从 1950 年至 1980 年、2011 年至 2014 年，这两段时间里产值在 9 个边境省份中均占据着数一数二的位置，说明其“东北粮仓”在全国一直有着十分重要的影响。

辽宁与黑龙江的产值都差不多。两个省 65 年来有的年份这个省多、有的年份这个省少。2012 年辽宁还比黑龙江多 110 亿元，但 2013 年后黑龙江比辽宁反高出许多，2014 年净多 397 亿元。

从增速来看，2014 年比 2010 年，甘肃是 53%、吉林是 49%、黑龙江是 93%。黑龙江在 9 个边境省区中是最高的，甘肃排在第二，吉林与新疆的 49% 持平但低于内蒙古。具体见下表：

9 个边境省区的农林牧渔总产值　　亿元

年份	广西	内蒙古	西藏	新疆	云南	甘肃	黑龙江	吉林	辽宁
1950	9.2	6.0（1949 年）	1.4（1951 年）	3.71	8.52	7.2	13	9.7	17（1952 年）
1960	14.7	17（1962 年）	1.67	7.92	13.33	7.2	18	13	19
1970	26.9	24.0	2.80	12.27	24.89	13.7	35	27	38
1980	63.3	30.7	5.32	22.01	48.2	27.4	86	48	74
1990	252	157	19.1	145	212	103	245	189	274
2000	829	543	51.2	487	681	320	625	609	967
2010	2721	1844	101	1846	1811	1057	2536	1850	3107
2011	3323	2204	109	1955	2307	1188	3224	2275	3634
2012	3491	2449	118	2276	2680	1358	3952	2502	4062
2013	3755	2700	128	2539	3056	1518	4633	2671	4350
2014	3948	2780	139	2744	3263	1619	4895	2763	4498

第七节　广西的农林牧渔在 12 个西部省区中总量第二、增速倒数第二

从下表的数据中，在西部的 12 个省区中，四川无疑是农林牧渔业产值最多的。2014 年产值达到 3000 亿元以上的只有四川与广西、云南 3 个省区。

重庆和甘肃的绝对值差不多，2010 年至 2014 年都是 1000 亿－1600 亿元上下，但增速重庆的 56% 要比甘肃的 53% 高出 3 个百分点；内蒙古、新疆、陕西也差不多，2010 年至 2014 年都是 1800 亿－2700 亿元上下，但增速陕西是 65%、内蒙古是 51%、新疆是 49%。

12 个西部省区的农林牧渔业总产值 亿元

年份	广西	内蒙古	西藏	宁夏	新疆	云南	贵州	重庆	四川	陕西	甘肃	青海
1950	9.2	6.0（1949 年）	1.4（1951 年）	1.1	3.71	8.52	6.49	14.2（1949 年）	19	9.0	7.2	2.4
1960	14.7	17.1（1962 年）	1.67	1.8	7.92	13.33	11.1	15.4（1962 年）	30.5	18.0	7.2	3.4
1970	26.9	24.0	2.80	2.8	12.27	24.89	20.5	26.9	67.5	26.2	13.7	5.6
1980	63.3	30.7	5.32	6.4	22.01	48.2	36.4	41.8	137	41.9	27.4	7.8
1990	252	157	19.1	24.7	145	212	146	146	484	170	103	24.5
2000	829	543	51.2	77.8	487	681	413	413	1484	465	320	57
2010	2721	1844	101	306	1846	1811	998	1021	4082	1666	1057	201
2011	3323	2204	109	355	1955	2307	1166	1265	4933	2059	1188	231
2012	3491	2449	118	385	2276	2680	1437	1402	5433	2303	1358	264
2013	3755	2700	128	430	2539	3056	1663	1514	5620	2563	1518	310
2014	3948	2780	139	446	2744	3263	2119	1595	5888	2742	1619	328

第七章　广西的工业企业

广西规模以上工业企业的统计范围，具体见相关年度的《中国统计年鉴》《新中国55、60年统计资料》《中国省市经济发展年鉴》等的说明。比如：1998年至2006年，为全部的国有和主营业务收入500万元及以上的非国有工业企业；2007年至2010年，为年主营业务收入500万元及以上的工业企业；2011年至2014年，为年主营业务收入2000万元及以上的工业企业。考察规模以上工业企业的主要指标有很多，如资产收入、成本费用、利润税金、负债权益等。限于篇幅及考虑到广西目前仍然还是工业化的中期爬坡上升阶段，本章只选择了企业户数、资产总量、销售收入这三个主要指标，即侧重于从“量”的角度来进行分析。

广西规模以上的工业企业，新中国成立65年来特别是改革开放以来得到了快速迅猛的发展。企业户数由1998年的3365户，到2014年的5447户；总资产由1998年的1693亿元，至2014年的14226亿元，是2000年1891亿元的7.5倍、2008年5744亿元的2.5倍；主营业务收入2014年18917亿元，是1998年878亿元的22倍、2008年5417亿元的3.5倍、2012年14734亿元的1.3倍。

第一节　广西的工业户数、资产、收入分别占全国的1.55%、1.47%、1.38%

1998年，广西规模以上工业企业户数、资产、业务收入，分别是全国16.51万户、108822亿元和64149亿元的2.04%、1.6%和1.37%。

2008年，广西规模以上5157户工业企业、5744亿元资产、5417亿元的业务收入，分别是全国42.61万户、431306亿元和500020亿元的1.2%、1.3%和1.08%。10年间，广西的占比分别下降了0.84、0.3、0.29个百分点。

2014年，广西规模以上5447户工业企业、14226亿元资产、18917亿元的业务收入，分别是全国37.79万户、956777亿元和1107033亿元的1.4%、1.5%和1.7%。16年过去，广西规模以上工业企业户数、资产占全国的比重又分别下降了0.64、0.1个百分点，但业务收入上升了0.33个百分点。具体见下表：

广西规模以上工业有关数据与全国比　　万个、亿元

年份	全国			广西		
	企业数	资产总计	业务收入	企业数	资产总计	业务收入
1998	16.51	108822	64149	0.3365	1693	878
2000	16.29	126211	84152	0.3155	1891	988
2005	27.18	244784	248544	0.3687	3010	2467
2008	42.61	431306	500020	0.5157	5744	5417
2010	45.29	592882	697744	0.6583	8667	9236
2011	32.56	675797	841830	0.5046	10185	12217
2012	34.38	768421	929292	0.5239	11760	14734
2013	35.25	850626	1029150	0.5396	13063	16726
2014	37.79	956777	1107033	0.5447	14226	18917

第二节　广西的工业在5个自治区中户数最多，户均资产最少、收入第三

一、企业户数

5个自治区的规模以上工业企业户数，广西均以较大幅度领先于其他4个自治区。2000年，广西3155户，比内蒙古的多1782户、比西藏的219户多了14倍、比宁夏409户多了近8倍、比新疆1455户也多了217%。

2014年，广西规模以上工业企业户数比1998年多了2082户，内蒙古4413户增加了2915户，宁夏1170户（2000年的数据）增加了761户，新疆2477户多了657户，但仍比广西少得多。西藏97户，减少了245户。见下表：

5 个自治区规模以上工业户数

个

年份	广西	内蒙古	西藏	宁夏	新疆
1998	3365	1489	342	–	1820
2000	3155	1373	219	409	1455
2005	3687	2447	197	685	1445
2008	5157	3993	88	902	1859
2010	6583	4611	97	975	2465
2011	5046	4175	56	764	1738
2012	5239	4244	64	865	1959
2013	5396	4377	70	935	2102
2014	5447	4413	97	1170	2477

二、企业总资产

虽然广西规模以上工业企业户数要比其他自治区多得多，但在总资产上却少于内蒙古和新疆。2005 年内蒙古的 2447 户企业拥有的资产 4596 亿元，比广西的 3687 户企业资产 3010 亿元多 1586 亿元；2014 年内蒙古的 4413 户资产 27788 亿元，也比广西 5447 户资产 14226 亿元多 13562 亿元。2013 年新疆的 2102 户企业拥有的资产 14238 亿元，比广西 5396 户资产 13063 亿元多 1175 亿元。

从每户企业平均拥有的资产看，2000 年，广西有 0.6 亿元、内蒙古有 1.3 亿元、西藏有 0.34 亿元、宁夏有 1.23 亿元、新疆有 1.17 亿元。2014 年，广西是 2.61 亿元、内蒙古是 6.3 亿元、西藏是 6.9 亿元、宁夏是 5.96 亿元、新疆有 6.77 亿元。广西均大幅度少于其他 4 个自治区。见下表：

5 个自治区规模以上工业总资产　　亿元

年份	广西	内蒙古	西藏	宁夏	新疆
1998	1693	1586	54	-	1526
2000	1891	1821	75	511	1709
2005	3010	4596	112	1113	2837
2008	5744	10089	224	2062	5653
2010	8667	14691	315	3293	7912
2011	10185	18406	346	4044	9305
2012	11760	21754	507	4860	11669
2013	13063	23142	549	5588	14238
2014	14226	27788	669	6976	16771

三、主营业务收入

从 2005 年开始，内蒙古规模以上工业企业的业务收入就开始比广西多：2005 年、2010 年、2014 年，内蒙古比广西分别多出 584 亿元、4152 亿元、640 亿元。

新疆 2008 年的业务收入 4438 亿元，也只是比广西少 979 亿元，而广西的企业要比新疆多 3298 户。

从每户平均的业务收入看，2000 年，广西有 0.31 亿元、内蒙古有 0.54 亿元、西藏有 0.06 亿元、宁夏有 0.58 亿元、新疆有 0.56 亿元，广西的户均数只比西藏多。2014 年，广西是 3.47 亿元、内蒙古是 4.43 亿元、西藏是 1.21 亿元、宁夏是 3.01 亿元、新疆有 3.76 亿元，广西的户均也只比西藏、宁夏多些。具体见下表：

5 个自治区规模以上工业业务收入　　亿元

年份	广西	内蒙古	西藏	宁夏	新疆
1998	878	568	12	–	577
2000	988	740	14	238	821
2005	2467	3051	28	647	2153
2008	5417	8470	45	1336	4438
2010	9236	13388	60	1880	5493
2011	12217	17542	73	2426	6782
2012	14734	18135	92	2982	7511
2013	16726	19551	93	3375	8608
2014	18917	19557	117	3527	9321

第三节　广西的工业在 5 个人口接近省区中户数第四，户均资产、收入皆第二

5 个人口接近省份规模以上工业企业，无论是户数、还是资产总量、或是业务收入，都是浙江排在前面，辽宁则排在第二。

一、企业户数

2000 年，浙江的户数分别比广西、辽宁、江西、云南多 11420 户、8558 户、11027 户、12451 户。

2014 年，广西、辽宁、江西、云南的户数，只有浙江 40841 户的 13%、38%、22%、9%。见下表：

5 个人口接近省区规模以上工业户数　　　　个

年份	广西	浙江	辽宁	江西	云南
1998	3365	13475	6249	3937	2516
2000	3155	14575	6017	3548	2124
2005	3687	40275	11510	4403	2362
2008	5157	58816	17269	6226	3320
2010	6583	64364	23832	7908	3599
2011	5046	34698	16914	6481	2773
2012	5239	36496	17347	7217	3211
2013	5396	36904	17561	7601	3382
2014	5447	40841	15707	8996	3797

二、企业总资产额

广西的资产总额最少。除了 1998 年、2000 年、2008 年、2010 年比江西多一点外，其余年份都比几个省份少。2014 年，只有浙江的22%、辽宁的36%、江西的89%、云南的81%。

每户平均拥有的资产。2000 年，广西有 0.6 亿元、浙江有 0.48 亿元、辽宁有 1.29 亿元、江西有 0.52 亿元、云南有 1.09 亿元，最少的是浙江，最多的是辽宁，广西第三。2010 年，广西是 1.3 亿元、浙江是 0.73 亿元、辽宁是 1.22 亿元、江西是 1.09 亿元、云南是 2.67 亿元，最少的是浙江，最多的是云南，广西第二。2014 年，广西为 2.6 亿元、浙江是 1.57 亿元、辽宁为 2.5 亿元、江西为 1.79 亿元、云南为 4.6 亿元，最少的是浙江，最多的是云南，广西第二。具体见下表：

5 个人口接近省区规模以上工业总资产　　亿元

年份	广西	浙江	辽宁	江西	云南
1998	1693	5645	6629	1676	2078
2000	1891	7008	7771	1836	2310
2005	3010	20609	11902	3058	3964
2008	5744	35508	20502	5294	7185
2010	8667	47283	29077	8637	9611
2011	10185	50664	31417	10211	11054
2012	11760	55654	34780	11968	13077
2013	13063	59633	37989	13640	15344
2014	14226	64078	39247	16061	17458

三、主营业务收入

业务收入，广西除了少于浙江、辽宁这两个经济发达地区或工业大省之外，还比江西少得多。江西 1998 年至 2000 年稍微比广西少一些，但从 2005 年后一直都比广西多——2008 年多 2865 亿元、2012 年多 7799 亿元、2014 年更多到 12161 亿元。

户均业务收入。1998 年，广西是 0.26 亿元、浙江是 0.17 亿元、辽宁是 0.49 亿元、江西是 0.19 亿元、云南是 0.4 亿元，最多的是辽宁，最少的是浙江，广西第四。2013 年，广西是 3.1 亿元、浙江是 1.67 亿元、辽宁是 2.97 亿元、江西是 3.51 亿元、云南是 2.89 亿元，最多的是江西，最少的是浙江，广西第二。2014 年，广西是 3.5 亿元、浙江是 1.57 亿元、辽宁是 3.11 亿元、江西是 3.45 亿元、云南是 2.73 亿元，最多的是广西，最少的是浙江。具体见下表：

5个人口接近省区规模以上工业业务收入 亿元

年份	广西	浙江	辽宁	江西	云南
1998	878	2321	3091	740	999
2000	988	6489	4312	897	1059
2005	2467	22704	10747	2909	2570
2008	5417	39631	23111	8282	4961
2010	9236	50536	36050	14250	6356
2011	12217	55358	42845	18580	7622
2012	14734	57683	48200	22533	8942
2013	16726	61765	52150	26700	9773
2014	18917	64372	48802	31078	10358

第四节 广西的工业在6个相邻省区中户数第三，户均资产第五、收入第二

一、企业户数

广东无疑是6个相邻省份中规模以上工业企业户数最多的。1998年，湖南4554户、广西3365户、云南2516户、贵州2048户、海南640户，只分别是广东17980户的25%、19%、14%、11%和4%；2014年，湖南13723户、广西5447户、云南3797户、贵州3895户、海南382户，只分别是广东41133户的33%、13%、9.2%、9.4%、0.93%。

1998年，广西比广东少14615户、比湖南少1189户；2014年，广西比广东少35686户、比湖南少8276户。具体见下表：

6 个相邻省区规模以上工业户数 个

年份	广西	云南	贵州	湖南	广东	海南
1998	3365	2516	2048	4554	17980	640
2000	3155	2124	2087	4808	19695	597
2005	3687	2362	2585	8022	35157	646
2008	5157	3320	2676	10982	52603	548
2010	6583	3599	2963	13844	53389	497
2011	5046	2773	2329	12477	38305	358
2012	5239	3211	2712	12785	37790	377
2013	5396	3382	3139	13323	38094	391
2014	5447	3797	3895	13723	41133	382

二、企业总资产额

6 个相邻省区规模以上工业企业总资产，当然也是广东拥有的最多。从 1998 年开始到 2014 年，云南的户数都比广西少得多，但其占有的资产却比广西多。1998 年，云南的 2516 户企业资产量为 2078 亿元，户均为 0.83 亿元；而广西 3365 户企业的资产量是 1693 亿元，户均是 0.5 亿元。2014 年，云南的 3797 户企业资产量为 17458 亿元，户均 4.6 亿元；而广西 5447 户企业的资产量是 14226 亿元，户均 3.8 亿元。

平均每户工业企业拥有的资产。2000 年，云南是 1.09 亿元、贵州是 0.73 亿元、湖南是 0.58 亿元、广东是 0.73 亿元、海南是 0.71 亿元、广西是 0.6 亿元。最多的是云南，最少的是湖南，广西第五。2013 年，云南是 4.54 亿元、贵州是 3.09 亿元、湖南是 1.39 亿元、广东是 2.04 亿元、海南是 5.95 亿元、广西是 2.42 亿元。最高的是海南，最低的是湖南，广西第五。见下表：

6 个相邻省区规模以上工业总资产 亿元

年份	广西	云南	贵州	湖南	广东	海南
1998	1693	2078	1167	2369	12851	409
2000	1891	2310	1517	2769	14370	422
2005	3010	3964	2734	4612	27076	791
2008	5744	7185	4566	7912	45750	1208
2010	8667	9611	5960	13039	62627	1621
2011	10185	11054	6991	15474	67371	1748
2012	11760	13077	8302	17784	71344	2023
2013	13063	15344	9704	19031	77943	2328
2014	14226	17458	11748	22026	87590	2445

三、主营业务收入

广东规模以上工业企业的业务收入，2014 年达到 115451 亿元，分别是广西的 6 倍、云南的 11 倍、湖南的 3.4 倍、海南的 66 倍。

从每户平均的业务收入看，2005 年，广西是 0.67 亿元、云南是 1.09 亿元、贵州是 0.61 亿元、湖南是 0.57 亿元、广东是 0.99 亿元、海南是 0.57 亿元，最多的是云南，最少的是湖南与海南，广西第三。2012 年，广西是 2.81 亿元、云南是 2.78 亿元、贵州是 2.2 亿元、湖南是 2.18 亿元、广东是 2.48 亿元、海南是 4.5 亿元，最多的是海南，最少的是湖南，广西第二。具体见下表：

6 个相邻省区规模以上工业主营业务收入 亿元

年份	广西	云南	贵州	湖南	广东	海南
1998	878	999	463	1213	9243	176
2000	988	1059	594	1563	12381	175
2005	2467	2570	1577	4585	34782	450
2008	5417	4961	2922	10715	63372	1078
2010	9236	6356	3926	18670	84115	1323
2011	12217	7622	5022	25726	92984	1602
2012	14734	8942	5967	27823	93822	1697
2013	16726	9773	6878	31617	103655	1641
2014	18917	10358	8656	33489	115451	1757

第五节　广西的工业在 9 个民族省区中户数第二，户均资产倒数第二、收入倒数第五

一、企业户数

湖北在 9 个民族省区中规模以上工业企业的户数是最多的，广西排二，内蒙古排三，贵州排四，云南排五，青海排在最少的西藏之前。

青海 16 年来的户数变化不大。1998 年是 573 户，2014 年是 568 户。也许是划分标准不同的原因，西藏的户数由 1998 年的 342 户变为 2014 年的 97 户，中间的 2011 年曾少至 56 户。见下表：

9个民族省区规模以上工业户数 个

年份	广西	内蒙古	西藏	宁夏	新疆	云南	贵州	青海	湖北
1998	3365	1489	342	–	1820	2516	2048	573	7399
2000	3155	1373	219	409	1455	2124	2087	445	6282
2005	3687	2447	197	685	1445	2362	2585	404	6813
2008	5157	3993	88	902	1859	3320	2676	515	12067
2010	6583	4611	97	975	2465	3599	2963	555	16106
2011	5046	4175	56	764	1738	2773	2329	386	10633
2012	5239	4244	64	865	1959	3211	2712	423	12441
2013	5396	4377	70	935	2102	3382	3139	465	13441
2014	5447	4413	97	1170	2477	3797	3895	568	15957

二、企业总资产额

资产总额还是户数最多的湖北最多，第二是内蒙古，第三是云南，第四是新疆，第五是广西。

每户平均拥有的资产：

2005年，广西0.82亿元、内蒙古1.88亿元、西藏0.57亿元、宁夏1.62亿元、新疆1.96亿元、云南1.56亿元、贵州1.06亿元、青海2.83亿元、湖北1.27亿元，最多的是青海，最少的为西藏，广西倒数第二。

2011年，广西2亿元、内蒙古4.4亿元、西藏6.2亿元、宁夏5.3亿元、新疆5.4亿元、云南4亿元、贵州3亿元、青海8.8亿元、湖北2.2亿元，最多的继续是青海，最少的是广西。

2014年，广西2.6亿元、内蒙古6.3亿元、西藏6.9亿元、宁夏6亿元、新疆6.8亿元、云南4.6亿元、贵州3亿元、青海9.5亿元、湖北2.1亿元，最多的还是青海，最少的湖北，广西倒数第二。

9 个民族省区规模以上工业总资产　　亿元

年份	广西	内蒙古	西藏	宁夏	新疆	云南	贵州	青海	湖北
1998	1693	1586	54	–	1526	2078	1167	520	4362
2000	1891	1821	75	511	1709	2310	1517	685	4776
2005	3010	4596	112	1113	2837	3964	2734	1145	8683
2008	5744	10089	224	2062	5653	7185	4566	2093	15431
2010	8667	14691	315	3293	7912	9611	5960	3053	20894
2011	10185	18406	346	4044	9305	11054	6991	3386	23146
2012	11760	21754	507	4860	11669	13077	8302	4042	26878
2013	13063	23142	549	5588	14238	15344	9704	4598	30132
2014	14226	27788	669	6976	16771	17458	11747	5414	32941

三、主营业务收入

从总量上看，广西的业务收入应在湖北、内蒙古之后。2014 年，湖北规模以上工业企业的业务收入达到41401 亿元，广西只有它的46%。

从户均的业务收入看：2000 年，广西 0. 31 亿元、内蒙古 0. 54 亿元、西藏 0. 06 亿元、宁夏 0. 58 亿元、新疆 0. 56 亿元、云南 0. 5 亿元、贵州 0. 28 亿元、青海 0. 44 亿元、湖北 0. 46 亿元，最多的是宁夏，最少的是西藏，广西倒数第三。

2008 年，广西 1. 05 亿元、内蒙古 2. 1 亿元、西藏 0. 51 亿元、宁夏 1. 5 亿元、新疆 3. 1 亿元、云南 1. 5 亿元、贵州 1. 09 亿元、青海 2 亿元、湖北 0. 46 亿元，最多的是新疆，最少的是湖北，广西倒数第三。

2014 年，广西 3. 5 亿元、内蒙古 4. 4 亿元、西藏 1. 2 亿元、宁夏 3 亿元、新疆 3. 8 亿元、云南 2. 7 亿元、贵州 2. 2 亿元、青海 4 亿元、湖北 2. 6 亿元，最多的是内蒙古，最少的是西藏，广西第三。

9 个民族省区规模以上工业业务收入 亿元

年份	广西	内蒙古	西藏	宁夏	新疆	云南	贵州	青海	湖北
1998	878	568	12	–	577	999	463	141	2434
2000	988	740	14	238	821	1059	594	196	2870
2005	2467	3051	28	647	2153	2570	1577	463	5963
2008	5417	8470	45	1336	4438	4961	2922	1045	5515
2010	9236	13388	60	1880	5493	6356	3926	1525	21152
2011	12217	17542	73	2426	6782	7622	5022	1723	27082
2012	14734	18135	92	2982	7511	8942	5967	1889	32326
2013	16726	19551	93	3375	8608	9773	6878	2045	37865
2014	18917	19557	117	3527	9321	10358	8656	2247	41401

第六节 广西的工业在 9 个边境省区中户数第二，户均资产倒数第一、收入倒数第三

一、企业户数

9 个边境省区规模以上工业企业，户数肯定是老工业基地的辽宁省最多。2014 年该省达到 15707 户，比排在第二的广西多了 10260 户，比排在第三的吉林 5311 户也多了 10396 户，比排在第五的黑龙江 4305 户多了 11402 户，比排在第八的甘肃 2091 户多了 13616 户。

从户数的增减情况来看，除西藏外，辽宁的变化情况也是很“特殊”的。1998 年，该省有 6249 户规模以上的工业企业，到了 2010 年发展至 23832 户，几年时间过去，2014 年则又跌至 15707 户。见下表：

9个边境省区规模以上工业户数　　个

年份	广西	内蒙古	西藏	新疆	云南	甘肃	黑龙江	吉林	辽宁
1998	3365	1489	342	1820	2516	1641	3524	2790	6249
2000	3155	1373	219	1455	2124	2851	2666	2728	6017
2005	3687	2447	197	1445	2362	1733	2887	2774	11510
2008	5157	3993	88	1859	3320	1943	3495	4393	17269
2010	6583	4611	97	2465	3599	2000	4596	6181	23832
2011	5046	4175	56	1738	2773	1371	3377	5158	16914
2012	5239	4244	64	1959	3211	1735	3911	5286	17347
2013	5396	4377	70	2102	3382	1830	4098	5353	17561
2014	5447	4413	97	2477	3797	2091	4305	5311	15707

二、企业总资产额

仅从2014年的数据看，尽管广西的户数排在第二，但其拥有的资产却是排在除辽宁外的内蒙古、云南、黑龙江、吉林之后的第五位。

从户均拥有的资产来看：1998年，甘肃是1亿元、黑龙江是1.03亿元、吉林是1.02亿元、辽宁是1.06亿元、云南是0.83亿元、新疆是0.84亿元、西藏是0.16亿元、内蒙古是1.07亿元、广西是0.5亿元。最高的是内蒙古，最低的是广西。

2008年，甘肃是2.32亿元、黑龙江是2.15亿元、吉林是1.62亿元、辽宁是1.19亿元、云南是2.16亿元、新疆是3.04亿元、西藏是2.55亿元、内蒙古是2.53亿元、广西是1.11亿元。最高的是新疆，最低的是广西。

2014年，广西是2.61亿元、内蒙古是6.3亿元、西藏是6.9亿元、新疆有6.77亿元、云南4.60亿元、甘肃是5.43亿元、黑龙江是3.48亿元、吉林是3.14亿元、辽宁是2.5亿元。最高的是新疆，最低的是辽宁，广西倒数第二。具体见下表：

9个边境省区规模以上工业总资产 亿元

年份	广西	内蒙古	西藏	新疆	云南	甘肃	黑龙江	吉林	辽宁
1998	1693	1586	54	1526	2078	1646	3642	2851	6629
2000	1891	1821	75	1709	2310	1758	4080	3185	7771
2005	3010	4596	112	2837	3964	2778	5175	4507	11902
2008	5744	10089	224	5653	7185	4502	7515	7114	20502
2010	8667	14691	315	7912	9611	6487	10471	10196	29077
2011	10185	18406	346	9305	11054	7665	11919	11900	31417
2012	11760	21754	507	11669	13077	9146	13223	13897	34780
2013	13063	23142	549	14238	15344	10159	14059	15258	37989
2014	14226	27788	669	16771	17458	11348	14995	16687	39247

三、主营业务收入

9个边境省区规模以上工业企业的业务收入，2014年，辽宁实现48802亿元排在第一位，接下来的是吉林、内蒙古、广西、黑龙江、云南、新疆、甘肃、西藏。

从户均收入来看：1998年，甘肃是0.38亿元、黑龙江是0.47亿元、吉林是0.41亿元、辽宁是0.49亿元、云南是0.40亿元、新疆是0.32亿元、西藏是0.04亿元、内蒙古是0.38亿元、广西是0.26亿元。最多的是辽宁，最低的是西藏，广西倒数第二。

2008年，甘肃是1.93亿元、黑龙江是2.27亿元、吉林是1.75亿元、辽宁是1.34亿元、云南是1.49亿元、新疆是2.39亿元、西藏是0.51亿元、内蒙古是2.12亿元、广西是1.05亿元。最多的是新疆，最低的是西藏，广西倒数第二。

2014年，广西是3.47亿元、内蒙古是4.43亿元、西藏是1.21亿元、宁夏是3.01亿元、新疆有3.76亿元、云南2.73亿元、甘肃是4.44亿元、黑龙江是3.114亿元、吉林是4.39亿元、辽宁是3.107亿元。最高的是甘肃，最低的是辽宁，广西倒数第四。具体见下表：

9 个边境省区规模以上工业主营业务收入　　亿元

年份	广西	内蒙古	西藏	新疆	云南	甘肃	黑龙江	吉林	辽宁
1998	878	568	12	577	999	616	1664	1136	3091
2000	988	740	14	821	1059	771	2464	1569	4312
2005	2467	3051	28	2153	2570	1985	4765	3635	10747
2008	5417	8470	45	4438	4961	3755	7925	7704	23111
2010	9236	13388	60	5493	6356	5148	9899	12647	36050
2011	12217	17542	73	6782	7622	6569	11455	16745	42845
2012	14734	18135	92	7511	8942	7787	12526	19836	48200
2013	16726	19551	93	8608	9773	8444	13570	21951	52150
2014	18917	19557	117	9321	10358	9275	13407	23313	48802

第七节　广西的工业在 12 个西部省区中户数第三，户均资产倒数第二、收入倒数第五

一、企业户数

2000 年，四川规模以上工业企业有 4394 户，比排在第二的广西多 1239 户。2010 年，以 13706 户继续排在第一的四川，比排在第二的重庆 7130 户多 6576 户，比排在第三的广西多 7123 户。

2014 年，四川的 13267 户仍然居于第一位，比排在第二的重庆 6158 户多 7109 户，比排在第三的广西多 7850 户，比排在第四的陕西 5081 户多 8186 户。

同西藏一样，2014 年的户数比 1998 年减少的还有青海，从 573 户减到 568 户。具体见下表：

12 个西部省区规模以上工业户数　　个

年份	广西	内蒙古	西藏	宁夏	新疆	云南	贵州	重庆	四川	陕西	甘肃	青海
1998	3365	1489	342	-	1820	2516	2048	2000	4980	2685	1641	573
2000	3155	1373	219	409	1455	2124	2087	2040	4394	2553	2851	445
2005	3687	2447	197	685	1445	2362	2585	2946	7959	2997	1733	404
2008	5157	3993	88	902	1859	3320	2676	6119	13725	3526	1943	515
2010	6583	4611	97	975	2465	3599	2963	7130	13706	4564	2000	555
2011	5046	4175	56	764	1738	2773	2329	4778	12085	3684	1371	386
2012	5239	4244	64	865	1959	3211	2712	4985	12719	4284	1735	423
2013	5396	4377	70	935	2102	3382	3139	5237	13163	4489	1830	465
2014	5447	4413	97	1170	2477	3797	3895	6158	13267	5081	2091	568

二、企业总资产额

2000 年，最多的是四川 4586 亿元，从多到少依次是：陕西、云南、重庆、广西、内蒙古、甘肃、新疆、贵州、青海、宁夏、西藏。

2010 年，最多的仍然是拥有 22565 亿元的四川，接下来的分别是内蒙古、陕西、云南、广西、重庆、新疆、甘肃、宁夏、青海、西藏。

2014 年，四川以 38360 亿元多于排在第二的内蒙古，接下来的分别是：陕西、云南、新疆、重庆、广西、贵州、甘肃、宁夏、青海、西藏。

从户均拥有的资产看：2000 年，广西有 0.6 亿元、内蒙古有 1.3 亿元、西藏有 0.34 亿元、宁夏有 1.23 亿元、新疆有 1.17 亿元、云南是 1.09 亿元、贵州是 0.73 亿元、重庆有 0.95 亿元、四川 1.04 亿元、陕西有 1.05 亿元、甘肃有 0.62 亿元、青海有 1.54 亿元。最多的是青海，最少的是西藏，广西倒数第二。

2010 年，重庆有 1.14 亿元、四川有 1.65 亿元、陕西有 3.21 亿元、甘肃有 3.24 亿元、青海有 5.50 亿元、广西有 1.32 亿元、内蒙古有 3.19 亿元、西藏有

3.25 亿元、宁夏有 3.38 亿元、新疆有 3.21 亿元、云南是 2.67 亿元、贵州是 2.01 亿元。最高的是青海，最低的是重庆，广西倒数第二。

2014 年，广西 2.6 亿元、内蒙古 6.3 亿元、西藏 6.9 亿元、宁夏 6 亿元、新疆 6.8 亿元、云南 4.6 亿元、贵州 3 亿元、青海 9.5 亿元、重庆有 2.54 亿元、四川是 2.89 亿元、陕西有 5.15 亿元、甘肃有 5.43 亿元。最大的是青海，最小的是重庆，广西倒数第二。具体见下表：

12 个西部省区规模以上工业总资产

亿元

年份	广西	内蒙古	西藏	宁夏	新疆	云南	贵州	重庆	四川	陕西	甘肃	青海
1998	1693	1586	54	–	1526	2078	1167	1667	3901	2158	1646	520
2000	1891	1821	75	511	1709	2310	1517	1945	4586	2683	1758	685
2005	3010	4596	112	1113	2837	3964	2734	3092	7909	5086	2778	1145
2008	5744	10089	224	2062	5653	7185	4566	5551	15590	9163	4502	2093
2010	8667	14691	315	3293	7912	9611	5960	8099	22565	14689	6487	3053
2011	10185	18406	346	4044	9305	11054	6991	9321	26114	17235	7665	3386
2012	11760	21754	507	4860	11669	13077	8302	11113	30363	20561	9146	4042
2013	13063	23142	549	5588	14238	15344	9704	13136	34729	22443	10159	4598
2014	14226	27788	669	6976	16771	17458	11747	15652	38360	26169	11348	5414

三、主营业务收入

从每户平均的业务收入看：2000 年，广西有 0.31 亿元、内蒙古有 0.54 亿元、西藏有 0.06 亿元、宁夏有 0.58 亿元、新疆有 0.56 亿元、云南 0.5 亿元、贵州 0.28 亿元、青海 0.44 亿元、重庆有 0.470 亿元、四川 0.472 亿元、陕西有 0.44 亿元、甘肃有 0.27 亿元。最多的为宁夏，最少的是西藏，广西倒数第四。

2010 年，重庆有 1.27 亿元、四川有 1.68 亿元、陕西有 2.39 亿元、甘肃有 2.57 亿元、青海有 2.75 亿元、广西有 1.40 亿元、内蒙古有 2.90 亿元、西藏有

0.62 亿元、宁夏有 1.93 亿元、新疆有 2.23 亿元、云南是 1.77 亿元、贵州是 1.33 亿元。最高的是内蒙古，最低的是西藏，广西倒数第三。

2014 年，广西是 3.47 亿元、内蒙古是 4.43 亿元、西藏是 1.21 亿元、宁夏是 3.01 亿元、新疆有 3.76 亿元、云南 2.7 亿元、贵州 2.2 亿元、青海 4 亿元、重庆 3.03 亿元、四川 2.87 亿元、陕西有 3.84 亿元、甘肃有 4.44 亿元。最少的是西藏，最多的为甘肃，广西倒数第七。

12 个西部省区规模以上工业业务收入　　亿元

年份	广西	内蒙古	西藏	宁夏	新疆	云南	贵州	重庆	四川	陕西	甘肃	青海
1998	878	568	12	–	577	999	463	781	1839	868	616	141
2000	988	740	14	238	821	1059	594	959	2073	1134	771	196
2005	2467	3051	28	647	2153	2570	1577	2515	6008	3303	1985	463
2008	5417	8470	45	1336	4438	4961	2922	5668	14293	6945	3755	1045
2010	9236	13388	60	1880	5493	6356	3926	9039	23063	10889	5148	1525
2011	12217	17542	73	2426	6782	7622	5022	11382	29888	13790	6569	1723
2012	14734	18135	92	2982	7511	8942	5967	12880	31427	16328	7787	1889
2013	16726	19551	93	3375	8608	9773	6878	15417	35252	17763	8444	2045
2014	18917	19557	117	3527	9321	10358	8656	18689	38064	19525	9275	2247

第八章　广西的进出口额和社会零售量

2014 年，中国进出口贸易额达到 43015 亿美元，占世界 379590 亿美元的 11.33%，其中出口 23423 亿美元，占世界 189350 美元的 12.37%。是美国 40326（出口 16232）亿美元的 107%、德国 27283（出口 15109）亿美元的 158%、日本 15061（出口 6838）亿美元的 286%、英国 11897（出口 5068）亿美元的 362%。广西 2014 年的进出口贸易额有 406 亿美元，其中出口 243 亿美元。进出口总额是指实际进出一个国家国境的货物总金额，反映了一个国家或地区在对外贸易方面的总规模情况。

2014 年，全国的社会消费品零售总额为 271896 亿元，广西是 5773 亿元。社会消费品零售总额是研究市场变动情况、反映经济景气程度的重要指标，是表现国内消费需求最直接的数据。

第一节　广西的进出口和零售额分别占全国的 0.73%和 2.1%

一、广西进出口额和社会消费品零售占全国的比率

1950 年，广西的进出口贸易额只有 428 万美元，而且全部是出口商品。占全国 11 亿多美元的 0.38%。

1960 年，广西的进出口额 2673 万美元，是全国的 0.7%。

1970 年，广西的进出口额 5203 万美元，是全国的 1.13%。

1973 年，广西在 1972 年 9020 万美元的基础上达到 1.5846 亿美元，进入了亿美元进出口的关口。

1980 年，广西实现 3.78 亿美元，是全国 381 亿美元的 0.99%。

2000 年，广西的 20 亿美元，比 1995 年的 32 亿美元减少了 12 亿美元。占全国 4743 亿美元的 0.43%。

2008 年，广西在 2007 年进出口仅差 7 亿美元就达 100 亿美元的情况下实现了 132 亿美元，是全国的 0.52%。

2011 年，广西跨入了 200 亿美元达到 234 亿美元，占全国的 0.64%。

2012 年，广西差 5 亿美元达到 300 亿美元，占全国的 0.76%。

2013 年，广西的 328 亿美元，是全国的 0.79%。

2014 年，广西达到 406 亿美元，其中出口 243 亿美元，分别是全国的 0.94% 和 1.04%。

2015 年，广西实现进出口贸易额 513 亿美元，其中出口额 280 亿美元。

从 65 年来广西的进出口占全国的份额看，大约为 0.73%。但有些奇怪的是——改革开放前的 30 年要比改革开放后的 35 年的占比要高一些。最高的 1970 年达 1.13%，1980 年的也有 0.99%。但从 2010 年开始，至 2014 年的比重有逐年提高之势，从 0.52%、- 0.64%、- 0.76%、- 0.79%、到 0.94%。具体见下表：

广西的进出口和社会消费品零售占全国比 亿元人民币、亿美元

年份	全国			广西		
	进出口额	其中：出口	零售额	进出口额	其中：出口	零售额
1950	11.3	5.5	–	0.0428	0.0428	3.31
1960	38.1	18.6	697	0.2673	0.2673	12.6
1970	45.9	22.6	858	0.5203	0.4853	17.7
1980	381	181.2	2140	3.78	3.66	45.7
1990	1154	621	8300	8.98	7.29	175.4
1995	2809	1488	23614	32.11	22.46	498
2000	4743	2492	39106	20.38	14.93	804
2005	14219	7620	67177	51.83	28.77	1397
2008	25633	14307	108487	132.42	73.51	2338
2010	29740	15777	156998	177	96	3312
2011	36419	18984	183919	234	125	3908
2012	38671	20487	210307	295	155	4517
2013	41590	22090	242843	328	187	5133
2014	43015	23423	271896	406	243	5773

从上表中可以看出，广西的社会消费品零售额，1950年的就有3亿多元人民币；1960年达到近13亿元，是全国1.8%；1970年为近18亿元，占全国的2.06%；1980年近46亿元，是全国的2.14%；1990年达到175亿元，是全国的2.11%；2000年有804亿元，占全国的2.06%；2005年为1397亿元，是全国的2.08%；2010年达到3312亿元，占全国的2.11%；2012年为4517亿元，是全国的2.15%；2014年达5773亿元，占全国的2.12%。2015年，实现6348亿元，占全国300931亿元的2.1%。

从占比的大体情况看，65年来广西的社会消费品零售额围绕在2.1%这个比重上下来跟着全国转。每年的占比份额比较均匀，最高的是2012年的2.15%，最低的是1960年的1.8%。

二、广西的进出口和零售额与全国的前三省份比较

从2012年到2014年，进出口贸易额排在全国的前三省份是：

2012年，广东9840亿美元、江苏5480亿美元、上海4366亿美元。广西295亿美元，仅分别是前三强的2.99%、5.38%、6.76%。

2013年，广东10916亿美元、江苏5508亿美元、上海4413亿美元。广西328亿美元，只分别是前三名的3%、5.95%、7.43%。

2014年，广东10767亿美元、江苏5638亿美元、上海4663亿美元。广西406亿美元，是前三位的3.77%、7.2%、8.7%。见下表：

广西进出口和社会消费品零售与前三强比　　亿元人民币、亿美元

年份	第一（进出口/零售额）	第二（进出口/零售额）	第三（进出口/零售额）
2012	广东9840/广东22677	江苏5480/山东19652	上海4366/江苏18331
2013	广东10916/广东25453	江苏5508/山东22294	上海4413/江苏20878
2014	广东10767/广东28471	江苏5638/山东25111	上海4663/江苏23451

从上表中，2012年至2014年排在全国前三省份的社会消费品零售额是：

2012年，广东22677亿元、山东19652亿元、江苏18331亿元。广西有4517亿元，分别是它们的20%、23%、25%。

2013年，广东25453亿元、山东22294亿元、江苏20878亿元。广西为5133亿元，分别占前三强的20%、3%、25%。

2014年，广东28471亿元、山东25111亿元、江苏23451亿元。广西是5773亿元，分别为前三名的20%、23%、25%。

3 年里，广西的社会消费品零售额，分别占排在全国的前三省份的比重变化很小，基本上维持在 20%—23%—25% 的幅度内。

第二节　广西的进出口和零售额在 5 个自治区中进出口最多、增速第三，零售第一、增速第四

一、5 个自治区进出口贸易额

（一）从总量上看，5 个自治区的进出口额最多的是广西：

1950 年，在 3 个有数据的自治区记载中，新疆的进出口额是 1400 万美元，内蒙古有 1100 万美元，广西则为 428 万美元排在第三。

1970 年，广西以 5200 万美元排在第一，宁夏 1000 万美元排第二，之后是内蒙古、西藏、新疆。

1990 年，广西以近 9 亿美元继续排在第一，接下来的是内蒙古近 5 亿美元、新疆 4 亿多美元，再下去的就是宁夏、西藏。

2000 年，新疆以 22 亿多美元排在第一，内蒙古比广西多 200 万美元居第二。

2005 年，新疆再以近 80 亿美元排第一，广西比内蒙古反超 2300 万美元排第二，第四是近 10 亿美元的宁夏，第五则是 2 亿多美元的西藏。

2010 年广西实现 177 亿美元，比排在第二的新疆多 6 亿美元。

2012 年，差 5 亿美元够 300 亿美元的广西，比仍是排第二的新疆多 43 亿美元。

2014 年，广西达到 406 亿美元，比新疆 277 亿美元、内蒙古 146 亿美元、宁夏 54 亿美元、西藏 23 亿美元都多。

（二）从增速来看，2014 年与 2010 年之比：广西 129%、内蒙古 68%、西藏 188%、宁夏 170%、新疆 62%。最高的是西藏，最低则为新疆，广西居中。见下表：

5 个自治区的进出口和社会消费品零售　　亿元人民币、亿美元

年份	广西		内蒙古		西藏		宁夏		新疆	
	进出口	零售额	进出口	零售额	进出口	零售额	进出口	零售额	进出口	零售额
1950	0.0428	3.31	0.11	3.3（1952 年）	–	–	–	0.3	0.14	2.19
1960	0.267	12.6	–	12（1962 年）	0.014	–	0.13	2.1	0.73	11.9

续表

年份	广西		内蒙古		西藏		宁夏		新疆	
	进出口	零售额	进出口	零售额	进出口	零售额	进出口	零售额	进出口	零售额
1970	0.52	17.7	0.06	17	0.019	–	0.10	2.8	0.017	13.2
1980	3.78	45.7	0.44	44.3	0.17	2.87	0.47	6.7	0.32	29.4
1990	8.98	175	4.8	131	0.30	12.9	0.85	25.3	4.10	104
1995	32.11	498	11.2	313	0.71	24.3	2.78	63	14.28	254
2000	20.38	804	20.4	609	1.30	42.5	4.43	101	22.64	375
2005	51.83	1397	51.6	1344	2.05	73.1	9.67	174	79.42	638
2008	132.4	2338	89.3	2363	7.65	129	18.8	285	222.2	1026
2010	177	3312	87	3384	8	185	20	404	171	1375
2011	234	3908	119	3992	14	219	23	478	228	1616
2012	295	4517	113	4573	34	255	22	549	252	1859
2013	328	5133	120	5114	33	293	32	611	276	2108
2014	406	5773	146	5658	23	365	54	737	277	2437

二、5 个自治区的社会消费品零售额

内蒙古与广西在总量上相差不多，但广西要比内蒙古多一点点，而广西的人口数要比内蒙古的多近一半。2005 年以前的 55 年，广西每年都比内蒙古要多一些；2008 年，内蒙古实现 2363 亿元反超了广西 25 亿元，此后连续多年广西均被内蒙古超过；至 2013 年，广西才以多于内蒙古 19 亿元的额度再居第一，并保持到 2014 年。

从 2010 年与 2014 年的增速看，广西是 74%、内蒙古 67%、西藏 97%、宁夏 82%、新疆 77%。最高的是西藏，最低的为内蒙古，广西第四。具体见上表。

第三节　广西的进出口和零售额在5个人口接近省区中进出口倒数第二、增速第一，零售量、增速均第三

一、进出口贸易额

5个人口接近省区进出口额，浙江在2005年时就已经达到1074亿美元超过了1000亿美元。辽宁到2012年也达到1041亿美元。到2014年，浙江达到3552亿美元、辽宁也达到1140亿美元，而江西、云南、广西才分别达到428亿、296亿、406亿美元。

2014年与2010年的增长率，浙江是40%、辽宁为41%、云南达121%、江西有98%、广西则是129%。最少的是辽宁，最多的是广西。见下表：

5个人口接近省区进出口和社会消费品零售额

亿元人民币、亿美元

年份	广西		浙江		辽宁		云南		江西	
	进出口	零售额	进出口	零售额	进出口	零售额	进出口	零售额	进出口	零售额
1950	0.043	3.31	–	11（1952年）	–	7.4	5万美	3.83	–	5.4
1960	0.27	12.6	–	20	1.87	41	0.43	12.8	–	15.3
1970	0.52	17.7	–	29	1.81	40	0.09	17.5	0.12	21.2
1980	3.78	45.7	2.6	75	40.5	102	1.10	38	1.09	45
1990	8.98	175	27.7	354	63.2	421	5.48	146	7.2	152
2000	20.4	804	278.3	2554	190.2	1848	18.1	583	16.3	705
2005	51.8	1397	1074	4632	410.1	2999	47.4	1034	40.6	1236
2008	132	2338	2111	7442	724.4	4918	96	1718	136	2083
2010	177	3312	2535	10245	807	6888	134	2542	216	2956
2011	234	3908	3094	12028	960	8095	160	3000	315	3485
2012	295	4517	3124	13588	1041	9347	210	3512	334	4027
2013	328	5133	3358	15226	1145	10581	253	4005	367	4576
2014	406	5773	3552	17835	1140	11857	296	4633	428	5293

二、社会消费品零售额

2013 年，浙江和辽宁就达到了 1 万亿元以上。

1980 年前的 30 年，广西与云南、江西的零售额不相上下。1950 年，云南是 3.8 亿元，比广西多 5000 万元；1960 年，云南又比广西多 2000 万元，江西比云南、广西各多 2 亿元；1980 年，广西比江西多 7000 万元、比云南多近 8 亿元。从此以后一直到 2014 年，广西每年都比这两省要多一些。

从增长率来看，2014 年与 2010 年比，浙江 74.1%、辽宁 72%、云南 82%、江西 79%、广西 74.3%，最高的是云南、最低的是辽宁。广西虽然排在第三位，但只比倒数第一的辽宁高了 2.3 个百分点。具体见上表。

第四节　广西的进出口和零售量在 6 个相邻省区中进出口、增速均第二，零售第三、增速第五

一、进出口贸易额

总量上，连续多年居于全国第一的广东没有哪个省份能与它比。2014 年，广东的进出口额 10767 亿美元虽然比 2013 年下降了 1.4%，但排在第二的江苏也只有 5638 亿美元，只是广东的 52%。第一的位置应该在相当长的时期内没有哪个省份能与广东争抢。

6 个相邻省区中，广西的进出口总量排在第二。接下来的是湖南、云南、海南、贵州。1980 年以前的 30 年，广西居于第二的位置不变；1990 年，湖南 12 亿美元、海南 9 亿多美元让广西退到第四；2000 年和 2005 年，湖南以 25 亿美元和 60 亿美元继续走在广西前面；2008 年广西以 6 亿美元之差反超了湖南之后，一直到 2014 年，始终再没有哪个省区超过在广东之后的广西。

2014 年与 2010 年的增长率，广西是 129%、云南 121%、贵州 238%、湖南 111%、广东 37%、海南 83%。最高的为贵州，最低的是广东，广西排在第二。具体见下表：

6 个相邻省区的进出口和社会消费品零售额　亿元人民币、亿美元

年份	广西		云南		贵州		湖南		广东		海南	
	进出口	零售	进出口	零售	进出口	零售	进出口	零售	进出口	零售	进出口	零售
1950	0.043	3.3	5 万美	3.83	–	1.9	–	6.45	–	14	–	–
1960	0.27	12.6	0.43	12.8	0.13	10.1	0.33	22.4	–	–	–	–

续表

年份	广西		云南		贵州		湖南		广东		海南	
	进出口	零售	进出口	零售	进出口	零售	进出口	零售	进出口	零售	进出口	零售
1970	0.52	17.7	0.09	17.5	0.02	12.8	0.33	31.4	4.8	49	–	4.7
1980	3.78	45.7	1.10	38	0.28	26.7	3.26	76.3	25.5	118	–	9.9
1990	8.98	175	5.48	146	2.18	85.9	12.1	299	419	667	9.4	37
2000	20.4	804	18.1	583	6.60	356	25.1	1384	1701	4380	12.9	172
2005	51.8	1397	47.4	1034	14.1	607	60.1	2459	4280	7883	25.9	269
2008	132.4	2338	96	1718	33.7	1015	126	4120	6835	12772	105	448
2010	177	3312	134	2542	32	1483	147	5840	7849	17458	87	639
2011	234	3908	160	3000	49	1752	189	6885	9135	20298	128	760
2012	295	4517	210	3512	66	2028	220	7922	9840	22677	143	871
2013	328	5133	253	4005	83	2366	252	9019	10916	25454	150	993
2014	406	5773	296	4633	108	2937	310	10724	10767	28471	159	1225

二、社会消费品零售额

社会消费品零售额，如进出口额一样连续多年排在全国第一的广东没有哪个省份能与之相比。2014 年，排在全国第二的山东 25111 亿元还少于广东的 3360 亿元；湖南 10724 亿元作为 6 个相邻省区中排第二的零售额，也只有广东的 38%；排在广西之后的云南 4633 亿元仅为广东的 16%。贵州、海南与广东的占比就更低了。

2014 年与 2010 年的增速，云南是 82%、贵州 98%、湖南 84%、广东 63%、海南 92%、广西 74%。最高的是贵州，最低的虽然是广东，但广东与第五的广西相比，其绝对额确实是太大了。具体见上表。

第五节 广西的进出口和零售量在9个民族省区中进出口第二、增速第四，零售第二、增速倒数第二

一、进出口贸易额

9个民族省区中，进出口总额最多的湖北2014年有430亿美元，比排在第二的广西多24亿美元、第三的云南多134亿美元。青海省最少，仅有17亿美元。

2014年与2010年的增速，青海是113%、湖北为66%，而广西是129%、内蒙古68%、西藏188%、宁夏170%、新疆62%、云南121%、贵州238%。最高的是贵州，最低的为新疆，广西第四。见下表：

9个民族省区的货物进出口额 亿美元

年份	广西	内蒙古	西藏	宁夏	新疆	云南	贵州	青海	湖北
1950	0.043	0.11	–	–	0.14	5万美元	–	–	–
1960	0.27	–	0.014	0.13	0.73	0.43	0.13	–	0.4
1970	0.52	0.06	0.019	0.10	0.017	0.09	0.02	–	0.6
1980	3.78	0.44	0.17	0.47	0.32	1.10	0.28	0.09	2.7
1990	8.98	4.84	0.30	0.85	4.10	5.48	2.18	0.70	12.1
2000	20.4	20.4	1.30	4.43	22.64	18.13	6.60	1.60	32
2005	51.8	51.6	2.05	9.67	79.42	47.38	14.04	4.13	91
2008	132.4	89.3	7.65	18.82	222.2	95.99	33.70	6.88	206
2010	177	87	8	20	171	134	32	8	259
2011	234	119	14	23	228	160	49	9	336
2012	295	113	34	22	252	210	66	12	324
2013	328	120	33	32	276	253	83	14	364
2014	406	146	23	54	277	296	108	17	430

二、社会消费品零售额

社会消费品零售额，居于9个民族省区第一的非湖北莫属：1950年，湖北就以8.4亿元比排在第二的云南多4亿多元、比排在第三的广西多5亿多元；2000年，湖北又以1789亿元，多于排在第二的广西985亿元、排在第三的内蒙古1180亿元；2010年，湖北实现7014亿元，是排第二的内蒙古3384亿元的207%、排第三的广西3312亿元的211%；2014年，湖北达到12449亿元，多出排第二的广西6716亿元、排第三的内蒙古6791亿元。

从2014年与2010年的增速看，青海为76.9%、湖北是77.5%，而云南是82%、贵州98%、广西74%、内蒙古67%、西藏97%、宁夏82%、新疆77%。最多的是贵州，最少的为内蒙古，广西倒数第二。具体见下表：

9个民族省区的社会消费品零售额　　亿元

年份	广西	内蒙古	西藏	宁夏	新疆	云南	贵州	青海	湖北
1950	3.3	3.3（1952年）	–	0.3	2.19	3.83	1.9	0.4	8.4
1960	12.6	12（1962年）	–	2.1	11.9	12.8	10.1	5.1	25
1970	17.7	17	–	2.8	13.2	17.5	12.8	4.1	35
1980	45.7	44.3	2.9	6.7	29.4	38	26.7	8.3	82
1990	175	131	12.9	25.3	104.3	146	85.9	28.7	326
2000	804	609	42.5	101	375	583	356	100.3	1789
2005	1397	1344	73.1	174	638	1034	607	161	2965
2008	2338	2363	129	285	1026	1718	1015	253	4966
2010	3312	3384	185	404	1375	2542	1483	351	7014
2011	3908	3992	219	478	1616	3000	1752	411	8275
2012	4517	4573	255	549	1859	3512	2028	476	9562
2013	5133	5114	293	611	2108	4005	2366	544	10886
2014	5773	5658	365	737	2437	4633	2937	621	12449

第六节 广西的进出口和零售额在9个边境省区中进出口第三、增速第二，零售第四、增速倒数第五

一、进出口贸易额

辽宁的进出口贸易额在9个边境省中是最多的，2014年1140亿美元是排在第二广西的281%。

从65年的整体看，黑龙江的进出口额要排在广西之前。1990年至2013年，黑龙江的每一年都多于广西。当2008年广西是132亿美元时，黑龙江就达到229亿美元了；当2011年广西有234亿美元时，黑龙江就是385亿美元了；到了2013年，黑龙江还比广西高出61亿美元。可惜，黑龙江在2014年仅大体保持着2013年的进出口量，而被广西反超出了17亿美元。

吉林则与新疆的差不多。2005年以前的年份双方有的多有的少，2005年以后新疆每年的都比吉林的多一些，2014年就多了13亿美元。

2014年与2010年的增速，甘肃是18%、黑龙江是53%、吉林为57%，而云南为121%、辽宁41%、广西129%、内蒙古68%、西藏188%、新疆62%。最低的是甘肃，最高的为西藏，广西第二。见下表：

9个边境省区的货物进出口额　　亿美元

年份	广西	内蒙古	西藏	新疆	云南	甘肃	黑龙江	吉林	辽宁
1950	0.043	0.11	–	0.14	5万美元	–	–	–	–
1960	0.27	–	0.014	0.73	0.43	–	0.7	0.21	1.87
1970	0.52	0.06	0.019	0.02	0.09	–	0.2	0.05	1.81
1980	3.78	0.44	0.17	0.32	1.10	0.39	1.3	1.11	40.5
1990	8.98	4.84	0.30	4.10	5.48	2.02	15	9.5	63.2
2000	20.4	20.4	1.30	22.6	18.13	5.70	30	25.5	190
2005	51.8	51.6	2.05	79.4	47.38	26.3	96	65.3	410
2008	132.4	89.3	7.65	222	95.99	60.9	229	133.4	724
2010	177	87	8	171	134	74	255	168	807
2011	234	119	14	228	160	87	385	221	960
2012	295	113	34	252	210	89	376	246	1041
2013	328	120	33	276	253	102	388.8	258	1145
2014	406	146	23	277	296	87	389	264	1140

二、社会消费品零售额

9 个边境省区的社会消费品零售额，2014 年超过 5000 亿元人民币的有辽宁、吉林、黑龙江、内蒙古、广西 5 个。其中，辽宁省在 2010 年就突破了 6000 亿元，广西、内蒙古、吉林都是在 2013 年才突破 5000 亿元这个点的，而黑龙江则是在 2012 年就实现了。

甘肃与新疆的零售额不相上下。65 年来两省区基本上是“不是你多就是我少、不是你少就是我多”。1990 年以前新疆的要比甘肃的多一些，之后则是甘肃的要比新疆的多一些了。

从 2014 年与 2010 年的增长率看，甘肃是 91%、黑龙江是 73.6%、吉林为 73.5%，而辽宁为 72%、云南 82%、广西 74%、内蒙古 67%、西藏 97%、宁夏 82%、新疆 77%。最高的是西藏，最低的是内蒙古，广西倒数第五。具体见下表：

9 个边境省区的社会消费品零售额　　亿元

年份	广西	内蒙古	西藏	新疆	云南	甘肃	黑龙江	吉林	辽宁
1950	3.3	3.3（1952 年）	–	2.19	3.83	1.9	11（1952 年）	3.6	7.4
1960	12.6	12（1962 年）	–	11.9	12.8	11.8	33	20	41
1970	17.7	17	–	13.2	17.5	11.6	38	23	40
1980	45.7	44.3	2.9	29.4	38	26.5	81	53	102
1990	175	131	12.9	104.3	146	96.2	310	199	421
2000	804	609	42.5	375	583	380	1094	834	1848
2005	1397	1344	73.1	638	1034	633	1760	1461	2999
2008	2338	2363	129	1026	1718	990	2839	2484	4918
2010	3312	3384	185	1375	2542	1395	4039	3504	6888
2011	3908	3992	219	1616	3000	1648	4750	4120	8095
2012	4517	4573	255	1859	3512	1907	5491	4773	9304
2013	5133	5114	293	2108	4005	2174	6251	5426	10581
2014	5773	5658	365	2437	4633	2668	7015	6081	11857

第七节　广西的进出口和零售额在12个西部省区中进出口第三、增速第五，零售第三、增速倒数第二

一、进出口额

12个西部省区的进出口额，到了1980年除了重庆没有数据之外其他省区都齐全了。

1980年，位列第二的云南1.1亿美元，比广西还少2.68亿美元；

1990年，广西比8.4亿美元的四川还多出5800万美元仍居第一；

2000年，这一年，新疆近23亿美元、四川近26亿美元、陕西21亿多美元均超过广西，内蒙古20.4亿美元与广西持平；

2005年，新疆、四川各以79亿多美元居于广西52亿美元之上，陕西实现近46亿美元；

2010年，四川以327亿美元高于广西，新疆则以171亿美元少于广西；

2011年，四川的477亿美元仍多于广西，重庆以292亿美元反超广西58亿美元；

2013年，重庆以687亿美元除继续领先广西之外，还反超四川41亿美元居于首位；

2014年，距1000亿美元差45亿美元的重庆稳居在12个省区的第一名，接下来的排序是：四川703亿美元、广西406亿美元、云南296亿美元、新疆277亿美元、陕西274亿美元、内蒙古146亿美元、贵州108亿美元、甘肃87亿美元、宁夏54亿美元、西藏23亿美元、青海17亿美元。

2014年与2010年的增速，重庆是670%、四川115%、陕西126%、甘肃18%、青海113%、云南121%、贵州238%、广西129%、内蒙古68%、西藏188%、新疆62%、宁夏170%。最高的是重庆，最低的是甘肃，广西第五。具体见下表：

12个西部省区的货物进出口额　　亿美元

年份	广西	内蒙古	西藏	宁夏	新疆	云南	贵州	重庆	四川	陕西	甘肃	青海
1950	0.043	0.11	–	–	0.14	5万美元	–	–	–	–	–	–
1960	0.27	–	0.014	0.13	0.73	0.43	0.13	–	–	–	–	–
1970	0.52	0.06	0.019	0.10	0.017	0.09	0.02	–	0.07	–	–	–

续表

年份	广西	内蒙古	西藏	宁夏	新疆	云南	贵州	重庆	四川	陕西	甘肃	青海
1980	3.78	0.44	0.17	0.47	0.32	1.10	0.28	–	0.8	0.09	0.39	0.09
1990	8.98	4.84	0.30	0.85	4.10	5.48	2.18	6.81	8.4	5.77	2.02	0.70
2000	20.4	20.4	1.30	4.43	22.64	18.13	6.60	17.9	25.5	21.41	5.70	1.60
2005	51.8	51.6	2.05	9.67	79.42	47.38	14.04	42.9	79.1	45.77	26.3	4.13
2008	132.4	89.3	7.65	18.82	222.2	95.99	33.70	95.2	220.4	83.29	60.9	6.88
2010	177	87	8	20	171	134	32	124	327	121	74	8
2011	234	119	14	23	228	160	49	292	477	147	87	9
2012	295	113	34	22	252	210	66	532	591	148	89	12
2013	328	120	33	32	276	253	83	687	646	201	102	14
2014	406	146	23	54	277	296	108	955	703	274	87	17

二、社会零售额

2014 年，社会消费品零售额超过 5000 亿元的西部省区有重庆、四川、陕西、内蒙古、广西 5 个。其中，四川达 12393 亿元，其他 4 省区则相差不大，均在“5”字头内。

甘肃、贵州、新疆 3 省区间的零售额也差不多，都在 2400 亿 –2900 亿元上下。而宁夏、青海、西藏 3 省区在 300 亿 –700 亿元上下。

1970 年，除西藏未见数据外，11 个省区中最多的零售额是四川 40 多亿元，接下来的是陕西、广西、云南、内蒙古、重庆、新疆、贵州、甘肃、青海、宁夏。

2000 年，只有四川 1 个省达到 1000 亿元以上，排在第二的广西也有 804 亿元。

2010 年，达到 3000 亿元以上的有四川、内蒙古、广西、陕西 4 个省区。

从 2014 年与 2010 年的增速来看，重庆 94%、四川 82%、陕西 85%、甘肃 91%、青海 77%、云南 82%、贵州 98%、广西 74%、内蒙古 67%、西藏 97%、宁夏 82%、新疆 77%。最大的是贵州，最小的为内蒙古，广西为倒数第二。具体见下表：

12 个西部省区的社会消费品零售额 亿元

年份	广西	内蒙古	西藏	宁夏	新疆	云南	贵州	重庆	四川	陕西	甘肃	青海
1950	3.3	3.3（1952 年）	–	0.3	2.19	3.83	1.9	5.1	14（1952 年）	3.1	1.9	0.4
1960	12.6	12（1962 年）	–	2.1	11.9	12.8	10.1	15.7	36.9	14.9	11.8	5.1
1970	17.7	17	–	2.8	13.2	17.5	12.8	16.4	40.4	20.6	11.6	4.1
1980	45.7	44.3	2.9	6.7	29.4	38	26.7	36.6	87.9	43.4	26.5	8.3
1990	175	131	12.9	25.3	104.3	146	85.9	137	349	160	96.2	28.7
2000	804	609	42.5	101	375	583	356	720	1671	726	380	100.3
2005	1397	1344	73.1	174	638	1034	607	1216	2981	1322	633	161
2008	2338	2363	129	285	1026	1718	1015	2064	4801	2256	990	253
2010	3312	3384	185	404	1375	2542	1483	2939	6810	3196	1395	351
2011	3908	3992	219	478	1616	3000	1752	3488	8045	3790	1648	411
2012	4517	4573	255	549	1859	3512	2028	4034	9269	4384	1907	476
2013	5133	5114	293	611	2108	4005	2366	4600	10561	5000	2174	544
2014	5773	5658	365	737	2437	4633	2937	5711	12393	5919	2668	621

第九章　广西的上市公司

据有关资料记载，1990 年全国境内只有 10 家上市公司，但无股票总发行股本、股票市价总值、股票成交金额等的数据。到了 1993 年，境内上市公司（A、B 股）有 183 家、境内上市外资股（B 股）41 家、境外上市公司（H 股）6 家。

股市的市场总值是衡量一个国家股票市场发达程度的重要指标。对于一家上市公司来说，它的股票市场价格乘以发行的总股数就是该公司在市场上的价值。把所有上市公司的市值加总，就可以得出整个股票市场的市价总值。据说，目前的美国、日本，英国、德国和瑞士是全球市价总值最大的 5 个股票市场。

第一节　广西的上市公司是全国户数的 1.2%，市价总值的 0.6%

1993 年，当广西终于有 1 家上市公司、并筹措到 2 亿元的社会资金时，全国已经有 183 家并筹集到资金 375 亿元了。

2000 年，当全国的上市公司发展到 1088 家、取得资金 2103 亿元时，广西也发展到了 17 家、获得了 18 亿元的资金。

2008 年，广西 25 家上市公司，但筹措的资金只有 1.3 亿多元的记载。而全国则有 1625 家上市公司，筹资额达到 3852 亿元。

2010 年到 2014 年，无法找到广西上市公司筹资额的有关数据，幸好还算查到了市价总值。

2010 年，全国的 2063 家上市公司，获得筹资额是 11971 亿元，股票市价总值为 265423 亿元。广西的上市公司有 27 家，股票市价总值为 1522 亿元，占全国市值的 0.57%。

2012 年，广西 30 家上市公司的市价总值为 1277 亿元，占全国 2494 家上市公司市值 230358 亿元的 0.55%。

2014 年，32 家广西的上市公司，其股票市价总值有 2346 亿元，而全国的 2613 家上市公司则有 372547 亿元的市值、取得的资金是 7087 亿元。广西的上市公司股票市价总值是全国的 0.63%。

从广西上市公司数量占全国的比率来看，最高的是 2000 年的 1.56%，最低则是 1993 年的 0.53%，平均为 1.23%。从户数占比的发展态势来看，广西是逐步下降的——2000 年 1.56%，2008 年 1.53%，2010 年 1.31%，2014 年跌低至

1.22%。见下表：

广西上市公司户数、筹资（市值）占全国的比率 亿元

年份	全国		广西	
	上市公司（家）	筹资额	上市公司（家）	筹资额
1990	10	–	–	–
1991	14	5	–	–
1992	53	94	–	–
1993	183	375	1	2.1
1995	323	150	2	–
2000	1088	2103	17	18.4
2005	1381	1883	22	–
2008	1625	3852	25	1.34
2010	2063	11971	27	1522
2011	2342	5814	29	1201
2012	2494	4134	30	1277
2013	2489	3869	30	1367
2014	2613	7087	32	2346

注：各省（区、市）1990年至2008年为“股票筹资额”；2010年至2012年无“股票筹资额”数据；2013－2014年，有的省有“股票筹资额”、有的省则无，而有的省有“股票市价总值”、有的省则无。全国从1990年至2014年均是“股票筹资额”。

全国股票市价总值：2008年121366亿元、2010年265423亿元、2011年214758亿元、2012年230358亿元、2013年239077亿元、2014年372547亿元（《中国统计年鉴》）。

1993年10月12日，经中国证券监督管理委员会批准，广西柳工机械股份有限公司成为全国第一批、广西及全国工程机械行业第一家向社会公开发行股票的企业。总股本为2亿股，其中国有股1.5亿股，个人股5000万股，可流通股4500万股。11月18日，“桂柳工”股份在深圳证券交易所正式挂牌交易，以开盘价18元登台亮相，筹资额2.1亿元。

到1995年，广西有2家公司上市，发行股本是3.78亿股，发行量和股票筹

资额均是0（统计资料上显示数）。

到1998年，广西有10家公司上市，发行股本是11.19亿股，发行量是1.01亿股，股票筹资额是4.5亿元。

到2004年，广西有22家公司上市，发行股本是39.3亿股，发行量是1.6亿股，股票筹资额是1414.8亿元。

到2007年，广西有25家公司上市，发行股本是50.2亿股，发行量是3.3亿股，股票筹资额是26.6亿元。

第二节　广西的上市公司在5个自治区中户数第二，户均市值第四

由于缺少内蒙古、西藏2013年、2014年的有关资料。5个自治区的上市公司，数量最多的是新疆40家、广西为32家、宁夏有12家。

5个自治区最早有上市公司的，是1993年广西的柳工。1994年内蒙古、宁夏、新疆各有1家，西藏1995年才有第一家。

到2000年时，新疆上市公司19家，比广西多2家，但筹资额比广西少10亿多元；宁夏的10家上市公司筹到资金34亿多元；内蒙古的5家上市公司也筹到资金近33亿元。

2010年，新疆37家上市公司的股票市价总值是3703亿元，内蒙古的20家有3571亿元，西藏的9家、宁夏的12家也分别有802亿元和536亿元，而广西27家公司的市值才有1522亿元。

2014年，平均每户上市公司的股票市价总值，广西为73亿元、宁夏是41亿元、新疆达113亿元。具体见下表：

5个自治区的上市公司　　户、亿元

年份	广西		内蒙古		西藏		宁夏		新疆	
	公司	市值	公司	市值	公司	市值	公司	市值	公司	市值
1990	–	–	–	–	–	–	–	–	–	–
1993	1	2.1	1（1994年）	1.9	–		1（1994年）	1.1	1（1994年）	7.7
1995	2	–	1	4.4	1	1.02	1	1.5	1	7.7
2000	17	18.4	5	32.6	1	3.9	10	34.3	19	7.9

续表

年份	广西		内蒙古		西藏		宁夏		新疆	
	公司	市值	公司	市值	公司	市值	公司	市值	公司	市值
2005	22	–	1	4.7	–	–	11	–	27	7.3
2008	25	1.34	–	57.2	–	–	11	–	32	10.2
2010	27	1522	20	3571	9	802	12	536	37	3703
2011	29	1201	22	2747	9	546	12	382	37	2234
2012	30	1277	24	2969	10	572	12	382	39	2521
2013	30	1367	–	–	–	–	12	357	39	2650
2014	32	2346	–	–	–	–	12	490	40	4503

第三节　广西的上市公司在5个人口接近省区中户数第三、户均市值最少

5个人口接近省区上市公司户数最多的是浙江266户，接下来的是辽宁72户、江西与广西均为32家、云南29家。

从筹资额数据齐全的2000年来看，广西的17家获得资金18亿多元、浙江的50家得到193亿元、辽宁的54家取得94亿元、云南的18家得到9亿元、江西的15家筹到34亿元。户均最少的是云南、其次应该是广西。

2012年，广西、浙江、辽宁、云南、江西平均每家上市公司的市值，分别是43亿、45.2亿、45.3亿、71亿、62亿元。最多的是云南，最少的是广西。

2014年，除了广西、云南外，浙江、辽宁、江西平均每家上市公司筹措到的资金分别是：14亿、1.63亿、2.03亿元。见下表：

5 个人口量接近省区的上市公司　　户、亿元

年份	广西		浙江		辽宁		云南		江西	
	公司	市值	公司	市值	公司	市值	公司	市值	公司	市值
1990	–	–	–	–	–	–	–	–	–	–
1993	1	2.1	6	18.4	8	6.8	3	4.7	1	3.4
1995	2	–	12	31.4	10	7.0	4	0.8	1	3.3
2000	17	18.4	50	193	54	94	18	9	15	34
2005	22	–	88	374	51	–	22	–	24	–
2008	25	1.34	131	797	55	147	27	60.2	27	–
2010	27	1522	186	13815	61	4501	28	2792	30	3670
2011	29	1201	226	10484	66	3300	28	1854	31	2332
2012	30	1277	246	11126	70	3174	28	1988	33	2058
2013	30	1367	246	3031	68	790	28	2066	33	57
2014	32	2346	266	3706	72	117	29	3097	32	65

注：2013 年至 2014 年：江西、浙江、辽宁的是“筹资”；广西、云南的是“市值”。

第四节　广西的上市公司在 6 个相邻省区中户数第三、户均市值最少

6 个相邻省区上市公司数量，最多的肯定是广东的 390 家，第二的是湖南 93 家，云南、海南、贵州各有 28 家、27 家和 21 家。广西虽然排在第三，但仅是广东的 8.2%。

2010 年，广东 294 户上市公司市值为 32553 亿元、户均 111 亿元，海南 22 户市值 1507 亿元、户均 69 亿元，湖南 63 户 4965 亿元、户均 79 亿元，贵州 19 户 3076 亿元、户均 162 亿元，云南 28 户 2792 亿元、户均 100 亿元，广西 27 户 1522 亿元、户均 56 亿元。户均市值广西的最少。

2014 年，由于无法查到湖南的上市公司的股价市值。广西、云南、贵州、广东、海南的上市公司市值，户均分别是 73 亿、107 亿、191 亿、132 亿、102 亿元。广西的最少。见下表：

6 个相邻省区的上市公司

户、亿元

年份	广西		云南		贵州		湖南		广东		海南	
	公司	市值	公司	市值	公司	市值	公司	市值	公司	市值	公司	市值
1990	–	–	–	–	–	–	–	–	–	–	–	–
1993	1	2.1	3	4.7	–	–	2	3.3	–	–	5	16
1995	2	–	4	0.8	–	–	2	4.3	–	–	10	2.9
2000	17	18.4	18	9	10	36	32	175	–	–	23	7.1
2005	22	–	22	–	17	91	45	–	–	–	20	–
2008	25	1.34	27	60.2	17	115	49	64	–	–	20	2.7
2010	27	1522	28	2792	19	3076	63	4965	294	32553	22	1507
2011	29	1201	28	1854	20	2911	71	4188	339	23831	25	1228
2012	30	1277	28	1988	21	3209	73	4184	369	27743	26	1445
2013	30	1367	28	2066	21	2387	87	1420	366	32200	26	1795
2014	32	2346	29	3097	21	4002	93	1856	390	51500	27	2758

注：2013 年至 2014 年，湖南的是“筹资”。

第五节　广西的上市公司在 9 个民族省区中户数第三、户均市值倒数第二

一、上市公司户数

至 2012 年，9 个民族省区中，湖北的 84 户排在第一。第二的是新疆的 39 户，云南有 28 户排在广西之后。

新疆在 1995 年还比广西少 1 户，到了 2000 年发展到 19 户反超广西 2 户，2010 年又以 37 户净多广西 10 户。

由于内蒙古、西藏、青海、湖北2014年度的资料欠缺，9个民族省区中的广西、宁夏、新疆、云南、贵州的上市公司户数，分别是32户、12户、40户、29户、21户。见下表：

9个民族省区上市公司的户数 户

年份	广西	内蒙古	西藏	宁夏	新疆	云南	贵州	青海	湖北
1990	–	–	–	–	–	–	–	–	–
1993	1	1（1994年）	–	1（1994年）	1（1994年）	3	–	–	–
1995	2	1	1	1	1	4	–	–	–
2000	17	5	1	10	19	18	10	–	–
2005	22	1	–	11	27	22	17	–	–
2008	25	–	–	11	32	27	17	–	–
2010	27	20	9	12	37	28	19	10	73
2011	29	22	9	12	37	28	20	10	82
2012	30	24	10	12	39	28	21	10	84
2013	30	–	–	12	39	28	21	–	–
2014	32	–	–	12	40	29	21	–	–

二、上市公司的市价

9个民族省区每户上市公司的平均股票市价总值为：

2010年，广西56亿元、内蒙古179亿元、西藏89亿元、宁夏45亿元、新疆100亿元、云南100亿元、贵州162亿元、青海208亿元、湖北70亿元。最多的是青海，最少的为宁夏，广西倒数第二。

2012年，广西、内蒙古、西藏、宁夏、新疆、云南、贵州、青海、湖北平均每户上市公司的市值，分别是43亿、124亿、57亿、32亿、65亿、71亿、153亿、99亿、49亿元。最多的是贵州，最少的为宁夏，广西倒数第二。见下表：

9 个民族省区上市公司的市价值　　亿元

年份	广西	内蒙古	西藏	宁夏	新疆	云南	贵州	青海	湖北
1990	–	–	–	–	–	–	–	–	–
1993	2. 1	1. 9	–	1. 1	7. 7	4. 7	–	–	–
1995	–	4. 4	1. 02	1. 5	7. 7	0. 8	–	–	–
2000	18. 4	32. 6	3. 9	34. 3	7. 9	9	36	–	–
2005	–	4. 7	–	–	7. 3	–	91	–	–
2008	1. 34	57. 2	–	–	10. 2	60. 2	115	–	–
2010	1522	3571	802	536	3703	2792	3076	2082	5124
2011	1201	2747	546	382	2234	1854	2911	1088	3817
2012	1277	2969	572	382	2521	1988	3209	991	4077
2013	1367	–	–	357	2650	2066	2387	–	–
2014	2346	–	–	490	4503	3097	4002	–	–

第六节　广西的上市公司在 9 个边境省区中户数第三、户均市值倒数第一

一、上市公司户数

9 个边境省区上市公司，辽宁的 72 户是最多的，吉林和新疆各为 40 户排在第二，黑龙江和广西各是 32 户同排第三。

2000 年，当辽宁是 54 户时，黑龙江有 31 户，广西只有 17 户，甘肃有了 4 户。

2012 年，当辽宁有 70 户时，广西的 30 户比黑龙江还少了 1 户，甘肃则发展到了 24 户。见下表：

9 个边境省区上市公司的户数

户

年份	广西	内蒙古	西藏	新疆	云南	甘肃	黑龙江	吉林	辽宁
1990	–	–	–	–	–	–	–	–	–
1993	1	1（1994 年）	–	1（1994 年）	3	1	3	5	8
1995	2	1	1	1	4	–	5	1	10
2000	17	5	1	19	18	4	31	3	54
2005	22	1	–	27	22	–	31	–	51
2008	25	–	–	32	27	1	26	34	55
2010	27	20	9	37	28	22	30	35	61
2011	29	22	9	37	28	24	30	37	66
2012	30	24	10	39	28	24	31	38	70
2013	30	–	–	39	28	25	31	39	68
2014	32	–	–	40	29	26	32	40	72

二、上市公司的市价

9 个边境省区每户上市公司的平均股票市价总值为：2010 年，广西、内蒙古、西藏、新疆、云南、甘肃、黑龙江、吉林、辽宁，分别是 56 亿、179 亿、89 亿、100 亿、100 亿、59 亿、71 亿、65 亿、74 亿元。最多的是内蒙古、最少的为广西。

2012 年，广西有 43 亿元、内蒙古达 124 亿元、西藏为 57 亿元、新疆是 65 亿元、云南为 71 亿元、甘肃有 51 亿元、黑龙江为 51 亿元、吉林是 56 亿元、辽宁有 45 亿元。最多的是内蒙古，最少的为广西。见下表：

9个边境省区上市公司的市价（或筹资额）　　亿元

年份	广西	内蒙古	西藏	新疆	云南	甘肃	黑龙江	吉林	辽宁
1990	–	–	–	–	–	–	–	–	–
1993	2.1	1.9	–	7.7	4.7	1.4	5.6	4.0	6.8
1995	–	4.4	1.02	7.7	0.8	–	–	0.36	7.0
2000	18.4	32.6	3.9	7.9	9	31.1	36.8	4.8	94
2005	–	4.7	–	7.3	–	–	–	–	–
2008	1.34	57.2	–	10.2	60.2	16.2	–	241	147
2010	1522	3571	802	3703	2792	1303	2122	2291	4501
2011	1201	2747	546	2234	1854	1045	1390	2314	3300
2012	1277	2969	572	2521	1988	1215	1593	2114	3174
2013	1367	–	–	2650	2066	8463	1942	–	790
2014	2346	–	–	4503	3097	2698	3210	–	117

注：2013－2014年，辽宁的是“筹资额”。

第七节　广西的上市公司在12个西部省区中户数第四、户均市值倒数第二

一、上市公司户数

12个西部省区，上市公司最多的，应该属于四川。同是40家的重庆和新疆排在第二，陕西排在第三，广西排在第四。

当1995年广西有2家时，四川已是20家。

当2000年广西发展到17家时，四川已有51家。

当2010年广西达到27家时，四川已为83家、陕西有36家、重庆也有34家。

当2013年广西有30家时，四川已达103家。见下表：

12 个西部省区上市公司的户数

户

年份	广西	内蒙古	西藏	宁夏	新疆	云南	贵州	青海	重庆	四川	陕西	甘肃
1990	–	–	–	–	–	–	–	–	–	–	–	–
1993	1	1（1994 年）	–	1（1994 年）	1（1994 年）	3	–	–	3	9	1	1
1995	2	1	1	1	1	4	–	–	7	20	5	–
2000	17	5	1	10	19	18	10	–	25	51	22	4
2005	22	1	–	11	27	22	17	–	29	63	25	–
2008	25	–	–	11	32	27	17	–	31	67	29	1
2010	27	20	9	12	37	28	19	10	34	83	36	22
2011	29	22	9	12	37	28	20	10	36	88	38	24
2012	30	24	10	12	39	28	21	10	37	90	39	24
2013	30	–	–	12	39	28	21	–	37	103	–	25
2014	32	–	–	12	40	29	21	–	40	–	–	26

二、上市公司的市价

12 个西部省区每户上市公司的平均股票市价总值为：2010 年，广西为 56 亿元、内蒙古达 179 亿元、西藏有 89 亿元、宁夏是 45 亿元、新疆有 100 亿元、云南有 100 亿元、贵州是 162 亿元、青海达 208 亿元、重庆为 78 亿元、四川为 90 亿元、陕西是 35 亿元、甘肃有 59 亿元。最多的是青海，最少的为陕西，广西倒数第三。

2012 年，广西、内蒙古、西藏、宁夏、新疆、云南、贵州、青海、重庆、四川、陕西，平均每户上市公司的市值分别是：43 亿、124 亿、57 亿、32 亿、65 亿、71 亿、153 亿、99 亿、59 亿、66 亿、54 亿、51 亿元。最多的是贵州、最少的为宁夏，广西倒数第二。见下表：

12 个西部省区上市公司的市价（或筹资额）

亿元

年份	广西	内蒙古	西藏	宁夏	新疆	云南	贵州	青海	重庆	四川	陕西	甘肃
1990	–	–	–	–	–	–	–	–	–	–	–	–
1993	2.1	1.9	–	1.1	7.7	4.7	–	–	2.1	15	0.9	1.4
1995	–	4.4	1.02	1.5	7.7	0.8	–	–	1.1	9.1	8.2	–
2000	18.4	32.6	3.9	34.3	7.9	9	36	–	22.6	26.3	87	31.1
2005	–	4.7	–	–	7.3	–	91	–	–	20	–	–
2008	1.34	57.2	–	–	10.2	60.2	115	–	12.7	143	–	16.2
2010	1522	3571	802	536	3703	2792	3076	2082	2645	7493	1258	1303
2011	1201	2747	546	382	2234	1854	2911	1088	2028	5912	1885	1045
2012	1277	2969	572	382	2521	1988	3209	991	2186	5929	2121	1215
2013	1367	–	–	357	2650	2066	2387	–	2806	–	–	8463
2014	2346	–	–	490	4503	3097	4002	–	4456	–	–	2698

第十章　广西的存贷款余额

第一节　广西的存贷款余额占全国的 1.8%以下，增速、存贷比略高于均数

65 年来广西的各项存贷款余额有个显著的特点，就是从 1954 年的 1.64 亿元与 3.06 亿元起，到 1991 年的 351.85 亿元与 389.76 亿元止的这 38 年里，每一年的贷款余额均高于存款余额。其中，1955 年、1965 年、1975 年、1985 年、1990 年的存贷款余额分别是：1.39 亿和 4.84 亿、7.94 亿和 14.63 亿、16.00 亿和 35.65 亿、95 亿和 118 亿、271 亿和 326 亿元。另外，从 1950 年的 0.30 亿元与 0.017 亿元，到 1953 年的 1.1 亿元与 0.91 亿元；从 1992 年的 502 亿元与 499 亿元，到 2014 年的 20298 亿元与 16070 亿元的这两段或这些时间里，广西的贷款余额均小于存款余额。其中：1952 年和 1998 年、2002 年、2008 年、2012 年的存贷款余额分别是：0.97 亿和 0.26 亿、1792 亿和 1516 亿、2784 亿和 1941 亿、7024 亿和 5067 亿、15967 亿和 12356 亿元。

从存款余额占全国的比率来看，65 年来没有哪一年是达到 2% 的，平均只有 1.56%。最高的是 1990 年的 1.94%，最低的是 1950 年的 0.33%。

从贷款余额占全国的比率来看，超过 2% 的只有 1970 年和 1980 年，平均是 1.79%（不包括 1950 年的，因为全国该年份的贷款数未见）。

从 2014 年与 2010 年的增速看，全国存贷款的增速是 60%、70%，广西的增速为 72%、79%。广西的存款增速比全国高 12 个百分点，贷款增速比全国高 9 个百分点。

从存贷比来看，2000 年，全国是 80%、广西是 71%；2005 年，全国是 68%、广西是 72%；2010 年全国是 69%、广西是 76%；2012 年，全国是 71%、广西是 77%；2014 年，全国是 74%、广西是 79%。广西基本上高过全国一些。具体见下表：

广西各项存贷款余额占全国比

亿元、%

年份	全国		广西	
	存款	贷款	存款/占比	贷款/占比
1949	–	–	–	–
1950	93. 3	108（1952 年）	0. 3036/0. 33	0. 017/0. 2
1960	469	984	7. 41/1. 58	16. 99/1. 73
1970	702	1048	10. 84/1. 54	23. 57/2. 25
1980	1690	2478	29. 64/1. 75	55. 05/2. 22
1990	13943	17511	271. 17/1. 94	326. 3/1. 86
2000	123804	99371	2269. 1/1. 83	1613. 3/1. 62
2005	287170	194690	4202. 8/1. 46	3056. 9/1. 06
2008	466203	303395	7024. 1/1. 51	5066. 7/1. 67
2010	733382	509226	11814/1. 61	8980/1. 76
2011	862701	581893	13528/1. 57	10646/1. 83
2012	942916	672875	15967/1. 69	12356/1. 84
2013	1070588	766327	18400/1. 72	14081/1. 84
2014	1173735	867868	20298/1. 73	16070/1. 85

第二节　广西的存贷款余额在 5 个自治区中总量皆第一，增速存第二、贷倒数第一，存贷比第三

存款余额在 5 个自治区中，1950 年最多的是广西、最少的是宁夏（西藏的数

据未见）；1970 年最多的是新疆，广西居第二；从 1990 年开始到 2014 年，最多的是广西。

贷款余额在 5 个自治区中，1950 年最多的是内蒙古 800 万元、最少的是广西 170 万元（未见西藏、宁夏的数据）；1970 年，广西比排在第二的内蒙古多出 2700 万元，从此以后一直到 2014 年，广西的贷款余额均是第一位。

2014 年与 2010 年存贷款的增速，广西是 72%、79%，内蒙古 58%、89%，西藏 138%、436%，宁夏 63%、90%，新疆 69%、124%。最高的是西藏、广西第二；贷款增速最高的是西藏、广西倒数第一。

存贷比：1990 年，广西 120%、内蒙古 160%、西藏 86%、宁夏 131%、新疆 105%，最高的内蒙古，广西排第三；2000 年，广西 71%、内蒙古 106%、西藏 56%、宁夏 97%、新疆 75%，最高的内蒙古，广西排第四；2005 年，广西 73%、内蒙古 79%、西藏 39%、宁夏 85%、新疆 66%，最高的宁夏，广西排第三；2010 年，广西 76%、内蒙古 77%、西藏 23%、宁夏 94%、新疆 59%，最高的宁夏，广西排第三；2012 年，广西 77%、内蒙古 83%、西藏 32%、宁夏 96%、新疆 67%，最高的宁夏，广西排第三；2014 年，广西 79%、内蒙古 92%、西藏 52%、宁夏 109%、新疆 78%，最高的宁夏，广西排第三。具体见下表：

5 个自治区的各项存贷款余额　　亿元

年份	广西		内蒙古		西藏		宁夏		新疆	
	存款	贷款	存款	贷款	存款	贷款	存款	贷款	存款	贷款
1949	–	–	–	–	–	–	–	–	59 万	2 万
1950	0. 304	0. 017	0. 15	0. 08	–	–	0. 07	0. 03（1951 年）	0. 22	0. 026
1960	7. 41	16. 99	8. 32	17. 71	1. 02	0. 14	–	–	6. 89	15. 5
1970	10. 84	23. 57	9. 89	23. 30	4. 12	1. 52	2. 33	4. 04	17. 25	14. 35
1980	29. 64	55. 05	23. 12	49. 29	8. 72	2. 32	7. 02	8. 62	38. 56	24. 73
1990	271. 2	326. 3	169. 8	272. 9	21. 26	17. 72	55. 48	71. 93	221. 8	233. 7
2000	2269	1613	1270	1341	145	81	396. 49	383. 23	1863	1403
2005	4203	3057	3296	2589	455	179	985. 34	833. 88	3427	2272

续表

年份	广西		内蒙古		西藏		宁夏		新疆	
	存款	贷款	存款	贷款	存款	贷款	存款	贷款	存款	贷款
2008	7024	5067	6341	4528	828	219	1591	1403	5399	2827
2010	11814	8980	10279	7920	1297	302	2587	2420	8899	5211
2011	13528	10646	12064	9728	1663	409	2978	2907	10443	6603
2012	15967	12356	13673	11393	2054	664	3507	3372	12424	8386
2013	18400	14081	15205	12944	2500	1076	3881	3947	14088	9840
2014	20298	16070	16217	14947	3089	1619	4228	4608	15055	11671

第三节　广西的存贷款余额在5个人口接近省区中总量存倒数第一、贷倒数第二，增速第二，存贷比第三

从规模上看，5个人口接近省区的存贷款余额，从多到少的排序应该是：存款——浙江、辽宁、云南、江西、广西，贷款——浙江、辽宁、云南、广西、江西。其实，广西与江西的存贷款余额都差不多。浙江2014年的存贷款余额79242亿元、71361亿元，分别是广西的390%和444%。

从2014年与2010年的增速看，浙江45%、52%，辽宁50%、68%，江西81%、97%，广西是72%、79%，云南66%、68%。最高的是江西，最低为浙江，广西均居第二。

从存贷比看，1980年，浙江121%、辽宁201%、江西165%、云南85%、广西186%，最高的是辽宁、广西排第二；2000年，浙江74%、辽宁88.36%、江西88.45%、广西71%、云南81%，最高的是江西、广西倒数第一；2010年，浙江86%、辽宁70%、江西66%、广西76%、云南79%，最高的是浙江、广西排第三；2014年，浙江90%、辽宁78.53%、江西72%、广西79.17%、云南80%，最高是浙江，广西排第三。见下表：

5 个人口接近省区的各项存贷款余额

亿元

年份	广西		浙江		辽宁		云南		江西	
	存款	贷款	存款	贷款	存款	贷款	存款	贷款	存款	贷款
1949	–	–	0.05	–	0.4	–	–	–	0.03	–
1950	0.304	0.017	0.3	0.02	2.7	–	0.4	0.02	0.3	0.02
1960	7.41	16.99	6.9	23.8	18.3	93.5	11	21	7.1	17.6
1970	10.84	23.57	16.2	30.2	32.2	72.5	17.7	21.2	11.5	23.2
1980	29.64	55.05	60.7	73.3	86.5	173.5	40	34	31.6	52.1
1990	271.2	326.3	606	618	826	1138	292	275	217	339
2000	2269	1613	7300	5424	5880	5196	2466	1988	1967	1740
2008	7024	5067	34763	28922	18223	11795	8419	6594	7207	4545
2010	11814	8980	54482	46939	28057	19622	13479	10706	11908	7843
2011	13528	10646	60893	53239	30832	22831	15429	12347	14322	9302
2012	15967	12356	66679	59509	35303	26306	18061	14169	16839	11080
2013	18400	14081	73732	65339	39418	38667	20691	15782	19582	13111
2014	20298	16070	79242	71361	42053	33023	22338	17978	21537	15466

第四节　广西的存贷款余额在 6 个相邻省区总量均排第四，增速存第三、贷第四，存贷比排第四

未见广东 1950 年到 1979 年的存贷款数据。1980 年广东的存款余额仅是 89 亿元，是广西 30 亿元的 297%、云南 40 亿元的 223 %、贵州 24 亿元的 371%、湖南 58 亿元的 153%、海南 6 亿元的 1483%。35 年后的 2014 年，广东的存款余额达到

127881亿元，是同期广西的630%、云南的572%、贵州的838%、湖南的423%、海南的1990%。

存款如此，贷款也不例外。1980年广东的贷款余额仅是156亿元，是广西55亿元的284%、云南34亿元的459 %、贵州25亿元的624%、湖南87亿元的179%、海南7亿元的2108%。35年后的2014年，广东的贷款余额达到84921亿元，是同期广西的528%、云南的472%、贵州的687%、湖南的409%、海南的1575%。

从存贷款的规模来看，从大到小的排序应该是广东、湖南、云南、广西、贵州、海南。

从2014年与2010年存贷款的增速来看，广西是72%、79%，云南66%、68%，贵州107%、114%，湖南82%、80%，广东25%、28%，海南52%、115%。存款增速最高的是贵州，最低的为广东，广西第三；贷款增速最高的是海南，最低的是广东，广西第四。

从存贷比来看，1980年，广西是186%、云南85%、贵州104%、湖南150%、广东175%、海南121%，最高的是广西；2000年，广西是71%、云南81%、贵州96%、湖南84%、广东69%、海南70%，最高的是贵州，广西排第四；2010年，广西是76%、云南79%、贵州78%、湖南69%、广东65%、海南60%，最高的是云南，广西排第三；2014年，广西是79%、云南80%、贵州81%、湖南69%、广东66%、海南84%，最高的是海南，广西排第四。具体见下表：

6个邻省区的各项存贷款余额 亿元

年份	广西		云南		贵州		湖南		广东		海南	
	存款	贷款	存款	贷款	存款	贷款	存款	贷款	存款	贷款	存款	贷款
1949	–	–	–	–	–	–	–	–	–	–	–	–
1950	0.304	0.017	0.4	0.02	0.2	–	0.4	0.05	–	–	0.1（1951年）	0.02
1960	7.41	16.99	11	21	5.3	15.8	13.4	31	–	–	1.4	2.5
1970	10.84	23.57	17.7	21.2	9.8	17	26.2	35.9	–	–	3.2	3.3
1980	29.64	55.05	40	34	24.4	25	58	87.3	89	156	6.1	7.4
1990	271.2	326.3	292	275	144	61	370	519	1141	1267	87.4	120

续表

年份	广西		云南		贵州		湖南		广东		海南	
	存款	贷款	存款	贷款	存款	贷款	存款	贷款	存款	贷款	存款	贷款
2000	2269	1613	2466	1988	1107	1065	2875	2403	16908	11717	889	622
2008	7024	5067	8419	6594	4737	3569	10895	6989	53591	30224	2305	1220
2010	11814	8980	13479	10706	7388	5772	16643	11522	101927	66298	4217	2510
2011	13528	10646	15429	12347	8771	6876	19444	13463	117045	77864	4505	3191
2012	15967	12356	18061	14169	10568	8350	23148	15649	105099	67077	5110	3890
2013	18400	14081	20691	15782	13265	10104	26876	18141	119685	75664	5952	4630
2014	20298	16070	22338	17978	15263	12368	30255	20783	127881	84921	6427	5391

第五节　广西的存贷款余额在 9 个民族省区中总量均第三，增速存第四、贷倒数第三，存贷比倒数第四

一、9 个民族省区的各项存款余额

从总量上看，最多的应该是湖北，接下来的是云南、广西、内蒙古、新疆、贵州、青海、宁夏、西藏。其实，新疆与贵州的都差不多。湖北 2014 年的存款余额 36494 亿元，是广西的 180%。

从增速看，2014 年与 2010 年，青海是 95%、湖北为 68%，而云南是 66%、贵州 107%、广西 72%、内蒙古 58%、西藏 138%、宁夏 63%、新疆 69%。最高的是西藏，最低的是内蒙古，广西居第四。见下表：

9 个民族省区的各项存款余额 亿元

年度	广西	内蒙古	西藏	宁夏	新疆	云南	贵州	青海	湖北
1949	–	–	–	–	59 万	–	–	–	–
1950	0. 304	0. 15	–	0. 07	0. 22	0. 4	0. 2	0. 05	–
1960	7. 41	8. 32	1. 02	–	6. 89	11	5. 3	4. 9	11
1970	10. 84	9. 89	4. 12	2. 33	17. 25	17. 7	9. 8	5. 7	26
1980	29. 64	23. 12	8. 72	7. 02	38. 56	40	24. 4	13. 6	72
1990	271. 2	169. 8	21. 26	55. 48	221. 8	292	144	56	407
2000	2269	1270	145	396. 49	1863	2466	1107	280	3572
2008	7024	6341	828	1591	5399	8419	4737	1384	13576
2010	11814	10279	1297	2587	8899	13479	7388	2327	21717
2011	13528	12064	1663	2978	10443	15429	8771	2835	24091
2012	15967	13673	2054	3507	12424	18061	10568	3528	28188
2013	18400	15205	2500	3881	14088	20691	13265	4102	32903
2014	20298	16218	3089	4228	15055	22338	15263	4529	36494

二、9 个民族省区各项贷款余额

从总量上看，贷款余额最多的是湖北，接下来是云南、广西、内蒙古、贵州、新疆、宁夏、青海、西藏。湖北 2014 年的贷款余额 25289 亿元，是广西的 157%。

从增速看，2014 年与 2010 年比，云南是 68%、贵州 114%、广西 79%、内蒙古 89%、西藏 436%、宁夏 90%、新疆 124%，而青海是 129%、湖北是 73%。最高的是西藏，最低的为云南，广西倒数第三。

从存贷比看，1980 年，青海 57%、湖北 167%、广西 186%、内蒙古 213%、西藏 27%、宁夏 123%、新疆 64%、云南 85%、贵州 104%，最高的是内蒙古，最低的为西藏，广西居第二；2000 年，青海 125%、湖北 98%、广西 71%、内蒙古 106%、西藏 56%、宁夏 97%、新疆 75%、云南 81%、贵州 96%，最高的是青海，最低的为西藏，广西倒数第二；2010 年，青海 78%、湖北 67%、广西 76%、内蒙古 77%、西藏 23%、宁夏 94%、新疆 59%、云南 79%、贵州 78%，最高的是宁夏，最低的为西藏，广西倒数第四；2014 年，青海 92%、湖北 69%、广西 79%、内蒙古 92%、西藏 52%、宁夏 109%、新疆 78%、云南 80%、贵州 81%，最高的是宁夏，最低的为西藏，广西倒数第四。具体见下表：

9 个民族省区的各项贷款余额　　亿元

年度	广西	内蒙古	西藏	宁夏	新疆	云南	贵州	青海	湖北
1949	–	–	–	–	2 万	–	–	–	–
1950	0.017	0.08	–	0.03（1951 年）	0.026	0.02	–	–	–
1960	16.99	17.71	0.14	–	15.5	21	15.8	6.3	44
1970	23.57	23.30	1.52	4.04	14.35	21.2	17	4.4	55
1980	55.05	49.29	2.32	8.6	24.73	34	25	7.7	120
1990	326.3	272.9	17.72	71.9	233.7	275	61	72	733
2000	1613	1341	81	383	1403	1988	1065	349	3494
2008	5067	4528	219	1403	2827	6594	3569	1026	8466
2010	8980	7920	302	2420	5211	10706	5772	1824	14589
2011	10646	9728	409	2907	6603	12347	6876	2239	16332
2012	12356	11393	664	3372	8386	14169	8350	2792	18941
2013	14081	12944	1076	3947	9840	15782	10104	3398	21903
2014	16070	14947	1619	4608	11671	17978	12368	4171	25289

第六节　广西的存贷款余额在9个边境省区中总量均第三，增速存第四、贷倒数第四，存贷比第四

一、9个边境省区各项存款余额

从总量来看，9个边境省区的存款余额，从多到少的排序是：辽宁、云南、广西、黑龙江、内蒙古、吉林、新疆、甘肃、西藏。2014年，辽宁省的存款余额42053亿元，是广西的207%。

从增速来看，2014年与2010年之比，甘肃是95%、黑龙江49%、吉林70%、辽宁50%，云南是66%、贵州107%、广西72%、内蒙古58%、西藏138%、新疆69%。最高的是西藏，最低的为黑龙江，广西居第四。见下表：

9个边境省区的各项存款余额　　亿元

年度	广西	内蒙古	西藏	新疆	云南	甘肃	黑龙江	吉林	辽宁
1949	-	-	-	59万	-	-	-	0.3	0.4
1950	0.304	0.15	-	0.22	0.4	0.6	-	0.4	2.7
1960	7.41	8.32	1.02	6.89	11	14	16	7.5	18.3
1970	10.84	9.89	4.12	17.25	17.7	12.8	57	21.2	32.2
1980	29.64	23.12	8.72	38.56	40	39	99	31	86.5
1990	271.2	169.8	21.26	221.8	292	190	414	252	826
2000	2269	1270	145	1863	2466	1403	3333	2237	5880
2008	7024	6341	828	5399	8419	4729	8994	6362	18223
2010	11814	10279	1297	8899	13479	7147	12924	9703	28057
2011	13528	12064	1663	10443	15429	8461	14416	10962	30832
2012	15967	13673	2054	12424	18061	10130	16541	12812	35303
2013	18400	15205	2500	14088	20691	12070	18131	14885	39418
2014	20298	16218	3089	15055	22338	13957	19254	16526	42053

二、9个边境省区的各项贷款余额

从总量来看，9个边境省区的贷款余额，从大到小的排序是：辽宁、云南、广西、内蒙古、黑龙江、吉林、新疆、甘肃、西藏。2014年，辽宁省的贷款余额33023亿元，是广西的205%。

从增速来看，2014年与2010年之比，甘肃是142%、黑龙江81%、吉林74%、辽宁68.30%、云南67.9%、广西79%、内蒙古89%、西藏436%、新疆124%。最高的是西藏，最低的是云南，广西倒数第四。

从存贷比来看，1980年，甘肃87%、黑龙江124%、吉林245%、辽宁201%、广西186%、内蒙古213%、西藏27%、新疆64%、云南85%、贵州104%，最高的是吉林，最低的为西藏，广西居第四；2000年，甘肃83%、黑龙江94%、吉林119%、辽宁88%、广西71%、内蒙古106%、西藏56%、新疆75%、云南81%、贵州96%，最高的是吉林，最低的为西藏，广西倒数第二；2010年，甘肃64%、黑龙江57%、吉林75%、辽宁70%、广西76%、内蒙古77%、西藏23%、新疆59%、云南79%、贵州78%，最高的是云南，最低的为西藏，广西第四；2014年，甘肃79.35%、黑龙江70%、吉林77%、辽宁78.53%、广西79.17%、内蒙古92%、西藏52%、新疆78%、云南80%、贵州81%，最高的是内蒙古，最低的为西藏，广西第五。见下表：

9个边境省区的各项贷款余额

亿元

年度	广西	内蒙古	西藏	新疆	云南	甘肃	黑龙江	吉林	辽宁
1949	–	–	–	2万	–	–	–	0.2	–
1950	0.017	0.08	–	0.026	0.02	0.03	–	1	–
1960	16.99	17.7	0.14	15.5	21	16.5	57	2.6	93.5
1970	23.57	23.3	1.52	14.35	21.2	17.9	52	33.4	72.5
1980	55.05	49.3	2.32	24.73	34	34	123	76	173.5
1990	326.3	273	17.72	233.7	275	227	698	507	1138
2000	1613	1341	81	1403	1988	1171	3145	2651	5196
2008	5067	4528	219	2827	6594	2732	4533	4836	11795
2010	8980	7920	302	5211	10706	4577	7390	7280	19622
2011	10646	9728	409	6603	12347	5736	8761	8241	22831
2012	12356	11393	664	8386	14169	7196	10270	9270	26306
2013	14081	12944	1076	9840	15782	8822	11359	10805	29722
2014	16070	14947	1619	11671	17978	11075	13391	12695	33023

第七节　广西的存贷款余额在12个西部省区中总量均排第五、存贷比倒数第五

一、12个西部省区各项存款余额情况

（一）从规模上看，西部12个省区65年来的各项存款余额是：1950年，除了西藏和重庆的数据欠缺之外，10个省区，最多的是四川2亿元、第二是甘肃6000万元、第三是陕西的5000万元、第四是云南的4000万元、第五是广西的3000万元、第六是新疆的2200万元、第七是贵州的2000万元、第八是内蒙古的1500万元、第九是宁夏的700万元、第十是青海的500万元。

1970年，最多的是四川40亿元、最少的是宁夏2.33亿元，广西居第六位。

1990年，最多的是四川691亿元，最少的是西藏21亿元，广西排第五。

2008年，最多的是四川18661亿元，最少的是西藏828亿元，广西居第五。

2014年，从多到少分别是四川、陕西、重庆、云南、广西、内蒙古、贵州、新疆、甘肃、青海、宁夏、西藏。四川的53282亿元是广西的262%。

（二）从增速上看，2010年比2000年，广西是421%、内蒙古709%、西藏794%、宁夏553%、新疆378%、云南447%、贵州567%、重庆606%、四川576%、陕西523%、甘肃409%、青海731%，最高的是西藏、最低的是新疆，平均是559%，广西421%为倒数第三。

2014年比2010年，重庆87%、四川75%、陕西71%、甘肃95%、青海是95%、云南66%、贵州107%、广西72%、内蒙古58%、西藏138%、宁夏63%、新疆69%，最高的是西藏、最低的是内蒙古，平均为83%，广西是72%为倒数第六。具体见下表：

12个西部省区的各项存款余额　　亿元

年度	广西	内蒙古	西藏	宁夏	新疆	云南	贵州	重庆	四川	陕西	甘肃	青海
1949	–	–	–	–	59万	–	–	–	–	–	–	–
1950	0.304	0.15	–	0.07	0.22	0.4	0.2	–	2.0	0.5	0.6	0.05
1960	7.41	8.32	1.02	–	6.89	11	5.3	4.9	20.2	11.4	14	4.9
1970	10.84	9.89	4.12	2.33	17.25	17.7	9.8	8.5	40.2	23.5	12.8	5.7
1980	29.64	23.12	8.72	7.02	38.56	40	24.4	29	132	47.7	39	13.6
1990	271.2	169.8	21.26	55.48	221.8	292	144	198	691	278	190	56

续表

年度	广西	内蒙古	西藏	宁夏	新疆	云南	贵州	重庆	四川	陕西	甘肃	青海
2000	2269	1270	145	396.5	1863	2466	1107	1905	4513	2663	1403	280
2008	7024	6341	828	1591	5399	8419	4737	8022	18661	10791	4729	1384
2010	11814	10279	1297	2587	8899	13479	7388	13455	30504	16590	7147	2327
2011	13528	12064	1663	2978	10443	15429	8771	16129	34971	19277	8461	2835
2012	15967	13673	2054	3507	12424	18061	10568	19433	41577	22658	10130	3528
2013	18400	15205	2500	3881	14088	20691	13265	22789	47667	25736	12070	4102
2014	20298	16218	3089	4228	15055	22338	15263	25160	53282	28288	13957	4529

二、12 个西部省区各项贷款余额情况

（一）从总量上看，西部 12 个省区的贷款余额最多的是：

1950 年，除西藏、宁夏、贵州、重庆、青海 5 省区无数据外，最多的是四川 2000 万元，接下来是内蒙古 800 万元、陕西 500 万元、甘肃 300 万元、新疆 260 万元、云南 200 万元、广西 170 万元。

1970 年，最多的是近 32 亿元的陕西，最少的是西藏 1.52 亿元，广西排在第二。

1990 年，最多的是四川 912 亿元，最少的是近 18 亿元的西藏，广西被陕西的 385 亿元超过，居于第三。

2008 年，最多的是已达 1 万亿元的四川，最少的只有 219 亿元的西藏，广西的 5067 亿元除继续被陕西的 6057 亿元超出之外，再被云南的 6594 亿元、重庆的 6321 亿元超过，排列第五。

2014 年，从多到少分别是：四川、重庆、陕西、云南、广西、内蒙古、贵州、新疆、甘肃、宁夏、青海、西藏。四川的 33884 亿元贷款余额，是广西的 211%。

（二）从增速来看，2010 年与 2000 年，广西 457%、内蒙古 491%、西藏 273%、宁夏 532%、新疆 271%、云南 439%、贵州 442%、重庆 479%、四川 381%、陕西 366%、甘肃 291%、青海 423%。最高的是宁夏，最低的为新疆，平均 404%，广西排第四。

2014 年与 2010 年，云南 68%、贵州 114%、广西 79%、内蒙古 89%、西藏 436%、宁夏 90%、新疆 124%、青海 129%、重庆 89%、四川 74%、陕西 88%、

甘肃 142%。最高的是西藏，最低的为云南，平均是 127%，广西倒数第三。

（三）从存贷比来看，1980 年：重庆是 145%、四川 106%、陕西 123%、甘肃 87%、青海 57%、广西 186%、内蒙古 213%、西藏 27%、宁夏 123%、新疆 64%、云南 85%、贵州 104%，最高的是内蒙古，最低的为西藏，平均为 110%，广西居第二；

2000 年：重庆是 99%、四川 90%、陕西 82%、甘肃 83%、青海 125%、广西 71%、内蒙古 106%、西藏 56%、宁夏 97%、新疆 75%、云南 81%、贵州 96%，最高的是青海，最低的为西藏，平均为 88%，广西倒数第二；

2010 年：重庆是 81%、四川 64%、陕西 62%、甘肃 64%、青海 78%、广西 76%、内蒙古 77%、西藏 23%、宁夏 94%、新疆 59%、云南 79%、贵州 78%，最高的是宁夏，最低的为西藏，平均为 70%，广西倒数第六；

2014 年：重庆是 82%、四川 64%、陕西 68%、甘肃 79%、青海 92%、广西 79%、内蒙古 92%、西藏 52%、宁夏 109%、新疆 78%、云南 80%、贵州 81%，最高的是宁夏，最低的为西藏，平均为 80%，广西倒数第五。具体见下表：

12 个西部省区的各项贷款余额　　亿元

年度	广西	内蒙古	西藏	宁夏	新疆	云南	贵州	重庆	四川	陕西	甘肃	青海
1949	–	–	–	–	2 万	–	–	–	–	–	–	–
1950	0.017	0.08	–	0.03（1951 年）	0.026	0.02	–	–	0.2	0.05	0.03	–
1960	16.99	17.71	0.14	–	15.5	21	15.8	28.9	6.9	21.5	16.5	6.3
1970	23.57	23.30	1.52	4.04	14.35	21.2	17	21	7.3	31.6	17.9	4.4
1980	55.05	49.29	2.32	8.62	24.73	34	25	42	140	59.4	34	7.7
1990	326.3	272.9	17.72	71.93	233.7	275	61	268	912	385	227	72
2000	1613	1341	81	383.2	1403	1988	1065	1881	4053	2193	1171	349
2008	5067	4528	219	1403	2827	6594	3569	6321	11163	6057	2732	1026
2010	8980	7920	302	2420	5211	10706	5772	10888	19486	10222	4577	1824
2011	10646	9728	409	2907	6603	12347	6876	13195	22514	12097	5736	2239
2012	12356	11393	664	3372	8386	14169	8350	15594	26163	13866	7196	2792
2013	14081	12944	1076	3947	9840	15782	10104	18005	29542	16537	8822	3398
2014	16070	14947	1619	4608	11671	17978	12368	20630	33884	19174	11075	4171

第十一章　广西的居民收入

本章所说的居民收入即城乡居民的人均年收入，包括农村居民与城镇居民的人均可支配收入。农村居民可支配收入是指农村居民家庭总收入扣除各类相应的支出后可用于最终消费、储蓄等的部分。城镇居民人均可支配收入是指能用于安排家庭日常生活的那部分收入，包括工资性收入、经营性收入、财产性收入、转移性收入等。据查有关资料，1980 年改革开放以前的年份尚无相关数据反映。

第一节　广西的居民人均收入是全国的 89%

改革开放以后的 35 年，广西的城乡居民收入与全国人民一样有了非常明显的增加。

2014 年，全国城乡居民人均收入达到 39273 元，是 1980 年的 59 倍、1990 年的 18 倍、2000 年的 4.6 倍、2010 年的 1.68 倍；同期中的广西也有 33352 元，虽然比全国少了 5921 元，但也是 1980 年的 53 倍、1990 年的 16 倍、2000 年的 4.3 倍、2010 年的 1.54 倍。

从绝对数来看，广西与全国相比，1980 年、1985 年、1990 年、2000 年、2005 年、2010 年、2012 年、2014 年分别少了 41 元、151 元、109 元、834 元、2336 元、3421 元、5230 元、5921 元。只有 1995 年广西居然“破天荒”地以 6238 元多于全国的 5861 元，且净多出 377 元。

从占比的数据来看，除了 1995 年的这个“特殊”年份广西占全国之比是 106% 外，最高的是 1990 年的 95%，最低的是 2005 年的 83%，均比为 88.8%。应该说，2000 年前的 20 年，广西的收入占比要比之后的 15 年占比高一些。2000 年以后每年的占比没有一年达到 87% 以上，年均不到 85%。说明广西的居民收入有下降的态势。

2010 年至 2014 年，城乡居民的人均年收入，全国平均为 32284 元，广西是 27278 元，广西比全国少 5006 元。具体见下表：

广西的居民人均收入与全国比 元、%

年份	全国	广西	占比
1980	669	628	93.87
1985	1137	986	86.72
1990	2196	2087	95.04
1995	5861	6238	106.43
2000	8533	7699	90.22
2005	13748	11412	83.01
2008	20542	17836	86.83
2010	25028	21607	86.33
2011	28787	24085	83.66
2012	32481	27251	83.90
2013	35851	30096	83.94
2014	39273	33352	84.92

与排在全国的前三强相比，2014年的广西城乡居民收入只有排在第一上海70032元的47.62%、第二北京67398元的49.49%和位列第三浙江59766元的55.8%。换句话来说，就是广西的城乡居民人均收入只有全国前三省的一半左右。

第二节　广西的居民收入在5个自治区中收入第二、增速第四

5个自治区的城乡居民收入，从2014年来看，内蒙古以高于近5000元的优势排在第二的广西之前，之后是新疆、宁夏、西藏。广西与新疆差1414元、新疆与宁夏差243元、宁夏与西藏差2320元。其中：农村居民的收入：内蒙古9976元、

广西8683元、西藏7359元、宁夏8410元、新疆8724元，内蒙古最高，其次新疆，广西排第三；城镇居民收入：内蒙古28350元、广西24669元、西藏22016元、宁夏23285元、新疆23214元，内蒙古最高，广西排第二。

从有数据记录起的1980年来看，内蒙古599元的城乡居民人均收入最低，最高是西藏的957元，广西与新疆同是628元居第三；1990年，最低收入的仍然是内蒙古的1802元，广西排在西藏后的第二位；2005年，内蒙古以12126元反超西藏、广西、新疆、宁夏，从倒数第一快步走到第一。从此，一直到2014年，内蒙古居于第一、广西位列第二的位置不变。

从2014年与2010年的增速看，广西54.4%、内蒙古65%、西藏53.6%、宁夏58%、新疆75%，西藏的增速最慢，比广西少了0.8个点。广西低于内蒙古11个百分点，又少于内蒙古4973元，要想追上内蒙古很难；广西比紧排其后的新疆低21个百分点，新疆与广西只相差1414元，新疆追上广西看来不是一个很远的真实故事。具体见下表：

5个自治区的城乡居民人均收入　　元

年度	广西	内蒙古	西藏	宁夏	新疆
1980	628	599	957	639	628
1985	986	1066	1519	1061	1129
1990	2087	1802	2195	2015	1998
1995	6238	4146	4878	4420	5300
2000	7699	7167	7779	6636	7263
2005	11412	12126	10489	10602	10472
2008	17836	19089	15658	16612	14935
2010	21607	23228	19119	20019	18287
2011	24085	27048	21100	22989	20956
2012	27251	30761	23747	26011	24313
2013	30096	34092	26602	28764	27170
2014	33352	38325	29375	31695	31938

第三节　广西的居民收入在5个人口接近省区中收入第四、增速最低

未见江西1980年的数据。1985年，5个人口相近省区城乡居民收入，最少是江西的960元，最多的是浙江1453元，广西第四。

1995年，广西超过辽宁、云南两省排在浙江之后。

2005年，辽宁以12798元、江西以11886元超过广西的11412元排在浙江之后的第二、第三位。此后一直至2014年，广西排在云南之前的位置未有改变。

从增速看，2014年与2010年，浙江55%、辽宁64%、江西62%，而广西54%、云南59%，最低的是广西，最高的为辽宁。紧排在广西之前的江西比广西高出8个百分点，比广西多1074元。见下表：

5个人口接近省区的城乡居民人均收入　　元

年度	广西	浙江	辽宁	云南	江西
1980	628	707	767	568	–
1985	986	1453	1190	1078	960
1990	2087	3031	2387	2054	1858
1995	6238	9187	5448	5076	4914
2000	7699	13533	7714	7803	7239
2005	11412	22954	12798	11308	11886
2008	17836	31985	19969	16353	17563
2010	21607	38661	24620	20016	21270
2011	24085	44041	28763	23297	24387
2012	27251	49102	32607	26491	27689
2013	30096	53957	36101	29376	30654
2014	33352	59765	40273	31755	34426

第四节　广西的居民收入在6个相邻省区中收入第四、增速第五

从1990年都有数据的6个相邻省区的城乡居民人均收入来看，广东最高，海南排第二，湖南居第三，广西第四，云南位第五，贵州最低。

2000年，湖南反超海南成为第二，云南反超海南、广西成为第三，广西只反超海南成为第四，贵州仍然垫底。

2005年，广西多于108元居于广东、湖南之后。

2011年，海南以24815元排在广西之前。此后到2014年，广西位列第四的位置不变。

从2014年与2010年的增速看，云南59%、贵州66%、湖南65%、广东40%、海南65%，广西是54%。广西与紧排在自己前面的海南不仅慢了11个百分点，而且少了1047元，要想追上海南非常难；而紧排在广西后尾的云南，快于广西5个百分点，只少于广西1597元，云南要追上广西不是很困难的事。具体见下表：

6个相邻省区的城乡居民人均收入　　元

年份	广西	云南	贵州	湖南	广东	海南
1980	628	568	506	696	747	-
1985	986	1078	984	1156	1449	-
1990	2087	2054	1834	2255	3346	2428
1995	6238	5076	5003	6124	10138	6290
2000	7699	7803	6495	8416	13416	7589
2005	11412	11308	10024	12642	19460	11128
2008	17836	16353	14556	18334	26133	16998
2010	21607	20016	17615	22187	31787	20856
2011	24085	23297	20640	25411	36269	24815
2012	27251	26491	23454	28758	40768	28326
2013	30096	29376	26101	31786	44759	31271
2014	33352	31755	29219	36630	44394	34399

第五节　广西的居民收入在9个民族省区中收入第三、增速倒数第二

9个民族省区城乡居民人均收入，1985年，广西仅比贵州多了2元钱，位列倒数第二。最多的是西藏1519元。

10年后的1995年，广西居然以6238元位列9省区中的第一，第二是湖北5528元。

2005年，广西被内蒙古、湖北超过成为第三。此后一直到2014年，广西基本上处于第三的位置不变。

从2014年与2010年之比的增速来看，青海67%、湖北63%，而云南59%、贵州66%、广西54.4%、内蒙古65%、西藏53.6%、宁夏58%、新疆75%。最慢的是西藏、最快的是新疆。紧排在广西之前的湖北比广西快8.6个百分点，又多了2349元。见下表：

9个民族省区的城乡居民人均收入　　元

年度	广西	内蒙古	西藏	宁夏	新疆	云南	贵州	青海	湖北
1980	628	599	957	639	628	568	506	–	584
1985	986	1066	1519	1061	1129	1078	984	1192	1125
1990	2087	1802	2195	2015	1998	2054	1834	1895	2098
1995	6238	4146	4878	4420	5300	5076	5003	4410	5528
2000	7699	7167	7779	6636	7263	7803	6495	6660	7794
2005	11412	12126	10489	10602	10472	11308	10024	10222	11885
2008	17836	19089	15658	16612	14935	16353	14556	14709	17809
2010	21607	23228	19119	20019	18287	20016	17615	17716	21890
2011	24085	27048	21100	22989	20956	23297	20640	20211	25272
2012	27251	30761	23747	26011	24313	26491	23454	22931	28692
2013	30096	34092	26602	28764	27170	29376	26101	25695	31773
2014	33352	38325	29375	31695	31938	31755	29219	29590	35701

第六节 广西的居民收入在9个边境省区中收入第四、增速倒数第二

1980年，9个边境省区的城乡居民人均收入，最多是西藏的957元，最少是甘肃的556元。广西与新疆同为628元，排在辽宁之后的第三位。

1990年，辽宁以2387元高出西藏居于首位，甘肃1628元仍然最少，广西继续排第三。

2000年，云南以7803元居于第一，西藏反超辽宁65元位列第二，广西退到第四。

2008年，辽宁以19968元多出内蒙古879元又排第一，广西又以17836元回到了第三位。

2013年，辽宁以36101元继续排在内蒙古34092元之前，广西不敌吉林的31896元，再退居第四。

从2014年与2010年的增速看，甘肃是69%、黑龙江为65%、吉林57%，而辽宁是64%、云南59%、贵州66%、广西54.4%、内蒙古65%、西藏53.6%、宁夏58%、新疆75%。最高的是新疆，最低的为西藏，广西倒数第二。吉林紧靠广西之前高出2.6个点又多647元，广西要想追上吉林有些可能、但需下大功夫。具体见下表：

9个边境省区城乡居民人均收入 元

年度	广西	内蒙古	西藏	新疆	云南	甘肃	黑龙江	吉林	辽宁
1980	628	599	957	628	568	556	625	605	767
1985	986	1066	1519	1129	1078	898	1140	1022	1190
1990	2087	1802	2195	1998	2054	1628	1971	1947	2387
1995	6238	4146	4878	5300	5076	4033	5141	4785	5448
2000	7699	7167	7779	7263	7803	6345	7061	6833	7714
2005	11412	12126	10489	10472	11308	10067	11494	11955	12798
2008	17836	19089	15658	14935	16353	13693	16437	17762	19969
2010	21607	23228	19119	18287	20016	16623	20067	21648	24620
2011	24085	27048	21100	20956	23297	18897	23287	25307	28763
2012	27251	30761	23747	24313	26491	21664	26364	28806	32607
2013	30096	34092	26602	27170	29376	24073	29231	31896	36101
2014	33352	38325	29375	31938	31755	28081	33062	33999	40273

第七节　广西的居民收入在12个西部省区中收入第三、增速倒数第三

12个西部省区，1985年城乡居民人均收入最多的是西藏，最少的是甘肃898元，广西倒数第四。

1995年，广西以多出排在第二的重庆593元居于首位。

2005年，重庆反超广西1641元又从广西手里拿回了第一名，内蒙古再超广西714元跟在重庆之后。

2011年，内蒙古以27048元反超重庆26730元排在第一，广西排第三的位置未变。

2014年，内蒙古、重庆前二的位置不变。广西则在2012年就被四川反超，成为第四。

2014年与2010年的增速，重庆52%、四川63%、陕西63%，而云南59%、贵州66%、广西54.4%、内蒙古65%、西藏53.6%、宁夏58%、新疆75%、甘肃69%、青海67%。最高的是新疆，最低的为重庆，广西倒数第三。

广西比站在自己之前的四川慢了8.6个百分点、又少了230元，追上四川应该很难实现。而广西与紧排之后的陕西也慢了8.6个百分点、只多出1054元，很有可能在不太长的时间里就被陕西赶上。具体见下表：

广西的城乡居民人均收入与11个西部省区比　　元

年度	广西	内蒙古	西藏	宁夏	新疆	云南	贵州	重庆	四川	陕西	甘肃	青海
1980	628	599	957	639	628	568	506	574	579	549	556	–
1985	986	1066	1519	1061	1129	1078	984	1137	1010	945	898	1192
1990	2087	1802	2195	2015	1998	2054	1834	2278	2048	1899	1628	1895
1995	6238	4146	4878	4420	5300	5076	5003	5645	5161	4273	4033	4410
2000	7699	7167	7779	6636	7263	7803	6495	8068	7798	6594	6345	6660
2005	11412	12126	10489	10602	10472	11308	10024	13053	11189	10324	10067	10222
2008	17836	19089	15658	16612	14935	16353	14556	19835	16754	15994	13693	14709
2010	21607	23228	19119	20019	18287	20016	17615	22809	20548	19800	16623	17716
2011	24085	27048	21100	22989	20956	23297	20640	26730	24027	23273	18897	20211
2012	27251	30761	23747	26011	24313	26491	23454	30351	27307	26496	21664	22931
2013	30096	34092	26602	28764	27170	29376	26101	33548	30263	29361	24073	25695
2014	33352	38325	29375	31695	31938	31755	29219	34637	33582	32298	28081	29590

第十二章　广西的教育

十年树木、百年树人。教育是百年大计，是一个国家的希望、一个民族的希望、一个家庭的希望，更加是一个人的希望。由于涉及教育的内容很多，涉及的面也很广，限于篇幅，我们只选取了广西的大学（本专科）、高中、初中、小学的“在校生”人数来作个简单的对比分析。

第一节　广西的每万人在校大学生数是全国的57%

一、高等学校在校生数

从资料中我们看到，1949 年，我国有近 12 万名的大学在校生。

1950 年，全国的大学在校生比上一年增加了 2 万人，此时的广西有 1000 名的大学生。每万人口中，全国和广西分别有 2 名和 0.5 名。

1960 年，全国在校大学生发展到 96.2 万人，每万人口有 15 名；广西则有 1.9 万人，每万人中有 9 名。

或许是受“文化大革命”的影响，1970 年的全国在校大学生不到 5 万名，广西又回到了 1950 年时的区区 1000 名。

恢复高考后，1980 年，在校大学生一下子猛增至 114 万多人，广西也增加到 2.6 万人。每万人中全国有 12 人、广西有 7 人。

2000 年，全国在校大学生有 556 万人，每万人中为 72 人，广西增至近 12 万名，每万人中有 25 人。

2005 年，全国有 1562 万名的在校大学生，广西也有近 34 万名，每万人中全国有 161 名、广西有 73 名。

2010 年，全国大学生在校数达 2232 万名，每万人中有 166 人，广西也有近 57 万人，每万人有 123 人。

2014 年，全国在校大学生人数达到了历史的最多人数 2548 万名，广西也达到 70.2 万人；每万人中全国有 186 名、广西为 148 名。

从广西每万人口拥有的在校大学生占全国比来看，最多的是 2014 年，差一点点达到 80%；最少的是 1950 年和 1990 年，不及 30%。平均为 57%，只有全国的一半再多 7 个百分点。见下表：

广西每万人拥有在校大学生数与全国比 万人、%

年份	全国		广西	
	本专科	1/每万人	本专科	1/万人/占全国
1949	11.7	2	-	-
1950	13.7	2	0.1	0.5/25
1960	96.2	15	1.9	9/60
1970	4.8	0.5	0.1	0.3/60
1980	114.4	12	2.6	7/58
1990	206	33	3.8	9/27
2000	556	72	11.8	25/35
2005	1562	161	33.8	73/45
2008	2021	204	48.4	101/50
2010	2232	166	56.8	123/74
2011	2309	171	60.0	130/76
2012	2391	177	62.9	139/79
2013	2468	181	65.6	137/76
2014	2548	186	70.2	148/79.6

注："本科"，1949年至2008年称为"普通高等学校"，2010年至2014年称为"普通本专科"。

从招生情况看，2013年，广西招收的本专科生为19.8万人，是全国699.8万人的2.83%。其中：本科近9万人，占全国的2.31%。

我们简单地拿招生数来比较，2013年全国本科生占普通高中生的比率是46.35%，专科生占普通高中生的比例是38.7%，全国本专科生699.8万人占普通高中生的比率是85.06%、占普通高中生及中等职业生1363.96万人的51.31%。而广西相应的占比，分别是29.56%、36.95%、66.51%、32.93%。与全国相比，广西分别少了16.79%、1.75%、18.55%、18.38%。也就是说，本科生从普通高中生的录取比例，全国差不多是2个人录取1人，广西则是3个多人才录取1人；本专科生从普通高中中等职业生的录取比例，全国是2个人录取1个，广西则是3个人才录取1个。

二、普通初高中及中等职业在校生数

1949年，全国有高中在校生近21万人、初中在校生83万人。

1950年，全国初、高中有近131万名的在校生，广西数据显示有4万多名。

1970年，全国初、高中在校生2642万名，广西也突破了100万名。

1980年，全国高中在校生近970万人、初中在校生4538万人。广西有163万人。

2000年，全国在校生高中达到1201万人、初中达到6168万人。广西有318万人。

2010年，全国高、初中在校生共有7706万人、广西有356万人。

2014年，全国高中在校生2401万人，比最多年份的2008年减少了75万人；初中在校生4385万人，比最多年份的2005年减少了1787万人。广西高中在校生有近84万人、初中在校生为273万人。

从占比看，1960年、1980年、2000年、2010年、2014年广西的在校初、高中生占全国的比例分别是：3.37%、2.96%、4.32%、4.62%、5.25%。随着时间的推移，广西的初高中在校生所占的比重略为增大。见下表：

广西在校初高中生与全国比　　万人

年份	全国		广西	
	高中	初中	高中	初中
1949	20.7	83	–	–
1950	23.8	107	4.1	–
1960	167.5	859	34.6	–
1970	349.7	2292	108.7	–
1980	969.8	4538	163.3	–
1990	717.3	3869	157.9	–

续表

年份	全 国		广 西	
	高中	初中	高中	初中
2000	1201	6168	318.2	-
2005	2409	6172	346.4	-
2008	2476	5574	356.6	-
2010	2427	5279	75	281
2011	2454	5067	77.3	284
2012	2467	4763	79.6	283
2013	2436	4440	81.9	278
2014	2401	4385	83.8	273

注：《新中国60年统计资料汇编》中，1949年至2008年，全国的“普通中学”分有“高中”和“初中”两大类，而地方各省则只有“普通中等学校”，未具体划分“高/初/职高”类。2010年至2014年，全国及各省则划分为“高中、中等职业学校、初中”。

2013年，普通高中生从初中生的录取中，全国是55%，广西是43%，广西比全国低12个百分点；普通高中及中等职业生从初中的录取中，全国是91%，广西是87%，广西比全国低4个百分点。

三、小学在校生数

从人数上来看，小学全国、广西的在校生分别是：

1950年，全国有2892万人，广西是49万人。

1970年，全国为1.05亿人，广西近367万人。

1990年，全国有1.2亿人，广西有近561万人。

2010年，全国降到9941万人，广西也少至近430万人。

2014年，全国9451万人比最多年份的1980年减少了5176万人，下降了35%；广西432万人比最多年份的1990年减少了近129万人，下降了23%。

从广西占全国比看，1960年、1970年、1990年、2005年、2010年、2013年分别是：3.37%、3.48%、4.57%、4.16%、4.32%、4.55%。最高是1990年，最低是1960年。改革开放前30年的比重要比之后的30年的比重低一些。见下表：

广西小学在校生与全国比　　万人

年份	全国	小学
1949	2439	-
1950	2892	49
1960	9379	316.3
1970	10528	366.5
1980	14627	502.5
1990	12241	560.6
2000	13013	536.8
2005	10864	452.8
2008	10332	444.8
2010	9941	430
2011	9926	427
2012	9696	426
2013	9361	426
2014	9451	432

第二节　广西的每万人大学生数在5个自治区中排第三

一、本专科在校生数

（一）从在校的大学生数量上看，广西在5个自治区中是最多的：

1980年，广西、内蒙古、西藏、宁夏、新疆分别是2.6万、1.8万、0.15万、0.42万、1.43万名；

2000 年，广西、内蒙古、西藏、宁夏、新疆分别是 11.8 万、7.2 万、0.55 万、1.72 万、7.41 万名；

2010 年，广西、内蒙古、西藏、宁夏、新疆分别是 56.8 万、37.1 万、3.1 万、8 万、25.1 万名；

2014 年，广西、内蒙古、西藏、宁夏、新疆分别是 70.2 万、40.6 万、3.35 万、11.1 万、29 万名。

（二）从每万人口拥有的在校大学生人数看，广西排第三位：

1980 年，广西是 7 人、内蒙古是 9 人、西藏是 8 人、宁夏是 11 人、新疆 11 人，最低的为广西；

2000 年，广西 25 人、内蒙古 30 人、西藏 21 人、宁夏 31 人、新疆 41 人，广西排第四；

2010 年，广西 123 人、内蒙古 150 人、西藏 104 人、宁夏 126 人、新疆 115 人，广西排第三；

2014 年，广西 147 人、内蒙古 162 人、西藏 105 人、宁夏 168 人、新疆 126 人，广西排第三。见下表：

5 个自治区每万人拥有的在校大学生　　万人、人/每万人

年份	广西		内蒙古		西藏		宁夏		新疆	
	本专科	1/每万人	本专科	1/每万人	本专科	1/每万人	本专科	1/每万人	本专科	1/每万人
1950	0.1	0.5	0.1（1952 年）	1	–	–	–	–	0.03	–
1960	1.9	8.8	1.3	–	–	–	0.13	6	0.59	–
1970	0.1	0.3	–	–	–	–	–	–	0.03	0.3
1980	2.6	7.1	1.8	9	0.15	8	0.42	11	1.43	11
1990	3.8	8.9	3.2	15	0.20	9	0.80	17	3.13	20
2000	11.8	25	7.2	30	0.55	21	1.72	31	7.41	41

续表

年份	广西		内蒙古		西藏		宁夏		新疆	
	本专科	1/每万人	本专科	1/每万人	本专科	1/每万人	本专科	1/每万人	本专科	1/每万人
2005	33. 8	73	22. 9	96	1. 90	69	4. 87	82	18. 9	90
2008	48. 4	101	31. 7	131	2. 94	102	7. 05	159	24. 1	108
2010	56. 8	123	37. 1	150	3. 11	104	8. 0	126	25. 1	115
2011	60. 0	130	38. 4	155	3. 23	107	8. 79	138	25. 9	117
2012	62. 9	139	39. 1	157	3. 35	109	9. 64	149	26. 9	120
2013	65. 6	137	39. 9	160	3. 36	108	10. 4	155	27. 8	123
2014	70. 2	147	40. 6	162	3. 35	105	11. 1	168	29	126

2013 年，本科生从普通高中生的录取比率，内蒙古、西藏、宁夏、新疆分别是36%、29%、33%、23%。广西的30%，比内蒙古低6个百分点、比西藏高1个百分点、比宁夏低3个百分点、比新疆高7个百分点。本、专科生从普通高中、中等职业生的录取比例，内蒙古、西藏、宁夏、新疆分别是45%、36%、36%、33%，广西是33%。广西比内蒙古低12个百分点，比西藏、宁夏各低了3个百分点，只与新疆持平。

二、普通高、初中在校生数

广西的在校中学生人数，不论是从1950年至2008年的初、高中生来看，还是从2010年至2014年的高中生来看，约是其他4个自治区的75%：

1960年，广西25. 9万人是4个自治区初高中在校数29. 99万人的86%；

1980年，广西的初高中生在校数是4个自治区242万人的64%；

2008年，广西的初高中生在校数是4个自治区350万人的82%；

2013 年，广西的近 82 万名高中生在校数是 4 个自治区 116 万人的 71%；广西的初中在校生为 195 万名，是其他 4 个自治区 202.4 万人的 96%。见下表：

5 个自治区普通高中在校学生

万人

年份	广西	内蒙古	西藏	宁夏	新疆
1950	3.8	0.8	–	0.12	0.57
1960	25.9	12.9	0.06	1.98	15.05
1970	107.5	40.9	0.09	4.59	17.38
1980	155.9	135.5	1.88	22.37	82.32
1990	140.9	106.6	2.13	28.44	86.31
2000	285.6	130.7	5.52	31.83	113.29
2005	303.9	155.5	15.41	40.64	158.79
2008	287.6	140.3	18.45	42.92	148.36
2010	75.4	49.9	4.1	14.2	41.9
2011	77.4	49.3	4.5	14.8	43.3
2012	79.6	50.0	4.8	15.8	44.1
2013	81.9	49.4	5.3	16.5	44.8
2014	83.8	48.4	5.6	16.4	46.3

三、初中、小学在校生数

从小学在校生的人数看，广西约是 4 个自治区的 103%：

1970 年，4 个自治区有 373 万人，广西 367 万人是它们的 98%；

1990 年，4 个自治区有 502.4 万人，广西 561 万人是它们的 112%；

2008 年，4 个自治区有 457 万人，广西 445 万人是它们的 97%；

2014 年，4 个自治区有 412.2 万人，广西 432 万人是它们的 105%。见下表：

5 个自治区初中小学在校生　　万人

年份	广西		内蒙古		西藏		宁夏		新疆	
	初中	小学	初中	小学	初中	小学	初中	小学	初中	小学
1950	–	145	–	44.4	–	–	–	4.51	–	27.16
1960	–	316	–	161.8	–	4.15	–	28.5	–	89.72
1970	–	367	–	222.7	–	6.95	–	30	–	113.14
1980	–	503	–	290.2	–	24.08	–	58.37	–	205.55
1990	–	561	–	234.2	–	15.74	–	66.74	–	185.72
2000	–	537	–	201.5	–	31.38	–	65.74	–	247.74
2005	–	453	–	159.6	–	32.76	–	69.32	–	214.38
2008	–	445	–	155.3	–	31.18	–	68.87	–	201.20
2010	200	430	81	143	13.9	29.9	30.7	65.4	100.3	193.6
2011	201	427	79	141	13.6	29.5	30	64.3	97.7	191.9
2012	197	426	75	137	13	29.2	29	62	94	190
2013	195	426.2	69	131	13	29.5	28.4	60	92	189
2014	195	432	67	129.7	12.4	29.5	27.8	59	91.1	194

仅从广西的高初中生、小学生数量在 5 个自治区所占的比重来看，广西在人力、物力、财力上投入到中小学的教育上，应该远比其他 4 个自治区的要多得多。

第三节　广西的每万人大学生数在5个人口接近省区中排第四

一、本专科在校生数

5个人口接近省份的在校大学生人数，辽宁最多、浙江排第二、江西居第三、广西排第四、云南最后。

1952年，辽宁的大学生就有1.6万人；2014年，如再加上2000个名额，辽宁的大学在校生人数就是100万了。

从每万人口拥有的大学生数量来看，也是辽宁最多，从1980年的18人升至2014年的227人，而浙江、江西、广西、云南分别是：4人升至178人、11人升至202人、7人升至148人、6人升至139人。广西2014年比辽宁少79人、比江西少54人。见下表：

5个人口接近省区大学生在校数　　万人

年份	广西		浙江		辽宁		云南		江西	
	本专科	1/每万人	本专科	1/每万人	本专科	1/每万人	本专科	1/每万人	本专科	1/每万人
1950	0.1	0.5	0.33	1.6	1.6（1952年）	9	0.25	1.54	0.23	1.5
1960	1.9	8.8	3.1	12	–	–	1.4	7.4	2.09	10
1970	0.1	0.3	0.32	1	–	–	–	–	0.15	0.6
1980	2.6	7.1	3.8	10	6.3	18	1.81	5.7	3.6	11
1990	3.8	8.9	6.03	14	12	32	4.35	12	6	15
2000	11.8	25	22.2	47	29.8	72	9	21	14.4	35
2008	48.4	101	87	170	82	194	34.4	76	76.4	174
2010	56.8	123	88.5	162	88	201	43.9	95	81.6	183
2011	60.0	130	90.7	166	90.2	206	48.8	105	82.9	185

续表

年份	广西		浙江		辽宁		云南		江西	
	本专科	1/每万人	本专科	1/每万人	本专科	1/每万人	本专科	1/每万人	本专科	1/每万人
2012	62.9	139	93.2	170	93.4	213	51.2	110	85.1	189
2013	65.6	137	95.6	174	96.8	221	54.9	117	86.2	191
2014	70.2	148	97.8	178	99.8	227	57.7	139	91.6	202

本科生从普通高中生的录取比率，2013 年浙江、辽宁、云南、江西分别是 56%、82%、37%、39%，广西是 30%，广西分别低了 26、52、7、9 个百分点。本专科生从普通高中、中等职业生的录取比例，浙江、辽宁、云南、江西分别是 59%、82%、36%、52%，广西是 33%，也都比 4 个省低，分别低了 26、49、3、19 个百分点。

二、普通高中及中等职业在校生数

从 1950 年至 2008 年的初高中生来看，广西最多，浙江排第二，江西排第三，云南排第四，而辽宁最少（2008 年）。

从 2010 年到 2014 年的高中生来看，浙江最多，江西第二，广西第三，云南排第四，辽宁最少。年均分别是：86 万、83 万、80 万、70 万、69 万人。见下表：

5 个人口接近省区普通高中在校学生 万人

年份	广西	云南	浙江	辽宁	江西
1950	3.8	2.2	5.4	–	3.4
1960	25.9	15.2	41	–	26.1
1970	107.5	41	66	–	67.6
1980	155.9	97	170	263	155
1990	140.9	124	170	181	181
2000	285.6	186	250	217	259

续表

年份	广西	云南	浙江	辽宁	江西
2008	287.6	259	270	216	257
2010	75.4	63	88	71.5	74
2011	77.4	66	90	71.3	78
2012	79.6	71	88	70	83.7
2013	81.9	74	84	68	88
2014	83.8	76.8	79	65	90

三、初中、小学在校生数

65 年来，广西的小学在校生在 5 个人口接近省区中是最多的。

1950 年，比排在第二的浙江多 23 万人；

1980 年，江西以 529 万多出广西 26 万人；

2000 年，广西比排在第二的云南多 65 万人；

2010 年，广西比云南少 5 万人；

2014 年，广西比排第二的江西多 19 万人。

2010 年到 2014 年的年均初中在校生，广西 197.6 万人、云南 196.8 万人、江西 189.2 万人、浙江 153.8 万人、辽宁 114.4 万人。见下表：

5 个人口接近省区初中/小学在校学生 万人

年份	广西		浙江		辽宁		云南		江西	
	初中	小学	初中	小学	初中	小学	初中	小学	初中	小学
1950	–	145	–	122	–	–	–	56	–	69
1960	–	316	–	370	–	–	–	210	–	275
1970	–	367	–	421	–	–	–	271	–	322
1980	–	503	–	482	–	442	–	424	–	529

续表

年份	广西		浙江		辽宁		云南		江西	
	初中	小学	初中	小学	初中	小学	初中	小学	初中	小学
1990	–	561	–	372	–	407	–	447	–	450
2000	–	537	–	354	–	344	–	472	–	423
2008	–	445	–	332	–	237	–	451	–	424
2010	200	430	167	333	127	218	207	435	200	426
2011	201	427	155	344	120	217	205	424	201	434
2012	197	426	149	347	113	213	195	407	195	434
2013	195	426	148	350	106	204	187	392	175	408
2014	195	432	150	355	106	199	190	383	175	413

第四节　广西的每万人大学生数在6个相邻省区中居第四

一、本专科在校生数

6个相邻省区大学在校生数，广东最多，湖南其次，之后是广西、云南、贵州和海南。

1960年，广西、云南、贵州、湖南、海南分别是广东4.37万名大学生的43%、32%、28%、89%、4%；2014年，广西70万名、云南58万名、贵州46万名、湖南114万名、海南18万名的大学生，分别为广东179万人的39%、32%、26%、64%、10%。55年过去，与广东相比，广西、贵州、湖南分别下降4、2、25个百分点，云南持平，只有海南上升了6个百分点。

从每万人口拥有在校大学生来看，海南最多，其次是湖南，第三是广东，再就是广西、云南、贵州。见下表：

6 个相邻省区本专科在校学生 万人

年份	广西		云南		贵州		湖南		广东		海南	
	本专科	1/每万	本专科	1/每万人	本专科	1/每万	本专科	1/每万	本专科	1/每万	本专科	1/每万
1950	0. 1	0. 5	0. 25	1. 54	0. 11	–	0. 3	1	0. 85	3	0. 02	1
1960	1. 9	8. 8	1. 4	7. 4	1. 23	7. 5	3. 9	11	4. 37	13	0. 17	5
1970	0. 1	0. 3	–	–	–	–	0. 4	1	0. 58	1. 3	–	–
1980	2. 6	7. 1	1. 81	5. 7	1. 71	6. 1	5. 5	10	4. 10	8	0. 27	5
1990	3. 8	8. 9	4. 35	12	2. 7	8. 3	8. 8	14	9. 59	15	0. 77	12
2000	11. 8	25	9	21	8	21	25. 3	39	30	35	1. 85	24
2008	48. 4	101	34. 4	76	27	71	95	139	122	127	12. 64	148
2010	56. 8	123	43. 9	95	32. 3	93	105	159	143	137	15. 1	174
2011	60. 0	130	48. 8	105	34. 4	99	107	162	153	145	15. 7	179
2012	62. 9	139	51. 2	110	38. 4	110	108	163	162	153	16. 8	189
2013	65. 6	137	54. 9	117	41. 9	120	110	165	171	161	17. 2	192
2014	70. 2	148	57. 7	139	46	131	114	169	179	167	18	199

从 2013 年本科生从普通高中生的录取率来看，云南、贵州、湖南、广东、海南分别是 37%、20%、44%、34%、43%，广西是 30%。广西只比贵州多了 10 个百分点，而比湖南低了 14 个百分点、比广东低 4 个百分点、比海南低 13 个百分点。本专科生从普通高中、中等职业生的录取比例，云南、贵州、湖南、广东、海南分别是 36%、21%、52%、43%、45%，广西是 33%，广西只比贵州多了 12 个百分点，而比云南、湖南、广东、海南各低了 3、19、10、12 个百分点。

二、普通高中及中等职业在校生数

不论是 1950 年到 2008 年的初高中生，还是 2010 年到 2014 年的高中生，在校生数量从多到少的排序是：广东、湖南、广西、贵州、云南、海南。但贵州的高中生 2013 年和 2014 年都比广西多，分别多了 4 万人和 10. 5 万人。见下表：

6个相邻省区普通高中在校学生　　万人

年份	广西	云南	贵州	湖南	广东	海南
1950	3.8	2.2	1.1	5	14	1.2
1960	25.9	15.2	16.5	55	67	6.5
1970	107.5	41	14.1	124	237	23
1980	155.9	97	110	282	252	30
1990	140.9	124	96.5	254	234	25
2000	285.6	186	157	392	461	44
2008	287.6	259	262	334	680	62
2010	75.4	63	62	102	209	16
2011	77.4	66	69	101.4	220	17
2012	79.6	71	77	103	226	17.6
2013	81.9	74	86	104	220.4	18
2014	83.8	76.8	94.3	105.7	214	17.7

三、初中、小学在校生数

初中生在校学生数，除广东的较多、海南的较少外，广西与云南、贵州与湖南的差不多。

广西从2010年的200万名降至2014年的195万名，云南则从207万名降至190万名。年平均在校生广西是197.6万名，云南为196.8万名。

贵州从2010年的214万人降至2014年的207万人，湖南则从2010年的215万人升至221人。年均在校初中生，贵州是211万人、湖南则有215.4万人。见下表：

6 个相邻省区初中/小学在校学生 万人

年份	广西		云南		贵州		湖南		广东		海南	
	初中	小学	初中	小学	初中	小学	初中	小学	初中	小学	初中	小学
1950	–	145	–	56	–	15	–	117	–	177	–	16
1960	–	316	–	210	–	212	–	573	–	518	–	44
1970	–	367	–	271	–	203	–	517	–	521	–	49
1980	–	503	–	424	–	110	–	832	–	749	–	90
1990	–	561	–	447	–	435	–	694	–	747	–	96
2000	–	537	–	472	–	500	–	664	–	930	–	104
2008	–	445	–	451	–	470	–	458	–	956	–	91
2010	200	430	207	435	214	433	215	479	500	849	42	78
2011	201	427	205	424	214	409	216	490	479	822	39	77
2012	197	426	195	407	210	380	211	474	442	808	36	75
2013	195	426.2	187	392	210	356	214	468	405	808	35	74
2014	195	432	190	383	207	346	221	474	377	832	34	75

小学在校生，1950 年，广西 145 万名比湖南多 28 万名，分别是云南、贵州、海南的 259%、967%、906%；比广东少 32 万人，后者是前者的 122%。

2008 年，广西的小学生在校数 445 万人，被云南、贵州、湖南分别超过 6 万、25 万、13 万人，这一年的广东达 956 万名。

65 年后的 2014 年，广西的小学在校生为 432 万人，比广东的 832 万人少了 400 万名，后者是前者的 193%。见上表。

第五节　广西的每万人大学生数在 9 个民族省区中列第四

一、本专科在校生数

湖北省的大学生人数，1960 年就以 5.3 万人多过广西 1.9 万人、宁夏 1300 人、新疆 5900 人、云南 1.4 万人、贵州 1.2 万人、青海 4000 人。2014 年，湖北更以 142 万名大学生远远超过排在第二的广西的 70.2 万人。见下表：

9 个民族省区本、专科学生在校数

万人

年份	广西	内蒙古	西藏	宁夏	新疆	云南	贵州	青海	湖北
1950	0.1	0.1（1952 年）	–	–	0.03	0.25	0.11	–	0.57
1960	1.9	1.3	–	0.13	0.59	1.4	1.23	0.4	5.34
1970	0.1	–	–	–	0.03	–	–	0.06	0.13
1980	2.6	1.8	0.15	0.42	1.43	1.81	1.71	0.42	6.53
1990	3.8	3.2	0.20	0.80	3.13	4.35	2.7	0.62	13
2000	11.8	7.2	0.55	1.72	7.41	9	8	1.33	34.7
2008	48.4	31.7	2.94	7.05	24.1	34.4	27	5.6	119
2010	56.8	37.1	3.11	8.0	25.1	43.9	32.3	4.5	130
2011	60.0	38.4	3.23	8.79	25.9	48.8	34.4	4.6	134
2012	62.9	39.1	3.35	9.64	26.9	51.2	38.4	4.9	139
2013	65.6	39.9	3.36	10.4	27.8	54.9	41.9	5.1	142
2014	70.2	40.6	3.34	11.1	29	57.7	46	5.3	142

二、每万人中有本、专科生数

总数上占最多、每万人拥有的大学生数也是湖北省最多：

1960 年，湖北的 17 人，分别比广西多 8.2 人、宁夏多 11 人、云南多 9.6 人、贵州多 9.5 人、青海多 1 人；

2013 年，湖北比广西、内蒙古、西藏、宁夏、新疆、云南、贵州、青海多 108 人、85 人、137 人、90 人、122 人、128 人、125 人、157 人。

青海从 1960 年的第二，到 2014 年变为倒数第一；广西由 1980 年的倒数第三，2014 年变为第四。见下表：

9 个民族省区每万人有本/专科生数

人

年份	广西	内蒙古	西藏	宁夏	新疆	云南	贵州	青海	湖北
1950	0.5	1	–	–	–	1.5	–	–	2.2
1960	8.8	–	–	6	–	7.4	7.5	16	17
1970	0.3	–	–	–	0.34	–	–	2.1	0.3
1980	7.1	9	8	11	11.2	5.7	6.1	11	14
1990	8.9	15	9	17	20	12	8.3	14	24
2000	25	30	21	31	41	21	21	26	58
2008	101	131	102	159	108	76	71	101	208
2010	123	150	104	126	115	95	93	80	227
2011	130	155	107	138	117	105	99	81	233
2012	139	157	109	149	120	110	110	86	241
2013	137	160	108	155	123	117	120	88	245
2014	148	162	105	168	126	139	131	91	244

三、普通高中及中等职业在校生数

1950 年到 2008 年，广西在校初高中学生数，除湖北外，均远超过其他的 7 个民族省区。

2010 年到 2014 年的高中在校生，除了 2013 年贵州 86 万名多于广西 82 万人，2014 年贵州以 94 万多名超过湖北 92 万名、广西 84 万名外，其他年份的高中生数广西均排在湖北之后。见下表：

9 个民族省区在校高初中学生数　万人

年份	广西	内蒙古	西藏	宁夏	新疆	云南	贵州	青海	湖北
1950	3. 8	0. 8	–	0. 12	0. 57	2. 2	1. 1	0. 07（1949 年）	3. 9
1960	25. 9	12. 9	0. 06	1. 98	15. 05	15. 2	16. 5	2. 1	48
1970	107. 5	40. 9	0. 09	4. 59	17. 38	41	14. 1	3. 9	124
1980	155. 9	135. 5	1. 88	22. 37	82. 32	97	110	20	320
1990	140. 9	106. 6	2. 13	28. 44	86. 31	124	96. 5	22	212
2000	285. 6	130. 7	5. 52	31. 83	113. 29	186	157	22. 5	351
2008	287. 6	140. 3	18. 45	42. 92	148. 36	259	262	31. 5	393
2010	75. 4	49. 9	4. 1	14. 2	41. 9	63	62	10. 8	124
2011	77. 4	49. 3	4. 5	14. 8	43. 3	66	69	10. 7	117
2012	79. 6	50. 0	4. 8	15. 8	44. 1	71	77	10. 6	107
2013	81. 9	49. 4	5. 3	16. 5	44. 8	74	86	10. 9	99
2014	83. 8	48. 4	5. 6	16. 4	46. 3	76. 8	94. 3	11. 3	92

四、初中在校生数

从 2010 年至 2014 年 9 个民族省区在校初中生数量上看，贵州最多，广西第二，云南第三，第四才是湖北。应该多少说明了湖北的初中升高中的比例要比三个省区高得多。

不过，湖北从 2010 年的 218 万人，到 2014 年降到 138 万人，净减 80 万名的初中生，与相对平稳的其他 8 个民族省区来比，下降的比率实在过于悬殊。见下表：

9 个民族省区初中在校生

万人

年份	广西	内蒙古	西藏	宁夏	新疆	云南	贵州	青海	湖北
1950	–	–	–	–	–	–	–	–	–
1960	–	–	–	–	–	–	–	–	–
1970	–	–	–	–	–	–	–	–	–
1980	–	–	–	–	–	–	–	–	–
1990	–	–	–	–	–	–	–	–	–
2000	–	–	–	–	–	–	–	–	–
2008	–	–	–	–	–	–	–	–	–
2010	200	81	13.9	30.7	100.3	207	214	22	218
2011	201	79	13.6	30	97.7	205	214	22	204
2012	197	75	13	29	94	195	210	21	158
2013	195	69	13	28.4	92	187	210	21	148
2014	195	67	12.4	28	91	190	207	21	138

五、小学在校生数

从在校小学生减少的人数来看，湖北省的下降幅度并没有初中生的幅度那么大，即只从 366 万名减少至 321 万名，净减只有 45 万名而已。而其他 8 个民族省区的也相对平稳，西藏的更明显，可以说简直就是一个数。

65 年来在校小学生人数，最多的要算广西，青海排在倒数第一的西藏之前，而湖北则是排在云南、贵州之后的第四位上。见下表：

9 个民族省区的小学在校生数

万人

年份	广西	内蒙古	西藏	宁夏	新疆	云南	贵州	青海	湖北
1950	145	44.4	–	4.51	27.16	56	15	4（1949 年）	96
1960	316	161.8	4.15	28.5	89.72	210	212	27.3	422
1970	367	222.7	6.95	30	113.14	271	203	23.1	526
1980	503	290.2	24.08	58.37	205.55	424	110	57.5	756
1990	561	234.2	15.74	66.74	185.72	447	435	49	623
2000	537	201.5	31.38	65.74	247.74	472	500	50.5	668
2008	445	155.3	31.18	68.87	201.20	451	470	53.8	361
2010	430	143	29.9	65.4	193.6	435	433	52	366
2011	427	141	29.5	64.3	191.9	424	409	51	377
2012	426	137	29.2	62	190	407	380	50	327
2013	426	131	29.5	60	189	392	356	47	468
2014	432	130	29.5	59	194	383	346	46	321

第六节　广西的每万人大学生数在 9 个边境省区中倒数第四

一、本专科在校生数

9 个边境省区大学生数，最多的是辽宁，第二是黑龙江，第三是广西，吉林排第四，甘肃排在云南之后的第六位上。

辽宁 1952 年就有在校大学生 1.6 万人，比 1950 年排在第一的黑龙江 8000 人以及广西的 1000 人要多得多。2014 年，辽宁的 100 万名在校大学生，比排在第二的黑龙江多 27 万人、比广西多近 30 万人。见下表：

9 个边境省区本专科学生在校数 万人

年份	广西	内蒙古	西藏	新疆	云南	甘肃	黑龙江	吉林	辽宁
1950	0.1	0.1 (1952 年)	–	0.03	0.25	0.16	0.8	0.4	1.6 (1952 年)
1960	1.9	1.3	–	0.59	1.4	2.15	3.8	4	–
1970	0.1	–	–	0.03	–	0.05	–	0.3	–
1980	2.6	1.8	0.15	1.43	1.81	1.84	4.4	4	6.3
1990	3.8	3.2	0.20	3.13	4.35	3.4	8	7.3	12
2000	11.8	7.2	0.55	7.41	9	8.2	20	18	30
2008	48.4	31.7	2.94	24.1	34.4	33.2	68	50	82
2010	56.8	37.1	3.11	25.1	43.9	38.2	72	54	88
2011	60.0	38.4	3.23	25.9	48.8	40.5	71	56	90
2012	62.9	39.1	3.35	26.9	51.2	43.1	71	58	93
2013	65.6	39.9	3.36	27.8	54.9	44.3	72	60	97
2014	70.2	40.6	3.34	29	57.7	45.2	73	61.8	100

二、每万人中有大学生人数

广西每万人拥有在校大学生数，由排在在校大学生总数的第三位，跌到第六位，也就是只在西藏、新疆、云南之前。

1980 年，广西只排在云南之前；

1990 年，广西跌到倒数第一；

2000 年，广西反超西藏、云南；

2010 年，新疆少于广西 8 人，排在西藏、云南之前。从此以后到 2014 年，广西均为排在倒数第四的位置上。见下表：

9 个边境省区每万人有本专科学生数　　人

年份	广西	内蒙古	西藏	新疆	云南	甘肃	黑龙江	吉林	辽宁
1950	0.5	1	–	–	1.5	1.6	8	3.7	9
1960	8.8	–	–	–	7.4	17	21	28	–
1970	0.3	–	–	0.34	–	0.3	0.1	1.6	–
1980	7.1	9	8	11.2	5.7	10	14	17	18
1990	8.9	15	9	20	12	15	23	30	32
2000	25	30	21	41	21	32	53	67	72
2008	101	131	102	108	76	126	243	266	194
2010	123	150	104	115	95	149	188	196	201
2011	130	155	107	117	105	158	185	204	205
2012	139	157	109	120	110	167	185	211	212
2013	137	160	108	123	117	172	188	218	221
2014	148	162	105	126	139	174	190	224	228

三、普通高中及中等职业学校在校生数

广西在校大学生数量在 9 个边境省区中排在第三位。但在校的初高中生数量则是排在第一位。

1950 年，最多的吉林比广西多 2000 人；

1970 年，最多的黑龙江比广西多 18.5 万人；

1990 年，继续排第一的黑龙江比广西多 39.1 万人；

2000 年，广西多于黑龙江 36.6 万人。从此以后，一直到 2014 年，再没有哪个边境省区在校初高中生有广西这么多了。

2014 年，广西在校高中生比排在第二的云南净多 7 万人。见下表：

9 个边境省区初高中学生在校数　　万人

年份	广西	内蒙古	西藏	新疆	云南	甘肃	黑龙江	吉林	辽宁
1950	3.8	0.8	–	0.57	2.2	1.7	2.6	4	–
1960	25.9	12.9	0.06	15.05	15.2	15.5	31	26	–
1970	107.5	40.9	0.09	17.38	41	36	126	77	–
1980	155.9	135.5	1.88	82.32	97	97	242	183	263
1990	140.9	106.6	2.13	86.31	124	96	180	120	181
2000	285.6	130.7	5.52	113.29	186	131	249	143	217
2008	287.6	140.3	18.45	148.36	259	204	201	140	216
2010	75.4	49.9	4.1	41.9	63	64.7	62	47	71.5
2011	77.4	49.3	4.5	43.3	66	66	62	48	71.3
2012	79.6	50.0	4.8	44.1	71	66.5	61	48	70
2013	81.9	49.4	5.3	44.8	74	66.7	59	45	68
2014	83.8	48.4	5.6	46.3	76.8	65.4	56.7	41.6	65.2

四、在校初中生数

从 2010 年至 2014 年的初中在校生来看，除了云南 2010 年和 2011 年曾比广西各多 7 万人和 4 万人之外，其他年份再没有一个省区比广西多。见下表：

9 个边境省区初中学生在校数　　万人

年份	广西	内蒙古	西藏	新疆	云南	甘肃	黑龙江	吉林	辽宁
1950	–	–	–	–	–	–	–	–	–
1960	–	–	–	–	–	–	–	–	–
1970	–	–	–	–	–	–	–	–	–
1980	–	–	–	–	–	–	–	–	–
1990	–	–	–	–	–	–	–	–	–

续表

年份	广西	内蒙古	西藏	新疆	云南	甘肃	黑龙江	吉林	辽宁
2000	–	–	–	–	–	–	–	–	–
2008	–	–	–	–	–	–	–	–	–
2010	200	81	13.9	100.3	207	138	129	82	127
2011	201	79	13.6	97.7	205	129	122	75	120
2012	197	75	13	94	195	118	121	70	113
2013	195	69	13	92	187	104	93	65	106
2014	195	67	12.4	91	190	97	92	62.3	105.6

五、在校小学生数

广西除了初高中在校生最多外，小学在校生也是9个边境省区中最多的。

我们从另一个角度观察，9个边境省区在校小学生数量，65年来有一个值得研究的现象，就是随着时间的推移由少到多、再由多到少，但2014年与1980年对比，内蒙古及东三省的小学生数量减少了一半多。12个西部省区中的重庆、四川、陕西也如此，而其他省区变化的幅度相对较小。是什么原因造成的？我想，教育界或计生统计部门应该是清楚的。见下表：

9个边境省区小学生在校数　　万人

年份	广西	内蒙古	西藏	新疆	云南	甘肃	黑龙江	吉林	辽宁
1950	145	44.4	–	27.16	56	36	113	109	–
1960	316	161.8	4.15	89.72	210	165	292	236	–
1970	367	222.7	6.95	113.14	271	157	388	307	–
1980	503	290.2	24.08	205.55	424	319	500	355	442
1990	561	234.2	15.74	185.72	447	242	398	276	407
2000	537	201.5	31.38	247.74	472	316	283	242	344

续表

年份	广西	内蒙古	西藏	新疆	云南	甘肃	黑龙江	吉林	辽宁
2008	445	155.3	31.18	201.20	451	269	198	150	237
2010	430	143	29.9	193.6	435	237	188	144	218
2011	427	141	29.5	191.9	424	220	187	144	217
2012	426	137	29.2	190	407	206	187	142	213
2013	426	131	29.5	189	392	187	154	136	204
2014	432	130	29.5	194	383	180	149	127	198

第七节　广西的每万人大学生数在12个西部省区中居第七

一、本专科在校生数

12个西部省区在校大学生数，从多到少排列顺序是：四川、陕西、广西、重庆、云南、甘肃、贵州、内蒙古、新疆、宁夏、青海、西藏。

1950年，最多的四川有8300名大学在校生；

1960年，重庆以5.5万人超过四川；

1980年，陕西以5.4万人超过排在第二的四川；

2008年，四川反超陕西15万名。一直到2014年，四川均排在第一。见下表：

12个西部省区在校大学生数　　万人

年份	广西	内蒙古	西藏	宁夏	新疆	云南	贵州	重庆	四川	陕西	甘肃	青海
1950	0.1	0.1（52）	–	–	0.03	0.25	0.11	0.6	0.83	0.27	0.16	–
1960	1.9	1.3	–	0.13	0.59	1.4	1.23	5.5	4.6	4.21	2.15	0.4
1970	0.1	–	–	–	0.03	–	–	0.4	0.01	0.1	0.05	0.06
1980	2.6	1.8	0.15	0.42	1.43	1.81	1.71	2.5	4.85	5.4	1.84	0.42

续表

年份	广西	内蒙古	西藏	宁夏	新疆	云南	贵州	重庆	四川	陕西	甘肃	青海
1990	3.8	3.2	0.20	0.80	3.13	4.35	2.7	4.9	9.2	9.5	3.4	0.62
2000	11.8	7.2	0.55	1.72	7.41	9	8	13.2	23.6	24.2	8.2	1.33
2008	48.4	31.7	2.94	7.05	24.1	34.4	27	48.5	99.1	84	33.2	5.6
2010	56.8	37.1	3.11	8.0	25.1	43.9	32.3	52.3	109	92.8	38.2	4.5
2011	60.0	38.4	3.23	8.79	25.9	48.8	34.4	56.8	114	96.5	40.5	4.6
2012	62.9	39.1	3.35	9.64	26.9	51.2	38.4	62.4	122	103	43.1	4.9
2013	65.6	39.9	3.36	10.4	27.8	54.9	41.9	65.9	127	108	44.3	5.1
2014	70.2	40.6	3.34	11.1	29	57.7	46	69.2	133	110	45.2	5.3

二、每万人中有本/专科生数

12 个西部省区每万人拥有在校大学生数，从多到少排序是：陕西、重庆、甘肃、四川、宁夏、内蒙古、广西、云南、贵州、新疆、西藏、青海。

最多的陕西，1950 年时仅有 2 人并与四川持平，只比广西多 1.5 人；65 年后的 2014 年，以 291 人比广西 148 人多出 143 名，多出的数量几乎与广西的拥有量相当。见下表：

12 个西部省区每万人拥有的在校大学生数　　人

年份	广西	内蒙古	西藏	宁夏	新疆	云南	贵州	重庆	四川	陕西	甘肃	青海
1950	0.5	1	–	–	–	1.5	–	–	2	2	1.6	–
1960	8.8	–	–	6	–	7.4	7.5	12	10	22	17	16
1970	0.3	–	–	–	0.34	–	–	2	–	–	0.3	2
1980	7.1	9	8	11	11.2	5.7	6	10	7	19	10	11
1990	8.9	15	9	17	20	12	8.3	17	12	29	15	14

续表

年份	广西	内蒙古	西藏	宁夏	新疆	云南	贵州	重庆	四川	陕西	甘肃	青海
2000	25	30	21	31	41	21	21	43	28	66	32	26
2008	101	131	102	159	108	76	71	149	112	223	126	101
2010	123	150	104	126	115	95	93	181	135	248	149	80
2011	130	155	107	138	117	105	99	195	141	258	158	81
2012	139	157	109	149	120	110	110	212	152	273	167	86
2013	137	160	108	155	123	117	120	222	157	286	172	88
2014	148	162	105	168	126	139	131	231	163	291	174	91

本科生从普通高中生的录取比率，2013 年的重庆、四川、陕西、甘肃、青海分别是 50%、35%、57%、32%、22%，广西是 30%，广西只比青海多出 8 个百分点，而比重庆、四川、陕西、甘肃分别低 20、5、27、2 个百分点。本、专科生从普通高中、中等职业生的录取比例，重庆、四川、陕西、甘肃、青海分别是 56%、36%、65%、38%、21%，广西是 33%，只比青海高出 12 个百分点，而比其他 4 个省低，分别低 23、3、32、5 个百分点。

三、普通高中及中等职业学校在校生数

在校的初高中生人数，1950 年到 2008 年，除了四川最多外，广西应比陕西多一些排在第二；而 2010 年至 2014 年的高中生在校数，陕西要比广西多一些。见下表：

12 个西部省区在校初高中生数　　万人

年份	广西	内蒙古	西藏	宁夏	新疆	云南	贵州	重庆	四川	陕西	甘肃	青海
1950	3.8	0.8	–	0.12	0.57	2.2	1.1	3.5	76（1952 年）	4.4	1.7	–
1960	25.9	12.9	0.06	1.98	15.05	15.2	16.5	28	56	38.2	15.5	2.1
1970	107.5	40.9	0.09	4.59	17.38	41	14.1	65	156	89.2	36	3.9

续表

年份	广西	内蒙古	西藏	宁夏	新疆	云南	贵州	重庆	四川	陕西	甘肃	青海
1980	155.9	135.5	1.88	22.37	82.32	97	110	132	297	181	97	20
1990	140.9	106.6	2.13	28.44	86.31	124	96.5	108	289	133	96	22
2000	285.6	130.7	5.52	31.83	113.29	186	157	148	392	231	131	22.5
2008	287.6	140.3	18.45	42.92	148.36	259	262	191	503	289	204	31.5
2010	75.4	49.9	4.1	14.2	41.9	63	62	62.6	146	95.6	64.7	10.8
2011	77.4	49.3	4.5	14.8	43.3	66	69	65	151	97	66	10.7
2012	79.6	50.0	4.8	15.8	44.1	71	77	66	151.7	94	66.5	10.6
2013	81.9	49.4	5.3	16.5	44.8	74	86	66.1	151.6	90	66.7	109
2014	83.8	48.4	5.6	16.4	46.3	76.8	94.3	64.8	149	85	65.4	11.3

四、初中在校生数

2010年至2014年初中在校生人数，最多的是四川、贵州、广西这三个省区，年均分别有301万人、211万人和198万人。排在第四的是云南，再下来就是陕西、甘肃、重庆。见下表：

12个西部省区在校初中生数 万人

年份	广西	内蒙古	西藏	宁夏	新疆	云南	贵州	重庆	四川	陕西	甘肃	青海
1950	–	–	–	–	–	–	–	–	–	–	–	–
1960	–	–	–	–	–	–	–	–	–	–	–	–
1970	–	–	–	–	–	–	–	–	–	–	–	–

续表

年份	广西	内蒙古	西藏	宁夏	新疆	云南	贵州	重庆	四川	陕西	甘肃	青海
1980	–	–	–	–	–	–	–	–	–	–	–	–
1990	–	–	–	–	–	–	–	–	–	–	–	–
2000	–	–	–	–	–	–	–	–	–	–	–	–
2008	–	–	–	–	–	–	–	–	–	–	–	–
2010	200	81	13. 9	30. 7	100. 3	207	214	128	344	164	138	22
2011	201	79	13. 6	30	97. 7	205	214	119	327	150	129	22
2012	197	75	13	29	94	195	210	109	304	132	118	21
2013	195	69	13	28. 4	92	187	210	102	272	120	104	21
2014	195	67	12. 4	28	91	190	207	98	258	112	97	21

五、小学在校生数

小学生在校人数排在12个省区中最多的是四川，1980年曾有1144万人，到2014年减少至531万人。列为第二位的广西，最多的是在1990年的561万人，到2014年减至432万人。而大学生数量排在第一的陕西，最多小学生是在2000年的481万人，到2014年只有226万人。具体见下表：

12个西部省区在校小学生数　　万人

年份	广西	内蒙古	西藏	宁夏	新疆	云南	贵州	重庆	四川	陕西	甘肃	青海
1950	145	44. 4	–	4. 51	27. 16	56	15	64	374（1952年）	82	36	4（1949年）
1960	316	161. 8	4. 15	28. 5	89. 72	210	212	292	673	287	165	27. 3

续表

年份	广西	内蒙古	西藏	宁夏	新疆	云南	贵州	重庆	四川	陕西	甘肃	青海
1970	367	222.7	6.95	30	113.14	271	203	213	642	354	157	23.1
1980	503	290.2	24.08	58.37	205.55	424	110	432	1144	452	319	57.5
1990	561	234.2	15.74	66.74	185.72	447	435	239	687	354	242	49
2000	537	201.5	31.38	65.74	247.74	472	500	276	803	481	316	50.5
2008	445	155.3	31.18	68.87	201.20	451	470	224	649	286	269	53.8
2010	430	143	29.9	65.4	193.6	435	433	200	592	261	237	52
2011	427	141	29.5	64.3	191.9	424	409	195	580	254	220	51
2012	426	137	29.2	62	190	407	380	194	561	235	206	50
2013	426	131	29.5	60	189	392	356	199	526	227	187	47
2014	432	130	29.5	59	194	383	346	203	531	226	180	46

第十三章　广西的医疗卫生

医疗卫生方面的有关资料，《新中国55及60年统计资料汇编》中，主要收集了医院、卫生院、妇幼保健院、专科防治院、疾病预防控制中心的数量，执业医师、注册护士人员数以及床位数。而《中国统计年鉴》中，侧重收集了综合医院、中医医院、专科医院、社区卫生服务中心、街道及乡镇卫生院与疾病预防控制中心、妇幼保健院、专科防治院、卫生监督所的数量，以及从业人员数、床位数、门诊量、总费用等。限于篇幅，我们从中选取从事医疗卫生技术人员数和现有的床位数这两个指标，应该大体上可以看出某一地区的医疗卫生机构在某一时期的整体实力情况。

第一节　广西的每千人拥有医护人员和床位数分别比全国少0.26人和0.42张

每千人口拥有的医疗卫生技术人员数和病床数，1949年，全国有0.67人和0.15张；65年后的2014年，分别上升到5.56人和4.85张。广西由1950年拥有的0.05人和0.12张，分别上升到2014年的5.44人和4.24张，分别比全国少0.12人和0.61张床。

从每千人口拥有的医疗卫生技术人员数来看，广西除了在1960年曾以0.94人多于全国的0.90人外，其他年度的均比全国少。全国和广西最多人数的均是2014年，最少的人数也都是1950年。65年来，平均拥有的人员数，全国是2.52人、广西是2.26人，广西比全国少0.26人。

从每千人口拥有的病床数来看，广西没有一年达到全国的平均数。全国和广西最多的均是2014年，最少的也都是1950年。65年来，平均拥有的床位数，全国是2.57张、广西是2.15张，广西比全国少0.42张。具体见下表：

广西每千人拥有医疗卫生技术人员和床位数与全国比较

年份	全国		广西	
	人员	床位	人员	床位
1949	0.67	0.15	–	–
1950	0.69	0.18	0.05	0.12

续表

年份	全 国		广 西	
	人员	床位	人员	床位
1960	0. 90	0. 99	0. 94	0. 71
1970	0. 85	1. 34	0. 64	0. 96
1980	1. 17	2. 02	0. 85	1. 35
1990	1. 56	2. 32	1. 21	1. 63
2000	1. 68	2. 38	1. 29	1. 75
2005	1. 52	2. 45	1. 17	1. 87
2008	1. 58	3. 05	1. 26	2. 28
2010	4. 39	3. 58	3. 56	2. 7
2011	4. 61	3. 84	3. 92	2. 83
2012	4. 94	4. 23	4. 72	3. 60
2013	5. 27	4. 55	4. 44	3. 97
2014	5. 56	4. 85	5. 44	4. 24

2014 年，每千人口拥有的医疗卫生人员数和床位数，最多的是北京和新疆，分别是 9. 91 人和 6. 22 张；排在第二的是上海和辽宁，分别是 6. 76 人和 5. 82 张；第三的是陕西和青海，分别是 6. 69 人和 5. 66 张。广西分别比这 3 个省区少 4. 47 人和 1. 98 张、1. 32 人和 1. 58 张、1. 25 人和 1. 42 张。

第二节 广西的每万人拥有医护人员和床位数在 5 个自治区中均排第五

5 个自治区每万人口拥有的医疗卫生人员数，按年份排列的从多到少来看，应该是：新疆、内蒙古、宁夏、西藏、广西。

1950 年，当宁夏有 2 名多医护人员时，广西才有 0. 51 人；

1970 年，广西的人数最少，比宁夏少近 8 人，比第四的西藏 7. 8 人还少 1. 43 人。从此，一直到 2008 年，广西的医护人员也是最少的。

2010 年，广西终于比排在第五的西藏 34. 3 人多出 1. 3 人；从此到 2014 年，广西的医护人员均为第四。

2014 年，新疆、内蒙古、宁夏分别比广西多 12 人、7 人和 6 人。见下表：

5 个自治区每万人口拥有医疗卫生人员和病床数

年份	广西		内蒙古		西藏		宁夏		新疆	
	人员	床位	人员	床位	人员	床位	人员	床位	人员	床位
1949	–	–	–	1.1	–	–	1.7	0.3	0.28	1.61
1950	0.51	1.2	8	–	–	–	2.1	0.3	0.34	1.57
1960	9.37	7.1	–	–	4.9	8.1	9.2	7.2	7.54	25.6
1970	6.37	9.6	11	16.7	7.8	13.1	14.3	13.5	9.38	25.8
1980	8.49	13.5	17	25.2	19.4	23.0	15.2	21.1	16.1	36.8
1990	12.1	16.3	19	26.6	20.8	23.0	19.7	22.7	22.0	39.7
2000	12.9	17.5	22	28.2	20.9	25.2	16.1	23.5	24.6	35.6
2005	11.7	18.7	21	29.1	32.2	24.4	17.8	24.8	20.6	37.8
2008	12.6	22.8	21	33.7	32.9	30.5	18.6	33.9	20.4	43.8
2010	35.6	27	51.3	38.1	34.3	30.1	46.6	36.8	57.3	53.7
2011	39.2	28.3	53.4	40.8	35.7	31.7	49.1	39.6	59.3	56.9
2012	47.2	36	56.2	44.5	30.3	27.2	52.9	42.9	61.2	58.9
2013	44.4	39.7	60.1	48.1	36.7	35.3	55.8	47.6	64.3	60.6
2014	54.4	42.4	61.7	51.5	40.5	37.5	60.1	49.1	66.8	62.2

从上表中可以看到，5 个自治区每万人拥有的医疗卫生床位数，从多到少是：新疆、内蒙古、宁夏、西藏、广西：

从 1950 年到 2011 年，西藏的床位数每一年都比广西多，2012 年至 2014 年，才比广西少了一些。

2008 年，新疆、内蒙古、宁夏、西藏的床位，分别比广西多 21 张、11 张、11 张和 8 张。

2014 年，新疆、内蒙古、宁夏的床位，分别比广西多 20 张、9 张和 7 张，广西只比西藏多 5 张。

第三节　广西的每万人拥有医护人员和床位数在5个人口接近省区中人排第三、床位居第五

1950年，5个人口相近省区拥有的医护人员数，广西虽然只是浙江、辽宁的10%，但要比云南只有0.1人的好一些。床位数也比最少的云南多了0.54张。人员、床位最多的均为辽宁。

40年后的1990年，仅有12人的广西医护人员数最少，比最多的辽宁少10人；仅有16张床位的广西也是最少的，比最多的辽宁少34张。

2010年，浙江的61名医护人员数最多，广西的36人排在云南、江西之前。床位最多的仍然是辽宁，广西比最少的江西多0.4张。

2014年，云南、江西的44名医护人员数还是排在广西之后，最多的仍然还是浙江，达到68人；床位数广西也比最少的江西多1.3张。见下表：

5个人口相近省区每万人口拥有医卫人员数

年份	广西		浙江		辽宁		云南		江西	
	人员	床位	人员	床位	人员	床位	人员	床位	人员	床位
1949	–	–	4.3	2.8	–	–	0.1	0.4	1.3	1.5
1950	0.51	1.24	4.7	2.1	5.2	4.6	0.1	0.7	3.1	1.5
1960	9.37	7.13	8（1962年）	8	14（1962年）	27	5.6	12.2	8.6	25
1970	6.37	9.60	7.4	11.3	8.8	24.1	6.1	14.3	7.7	16.7
1980	8.49	13.5	8.8	16.5	18	34.7	10.5	19	10	23.5
1990	12.1	16.3	13.9	20.8	22	50.6	14.4	20.4	13.6	24.2
2000	12.9	17.5	16.5	25.3	24.3	46.3	14.8	21	13.1	21.9
2008	12.6	22.8	19.9	31.5	21.4	43.2	12.6	26.2	12.6	23.9
2010	35.6	27	60.8	38.8	54.6	48	31.6	34.7	33.7	26.6
2011	39.2	28.3	64.2	40.7	55.4	50.7	33.1	38	34.9	28.5
2012	47.2	36	60.2	38.9	56.2	52.6	35.8	41.8	39.9	36.4
2013	44.4	39.7	73	41.8	60.1	55.1	42	44.8	39.4	38.5
2014	54.4	42.4	68.2	44.6	58.4	58.2	44.3	47.7	44.3	41.1

第四节　广西的每万人拥有医护人员和床位数在6个相邻省区中均为第五

1949年，6个相邻省区中的湖南，就有了每万人口有5名医护人员和1.3张床位的医疗实力。

1950年，湖南虽然比1949年的医护人员少了0.2人，但在6个省区中仍然还是最多的，而床位最多的是广东的近4张。见下表：

6个相邻省区中每万人口拥有的医护人员数

年份	广西	云南	贵州	湖南	广东	海南
1949	–	0.1	–	5	–	–
1950	0.51	0.1	0.1	4.8	4.47	3
1960	9.37	5.6	5.9	9.2	–	6
1970	6.37	6.1	7.9	7.9	7.75	–
1980	8.49	10.5	9.5	11.1	10.5	14
1990	12.06	14.4	11.4	13.5	13	17
2000	12.94	14.8	12.2	13.5	13	16.1
2008	12.63	12.6	10.2	14.1	15.1	15
2010	35.6	31.6	24.8	38.1	53.4	44.1
2011	39.2	33.1	26.8	39.6	56.2	47.7
2012	47.2	35.8	37.2	44.7	48.9	50.8
2013	44.4	42	36.4	45.2	63.2	52.9
2014	54.4	44.3	48.5	50.7	54.4	56

1980 年，广西不但不足 9 名的医护人员最少，而且不足 14 张的床位也是最少的，只有最多海南 34 张的 41%。

2008 年，广西的人员和床位数，只排在最少的贵州 10 人和 21 张之前。

2014 年，广西的医护人员数虽然比仍然是最少的贵州多了 6 人，但床位数又比贵州少了近 10 张。广东的 38 张床位是最少的。见下表：

6 个相邻省区每万人口拥有的床位数

年份	广西	云南	贵州	湖南	广东	海南
1949	–	0.4	0.5	1.3	–	–
1950	1.24	0.7	0.7	1.3	3.87	3
1960	7.13	12.2	7.1	14	–	31
1970	9.60	14.3	9.8	13	15.16	–
1980	13.50	19	14.7	21.9	17.7	34
1990	16.27	20.4	16.2	21.9	20	33
2000	17.46	21	14.8	21.9	19.4	27
2008	22.78	26.2	20.6	27.5	26.3	25.5
2010	27	34.7	25.1	33	27	29
2011	28.3	38	27.7	36.1	37.6	31.4
2012	36	41.8	40	43.2	33.5	34.2
2013	39.7	44.8	47.6	46.9	35.5	35.9
2014	42.4	47.7	51.9	52.8	37.8	38.2

第五节　广西的每万人拥有医护人员和床位数在9个民族省区中人列倒数第三、床位列倒数第二

一、医护人员的数量

9个民族省区中，青海省缺1980年以前的数据。

1980年，西藏的19名医护人员最多，广西的最少。排在倒数第二的贵州也比广西多1人。湖北有13.5人。

2008年，医护人员最少的是贵州10人，云南倒数第二，广西则为倒数第三；最多的是西藏近33人，湖北与青海的差不多。

2014年，西藏以不足41人变为倒数第一，广西则排在云南、贵州及西藏之前的倒数第四位上。最多的新疆达到近67人，青海与湖北仍然基本持平。见下表：

9个民族省区每万人口拥有的医卫人员数

年份	广西	内蒙古	西藏	宁夏	新疆	云南	贵州	青海	湖北
1949	–	8	–	1.7	0.28	0.1	–	–	–
1950	0.51	–	–	2.1	0.34	0.1	0.1	–	6.3（1952年）
1960	9.37	–	4.9	9.2	7.54	5.6	5.9	–	8.6（1957年）
1970	6.37	11	7.8	14.3	9.38	6.1	7.9	–	10.3
1980	8.49	17	19.4	15.2	16.06	10.5	9.5	11.4（1981年）	13.5
1990	12.06	19	20.8	19.7	22.03	14.4	11.4	20.8	16.2
2000	12.94	22	20.9	16.1	24.55	14.8	12.2	18.6	17.4
2008	12.63	21	32.9	18.6	20.39	12.6	10.2	15.6	15.2
2010	35.6	51.3	34.3	46.6	57.3	31.6	24.8	45.3	41.6
2011	39.2	53.4	35.7	49.1	59.3	33.1	26.8	49.4	43.5
2012	47.2	56.2	30.3	52.9	61.2	35.8	37.2	51.1	50
2013	44.4	60.1	36.7	55.8	64.3	42	36.4	56.6	51
2014	54.4	61.7	40.5	60.1	66.8	44.3	48.5	58.2	57.7

二、病床的数量

拥有的床位数量，1960 年除内蒙古、青海外，贵州以少于广西 0.03 张的微小之差排数第一。

1980 年，贵州以多于广西 1.2 张的优势，将广西拉作垫底。最多的是新疆，湖北的 24 张床分别比内蒙古、西藏各少 1 张、多 1 张。

2000 年，贵州近 15 张床，不敌广西 17 张又排倒数第一。最多的仍然是新疆，近 36 张。

2011 年，广西以多于 0.6 张床，继续居于倒数第一的贵州之前。

2014 年，贵州近 52 张床超过广西 10 张，这一年西藏不足 38 张床少于广西，排在倒数第一。最多的是新疆 62 张，第二是青海 57 张，第三为湖北 55 张。见下表：

9 个民族省区每万人口拥有的床位数

年份	广西	内蒙古	西藏	宁夏	新疆	云南	贵州	青海	湖北
1949	–	1.1	–	0.3	1.61	0.4	0.5	–	–
1950	1.24	–	–	0.3	1.57	0.7	0.7	–	1.9（1952 年）
1960	7.13	–	8.1	7.2	25.55	12.2	7.1	–	4.5（1957 年）
1970	9.60	16.7	13.1	13.5	25.77	14.3	9.8	–	13.8
1980	13.50	25.2	23.0	21.1	36.81	19	14.7	32.3	24
1990	16.27	26.6	23.0	22.7	39.7	20.4	16.2	35.1	24.5
2000	17.46	28.2	25.2	23.5	35.64	21	14.8	32	21.8
2008	22.78	33.7	30.5	33.9	43.76	26.2	20.6	32.2	27.5
2010	27	38.1	30.1	36.8	53.7	34.7	25.1	37.2	32.6
2011	28.3	40.8	31.7	39.6	56.9	38	27.7	41.5	36.3
2012	36	44.5	27.2	42.9	58.9	41.8	40	45.4	43.8
2013	39.7	48.1	35.3	47.6	60.6	44.8	47.6	51.1	49.7
2014	42.4	51.5	37.5	49.1	62.2	47.7	51.9	56.6	54.6

第六节 广西的每万人拥有医护人员和床位数在9个边境省区中人居倒数第二、床位列倒数第一

一、医护人员的数量

1970年，9个边境省区各自拥有的医护人员数，黑龙江以12名最多，最少的是云南，比倒数第二的广西少了0.27人。

2008年，辽宁以多于吉林0.3人的优势，排在第一的西藏之后。广西仅比云南多0.03人，排在倒数第二。吉林的21人与辽宁的差不多，甘肃比广西多1人。

2013年，广西排在西藏、云南、甘肃之前。最多的是新疆，黑龙江与吉林的55人差不多。见下表：

9个边境省区每万人口拥有医卫人员数

年份	广西	内蒙古	西藏	新疆	云南	甘肃	黑龙江	吉林	辽宁
1949	-	8	-	0.28	0.1	1.3	3.8	7.7	-
1950	0.51	-	-	0.34	0.1	1.4	5.4	8.1	5.2
1960	9.37	-	4.9	7.54	5.6	7.5	10.7	11.7	14（1962年）
1970	6.37	11	7.8	9.38	6.1	9.7	11.7	10.8	8.8
1980	8.49	17	19.4	16.06	10.5	12.6	16.3	15.6	18
1990	12.06	19	20.8	22.03	14.4	14.9	20.2	20.6	22
2000	12.94	22	20.9	24.55	14.8	14.7	20.4	22.7	24.3
2008	12.63	21	32.9	20.39	12.6	13.8	17.4	21.1	21.4
2010	35.6	51.3	34.3	57.3	31.6	36.5	50	50.8	54.6
2011	39.2	53.4	35.7	59.3	33.1	38.8	50.9	51	55.4
2012	47.2	56.2	30.3	61.2	35.8	43.3	52.5	52.4	56.2
2013	44.4	60.1	36.7	64.3	42	43.3	54.9	54.5	60.1
2014	54.4	61.7	40.5	66.8	44.3	48.8	55.4	55	58.4

二、病床的数量

1950 年，在缺少内蒙古、西藏两区数据的基础上，9 个边境省区的每万人拥有病床数甘肃最少，最多是辽宁有近 5 张。黑龙江与吉林都一样有 3 张，广西排在甘肃、云南之前。

1990 年，辽宁以 50 张的绝对数大大多于其他 8 个省区，甘肃比西藏少 1 张床，广西倒数第一。

2014 年，辽宁拥有的 58 张床被新疆超过 4 张居于第二，云南与甘肃的差不多，吉林与内蒙古的差不多，广西多于西藏，排在倒数第二位。见下表：

9 个边境省区每万人口拥有床位数

年份	广西	内蒙古	西藏	新疆	云南	甘肃	黑龙江	吉林	辽宁
1949	–	1. 1	–	1. 61	0. 4	0. 2	2. 7	2	–
1950	1. 24	–	–	1. 57	0. 7	0. 4	3. 1	3. 1	4. 6
1960	7. 13	–	8. 1	25. 55	12. 2	18	19. 8	22. 6	27
1970	9. 60	16. 7	13. 1	25. 77	14. 3	13	24. 7	21. 3	24. 1
1980	13. 50	25. 2	23. 0	36. 81	19	18. 9	29. 1	30. 4	34. 7
1990	16. 27	26. 6	23. 0	39. 7	20. 4	22. 1	31. 1	37. 8	50. 6
2000	17. 46	28. 2	25. 2	35. 64	21	23. 3	29. 9	34	46. 3
2008	22. 78	33. 7	30. 5	43. 76	26. 2	29. 2	32. 9	36. 3	43. 2
2010	27	38. 1	30. 1	53. 7	34. 7	33. 3	41. 6	42. 2	48
2011	28. 3	40. 8	31. 7	56. 9	38. 0	34. 8	43. 1	44. 5	50. 7
2012	36	44. 5	27. 2	58. 9	41. 8	43. 6	46. 5	46. 4	52. 6
2013	39. 7	48. 1	35. 3	60. 6	44. 8	44. 9	49. 3	48. 4	55. 1
2014	42. 4	51. 5	37. 5	62. 2	47. 7	47. 2	52. 5	51. 2	58. 2

第七节　广西的每万人拥有医护人员和床位数在12个西部省区中人列倒数第四、床位列倒数第二

一、医护人员的数量

1970年，除青海缺资料外，其他西部11个省区每万人拥有医护人员数，宁夏最多有14人，重庆最少不到5人，广西排在倒数第三的位置。

30年后的2000年，12个省区医护人员最多的是新疆的近25人，最少的是贵州12人，广西仅比贵州多了0.74人。

10年后的2010年，最多人数的省区仍然是新疆，最少的仍然是贵州，广西排在贵州、云南、西藏、重庆之前的倒数第五位。

4年后的2014年，医护人员最多的是陕西67人，比第二的新疆多了0.1人，最少的是西藏40人。广西排在西藏、云南、贵州、重庆、甘肃之前。见下表：

12个西部省区每万人口拥有医卫人员数

年份	广西	内蒙古	西藏	宁夏	新疆	云南	贵州	重庆	四川	陕西	甘肃	青海
1949	–	8	–	1.7	0.28	0.1	–	–	–	2.0	1.3	–
1950	0.51	–	–	2.1	0.34	0.1	0.1	–	2.4（1952年）	–	1.4	–
1960	9.37	–	4.9	9.2	7.54	5.6	5.9	–	12（1962年）	9.7	7.5	–
1970	6.37	11	7.8	14.3	9.38	6.1	7.9	4.6	12.7	9.3	9.7	–
1980	8.49	17	19.4	15.2	16.06	10.5	9.5	4.8	14.5	13.1	12.6	11（1981年）
1990	12.06	19	20.8	19.7	22.03	14.4	11.4	9.9	19.1	17.8	14.9	20.8
2000	12.94	22	20.9	16.1	24.55	14.8	12.2	14.5	15.3	17.6	14.7	18.6
2008	12.63	21	32.9	18.6	20.39	12.6	10.2	12.1	14.6	15.4	13.8	15.6
2010	35.6	51.3	34.3	46.6	57.3	31.6	24.8	33.6	36.2	46.8	36.5	45.3
2011	39.2	53.4	35.7	49.1	59.3	33.1	26.8	36.1	38.9	50.4	38.8	49.4

续表

年份	广西	内蒙古	西藏	宁夏	新疆	云南	贵州	重庆	四川	陕西	甘肃	青海
2012	47. 2	56. 2	30. 3	52. 9	61. 2	35. 8	37. 2	44. 7	48. 2	57. 6	43. 3	51. 1
2013	44. 4	60. 1	36. 7	55. 8	64. 3	42	36. 4	42. 3	46. 8	60. 4	43. 3	56. 6
2014	54. 4	61. 7	40. 5	60. 1	66. 8	44. 3	48. 5	51. 6	55. 5	66. 9	48. 8	58. 2

二、病床的数量

1960 年，内蒙古、青海两省区缺少数据。其他 10 个西部省区每万人拥有的病床数量，最多是新疆的近 26 张，最少的是贵州，广西以多于贵州 0. 03 张，排在倒数第二位。

30 年后的 1990 年床位数，新疆近 40 张仍然排在第一，最少的贵州比广西仅少 0. 07 张，排在最后一位。

2010 年，最多床位的仍然是新疆，最少的仍然是贵州。四川与甘肃的差不多，重庆与西藏的差不多，青海与内蒙古的差不多，陕西与宁夏的差不多。广西排倒数第二。

2014 年，新疆继续居于第一的位置，床位最少的是西藏。贵州与内蒙古差不多，青海与四川差不多，甘肃与云南差不多，重庆与陕西差不多，广西继续排在倒数第二的位置上。具体见下表：

12 个西部省区每万人口拥有床位数

年份	广西	内蒙古	西藏	宁夏	新疆	云南	贵州	重庆	四川	陕西	甘肃	青海
1949	–	1. 1	–	0. 3	1. 61	0. 4	0. 5	–	–	0. 9	0. 2	–
1950	1. 24	–	–	0. 3	1. 57	0. 7	0. 7	2. 3（1951 年）	2. 6	–	0. 4	–
1960	7. 13	–	8. 1	7. 2	25. 55	12. 2	7. 1	18. 4	14. 4	14. 3	18	–
1970	9. 60	16. 7	13. 1	13. 5	25. 77	14. 3	9. 8	10. 9	16. 4	11. 9	13	–
1980	13. 50	25. 2	23. 0	21. 1	36. 81	19	14. 7	19. 2	27. 4	19. 5	18. 9	32. 3

续表

年份	广西	内蒙古	西藏	宁夏	新疆	云南	贵州	重庆	四川	陕西	甘肃	青海
1990	16.27	26.6	23.0	22.7	39.7	20.4	16.2	21.4	30.5	23.5	22.1	35.1
2000	17.46	28.2	25.2	23.5	35.64	21	14.8	21.2	22.7	25.4	23.3	32
2008	22.78	33.7	30.5	33.9	43.76	26.2	20.6	25.2	27.4	32.[illegible]	29.2	32.2
2010	27	38.1	30.1	36.8	53.7	34.7	25.1	31.4	33.5	36.7	33.3	37.2
2011	28.3	40.8	31.7	39.6	56.9	38	27.7	34.7	36.9	39.4	34.8	41.5
2012	36	44.5	27.2	42.9	58.9	41.8	40	44.4	48.3	45.1	43.6	45.4
2013	39.7	48.1	35.3	47.6	60.6	44.8	47.6	49.6	52.6	49.2	44.9	51.1
2014	42.4	51.5	37.5	49.1	62.2	47.7	51.9	53.7	56.5	52.8	47.2	56.6

第十四章　广西的养老保险

壮乡是世界上著名的长寿之乡，到目前为止已有23个县（市）被授予“中国长寿之乡”，占中国长寿之乡的近三分之一。随着健康养老理念的不断深入和人民大众收入水平的不断提高，人们的养老保险意识和用于养老方面上的开支必然会快速增加。

第一节　广西的养老保险人数低于全国10个百分点

据有关资料显示，全国从1989年起有养老方面的数据资料。当年城镇基本养老保险人数有5710万人，共取得社会保险基金收入154亿元，支出社会保险基金121亿元。广西在2000年以前无具体的养老保险数据，2000年至2008年也只有养老保险人数，而无养老保险基金的收支记载。

一、养老保险人数

当2000年广西有这方面的信息记录时，全国已有1.36亿人参加了养老保险，占全国总人口的10.7%；广西则有239万人，占广西总人口的5%。广西比全国低5个多百分点。

2005年，全国共有养老保险人数1.75亿人，占全国总人口的13.4%；广西有289万人，占广西总人口的6.2%。广西比全国低7个百分点。

2010年，全国共有3.6亿人参加了养老保险，占全国人口的近27%；广西有670万人，占广西人口的14.5%。广西比全国低12个多百分点。

2014年，全国养老保险人数增至8.4亿人，占全国人口的近61.6%；广西也有2272万人，占广西人口的48%。但广西还是要比全国低13个多百分点。

二、养老保险基金

由于统计口径不一致，广西的“养老保险基金”与全国的“社会保障基金”无法进行哪怕是大约、大致的比较。见下表：

广西的养老保险人数和基金收入与全国比 元、亿元、万人、%

年份	全国		广西	
	养老保险人数/占全国人口	基金收入/人均	养老保险/占广西人口	基金收入/人均
1989	5710/5.1	154/14	–	–
1995	10979/9.1	1006/83	–	–
2000	13617/10.7	2645/209	239/5.03	–
2005	17488/13.4	6975/533	289/6.2	–
2008	21891/16.5	13696/1031	368/7.6	–
2010	35984/26.8	19276/1437	670/14.5	296/642
2011	61573/45.73	25153/1867	1280/27.6	304/654
2012	78796/58.2	30739/2270	2085/44.5	373/797
2013	81968/60.3	35253/2590	2202/46.7	374/792
2014	84232/61.6	39828/2911	2272/47.8	474/997

注：1989年至2008年的“城乡居民基本养老保险人数”只是“养老保险人数”，未包括“失业和医疗保险人数”，而“社会保障基金收入”包括“失业保险人员和医疗保险人员”的部分。2010年至2012年，各省份只包括“城乡居民基本养老保险基金”，只是“养老保险基金”。

第二节　广西的养老保险在5个自治区中人数占比和人均基金均为第四

1989年，西藏和宁夏已经各自有了5万多人和19万多人参加养老保险的数据统计；1995年，增加了内蒙古和新疆的有关数字。

到2000年，广西才开始有养老保险239万人的数据，但与内蒙古一样，仍然没有养老保险基金收入方面的数字。

从2000年的人数看，内蒙古的250万人数最多，第二是广西的239万人，接下来是新疆、宁夏、西藏。新疆的基金收入已经有了32亿多元。

到了2010年，等到5个自治区的数据齐全时，人数排在第一的广西比跟在后面的内蒙古多了70万人，基金收入也多了23万元。

2014年，广西、内蒙古、西藏、宁夏、新疆的养老保险人数分别达到2272万、1287万、156万、334万、1036万人，分别占各自总人数的48%、51%、49%、50%、45%，占比最高的是内蒙古，最低的是新疆，广西第四；基金收入分别是474亿、536亿、29亿、128亿、544亿元，人均分别是2086元、4164元、1859元、3832元、5251元，最多的为新疆，最少的是西藏，广西第四。具体见下表：

5个自治区养老保险人数和基金收入　　万人、亿元

年份	广西		内蒙古		西藏		宁夏		新疆	
	人数	收入	人数	收入	人数	收入	人数	收入	人数	收入
1989	–	–	–	–	5.41	0.19	19.2	0.5	–	–
1995	–	–	227	–	7.16	0.73	34.1	2.22	87	7.02
2000	239	–	250	–	7.29	1.54	56.8	7.09	140.3	32.5
2005	289	–	339	11.3	7.68	3.65	–	–	181.9	11.5
2008	368	–	389	28.9	8.54	12.2	82.5	61.21	222.2	22.8
2010	670	296	600	273	90	16	132	86	751	296
2011	1280	304	742	366	130	18	296	118	923	369
2012	2085	373	1228	439	165	22	311	97	999	421
2013	2202	374	1277	505	154	25	323	115	1020	483
2014	2272	474	1287	536	156	29	334	128	1036	544

第三节　广西的养老保险在5个人口接近省区中人数占比第五、人均基金第三

2000年以前，除了云南有保险人数和基金收入的数据外，5个人口接近省区

均只是有养老保险人数的反映。

虽然是人口数量相近的省区，但广西、浙江、辽宁、云南、江西参加养老保险的人数却相差很大：

2000 年，5 个省区分别有 239 万、562 万、1030 万、252 万、255 万人参加，最多的辽宁多出最少的广西 791 万人。

2010 年，分别为 670 万、1993 万、1643 万、787 万、880 万人参加了养老保险，最多的浙江多出最少的广西 1323 万人。

2014 年，参加人数分别达 2272 万、3890 万、2801 万、2563 万、2582 万人，最少的广西少于最多的浙江 1618 万人。

从 2014 年的养老人口占比和人均基金来看，广西是 48/2086、浙江 68/3750、辽宁 63/5277、云南 54/1569、江西 56/1674（%/元）。人数占比最高的是浙江，最低的是广西；人均资金最多的是辽宁，最少的是云南，广西第三。见下表：

5 个人口相近省区养老保险人数和基金收入 万人、亿元

年份	广西		浙江		辽宁		云南		江西	
	人数	收入	人数	收入	人数	收入	人数	收入	人数	收入
1989	–	–	245	–	519	–	88	–	145（1990 年）	–
1995	–	–	358	–	726	–	176	–	193	–
2000	239	–	562	–	1030	–	252	45	255	–
2005	289	–	962	368.4	1194	48.3	259	103	282	–
2008	368	–	1387	706.1	1406	403.7	294	179	422	210
2010	670	296	1993	622	1643	839	787	205	880	239
2011	1280	304	2732	946	2313	1059	1591	300	1952	307
2012	2085	373	3516	1320	2655	1248	2469	346	2445	431
2013	2202	374	3731	1399	2776	1465	2537	398	2527	423
2014	2272	474	3890	1755	2801	1580	2563	425	2582	539

第四节　广西的养老保险在6个相邻省区中人数占比最低、人均基金第四

1989年，贵州省就有90万人的养老保险和取得800万元资金收入的记录。6个邻居省区中，贵州在这方面的资料是最齐全的。

2010年，广西、云南、贵州、湖南、广东、海南的养老人数，占各自总人口数的比例分别是：15%、17%、14%、23%、32%、28%，最高的是广东，最低的是贵州，广西第五。

2014年，6个省区的参老保险人数分别占各自总人口数的比率为：48%、54%、56%、66%、67%、57%，最高是广东，最低是广西。

人均基金收入，2010年和2014年，广西、云南、贵州、湖南、广东、海南，分别是：4417/2086、2605/1658、3160/1581、3090/2060、3398/3104、3416/2998元。2010年，人均收入最高的是广西，最低的是云南；2014年，收入最高的是广东，最低的是贵州，广西第四。见下表：

6个相邻省区养老保险人数和基金收入　　万人、亿元

年份	广西		云南		贵州		湖南		广东		海南	
	人数	收入	人数	收入	人数	收入	人数	收入	人数	收入	人数	收入
1989	–	–	88	–	90	0.08	–	0.30	–	–	–	–
1995	–	–	176	–	95	5.7	–	1.3	–	–	82	8.3
2000	239	–	252	45	165	22.9	568	78.5	1172	217	99	16.4
2005	289	–	259	103	184	57.3	729	218	1796	681	84	38.2
2008	368	–	294	179	216	140.5	829	320	2444	1219	106	78.5
2010	670	296	787	205	481	152	1521	470	3373	1146	243	83
2011	1280	304	1591	300	1117	209	3125	586	4607	1459	391	120
2012	2085	373	2469	346	1570	276	4168	702	6289	17769	484	132
2013	2202	374	2537	398	1824	285	4408	833	6530	1984	504	139
2014	2272	474	2563	425	1948	308	4417	910	7217	2240	517	155

第五节　广西的养老保险在9个民族省区中人数占比倒数第二、人均基金倒数第四

一、从人数占比上看

9个民族省区的广西、内蒙古、西藏、宁夏、新疆、云南、贵州、青海、湖北分别是：2008年，7%、16%、3%、13%、10%、6.5%、6%、12.3%、12%，最高的是内蒙古，最低的是西藏，广西倒数第四。

2014年，城乡居民基本养老保险的人数，青海达到319万人、湖北3497万人。9个省区的参加养老保险人数占各自总人口数的比例，分别达到48：51：49：50：45：54：56：55：60。最高的是湖北，最低的是新疆，广西倒数第二。见下表：

9个民族省区城乡居民基本养老保险人数　　万人

年份	广西	内蒙古	西藏	宁夏	新疆	云南	贵州	青海	湖北
1989	–	–	5.41	19.21	–	88	90	–	–
1995	–	227	7.16	34.08	87	176	95	–	338.5
2000	239	250	7.29	56.80	140.34	252	165	5.5	465.6
2005	289	339	7.68	–	181.87	259	184	60	597.6
2008	368	389	8.54	82.5	222.17	294	216	68.3	671.7
2010	670	600	90	132	751	787	481	140	1420
2011	1280	742	130	296	923	1591	1117	259	2798
2012	2085	1228	165	311	999	2469	1570	292	3438
2013	2202	1277	154	323	1020	2537	1824	306	3456
2014	2272	1287	156	334	1036	2563	1948	319	3497

二、从人均基金的额度来看

2010 年，9 个民族省区人均基金收入，广西、内蒙古、西藏、宁夏、新疆、云南、贵州、青海、湖北分别是：4418、4550、1778、6515、3941、2605、3160、3857、3497 元。最高的是宁夏，最低的是西藏，广西第三；

2014 年，青海、湖北两省的养老保险基金收入为 104 亿元和 1058 亿元。9 个民族省区的人均养老保险基金收入分别是 2086、4157、1859、3772、5251、1658、1581、3260、3025 元。最高的是内蒙古，最低的是贵州，广西倒数第四。见下表：

9 个民族省区的基金收入　　亿元

年份	广西	内蒙古	西藏	宁夏	新疆	云南	贵州	青海	湖北
1989	–	–	0. 19	0. 5	–	–	0. 08	–	–
1995	–	–	0. 73	2. 22	7. 02	–	5. 7	–	–
2000	–	–	1. 54	7. 09	32. 46	45	22. 9	–	–
2005	–	11. 32	3. 65	–	11. 48	103	57. 3	–	–
2008	–	28. 94	12. 23	61. 21	22. 75	179	140. 5	–	–
2010	296	273	16	86	296	205	152	54	514
2011	304	366	18	118	369	300	209	80	777
2012	373	439	22	97	421	346	276	80	838
2013	374	505	25	115	483	398	285	88	939
2014	474	535	29	126	544	425	308	104	1058

第六节　广西的养老保险在 9 个边境省区中人数占比倒数第二、人均基金倒数第四

9 个边境省区的养老保险人数，2000 年最多的是辽宁 1030 万人，最少的是西

藏7万多人，甘肃、黑龙江、吉林也分别有187万、623万、294万人。从占比的情况看，广西为5%、内蒙古11%、西藏3%、新疆8%、云南6%、甘肃7%、黑龙江16%、吉林11%、辽宁25%。最高的是辽宁，最低的为西藏，广西倒数第二。

2014年，参保人数辽宁达到2801万人，甘肃、黑龙江、吉林也分别达到1539万、1912万、1331万人。从占比的情况看，广西、内蒙古、西藏、新疆、云南、甘肃、黑龙江、吉林、辽宁分别为：48：51：49：45：54：59：50：48：64。最高的是辽宁，最低的为新疆，广西倒数第二。见下表：

9个边境省区城乡居民基本养老保险人数　　万人

年份	广西	内蒙古	西藏	新疆	云南	甘肃	黑龙江	吉林	辽宁
1989	–	–	5.41	–	88	–	–	–	519
1995	–	227	7.16	87	176	–	–	–	726
2000	239	250	7.29	140.34	252	187	623.2	294	1030
2005	289	339	7.68	181.87	259	197	768.9	456	1194
2008	368	389	8.54	222.17	294	221	857.8	532	1406
2010	670	600	90	751	787	429	1083	686.2	1643
2011	1280	742	130	923	1591	1045	1260	1007	2313
2012	2085	1228	165	999	2469	1454	1771	1194	2655
2013	2202	1277	154	1020	2537	1527	1878	1298	2776
2014	2272	1287	156	1036	2563	1539	1912	1331	2801

养老保险基金收入，2010 年最多的是辽宁 839 亿元，排第二的是黑龙江 531 亿元，新疆和广西同为 296 亿元排在第三。从人均基金数来看，广西、内蒙古、西藏、新疆、云南、甘肃、黑龙江、吉林、辽宁分别是：4418、4550、1778、3941、2605、4219、4903、4257、5107 元。最多的是辽宁，最少的是西藏，广西排第四。

2014 年，辽宁的养老保险基金达到 1580 亿元，是广西 474 亿元的 333%，是排在第二黑龙江 948 亿元的 167%，是吉林 541 亿元的 292%，是甘肃 340 亿元的 465%。人均基金收入，广西 2086 元、内蒙古 4157 元、西藏 1859 元、新疆 5251 元、云南 1658 元、甘肃 2209 元、黑龙江 4958 元、吉林 4065 元、辽宁 5641 元。最多的是辽宁，最少的为云南，广西倒数第三。见下表：

9 个边境省区的养老基金收入

亿元

年份	广西	内蒙古	西藏	新疆	云南	甘肃	黑龙江	吉林	辽宁
1989	–	–	0.19	–	–	–	–	–	–
1995	–	–	0.73	7.02	–	–	–	–	–
2000	–	–	1.54	32.46	45	–	132	77	–
2005	–	11.32	3.65	11.48	103	81	255	190	48.3
2008	–	28.94	12.23	22.75	179	156	529	336	403.7
2010	296	273	16	296	205	181	531	292	839
2011	304	366	18	369	300	266	606	361	1059
2012	373	439	22	421	346	263	749	415	1248
2013	374	505	25	483	398	295	876	487	1465
2014	474	535	29	544	425	340	948	541	1580

第七节　广西的养老保险在12个西部省区中人数占比倒数第二、人均基金倒数第四

一、参加养老保险人数

西部12个省区，养老保险人数有数据反映的，1989年的只有西藏、宁夏、云南、贵州4省区。到1995年，又多了内蒙古、新疆、四川3个省区。

2000年，12个省区的有关资料才全部记录在案。这一年中，参保人数最多的是四川509万人，第二是陕西295万人，第三是云南，第四是广西。参保人数占各自人口数的比例是：广西是5%、内蒙古11%、西藏3%、宁夏10%、新疆8%、云南6%、贵州4%、甘肃7%、重庆7%、四川6%、陕西8%、青海1%。最高的是内蒙古，最低的为青海，广西倒数第四。

2014年，参保人数占各自总人数的比例，广西是48%、内蒙古51%、西藏49%、宁夏50%、新疆45%、云南54%、贵州56%、甘肃59%、重庆65%、四川60%、陕西64%、青海55%。最高的是重庆，最低的是新疆，广西为倒数第二。见下表：

12个西部省区城乡居民基本养老保险人数　　万人

年份	广西	内蒙古	西藏	宁夏	新疆	云南	贵州	重庆	四川	陕西	甘肃	青海
1989	–	–	5.41	19.21	–	88	90	–	–	–	–	–
1995	–	227	7.16	34.08	87	176	95	–	295	–	–	–
2000	239	250	7.29	56.80	140.34	252	165	192	509	295	187	5.5
2005	289	339	7.68	–	181.87	259	184	288	556	268	197	60
2008	368	389	8.54	82.5	222.17	294	216	391	711	433	221	68.3
2010	670	600	90	132	751	787	481	1391	1970	990	429	140
2011	1280	742	130	296	923	1591	1117	1772	3008	1866	1045	259
2012	2085	1228	165	311	999	2469	1570	1848	4444	2349	1454	292
2013	2202	1277	154	323	1020	2537	1824	1896	4722	2390	1527	306
2014	2272	1287	156	334	1036	2563	1948	1938	4854	2428	1539	319

二、养老保险基金

养老保险基金收入，2010 年最多的是 834 亿元的四川，接下来从多到少的是重庆 344 亿元、陕西 327 亿元。人均基金收入，广西 4418 元、内蒙古 4550 元、西藏 1778 元、宁夏 6515 元、新疆 3941 元、云南 2605 元、贵州 3161 元、甘肃 4219 元、重庆 2473 元、四川 4234 元、陕西 3303 元、青海 3857 元。最多的是宁夏，最少的是西藏，广西排第三。

2014 年，养老基金最多的仍为四川 1727 亿元，是重庆 742 亿元的 233%、陕西 649 亿元的 266%、广西 474 亿元的 364%。人均基金收入，广西、内蒙古、西藏、宁夏、新疆、云南、贵州、甘肃、重庆、四川、陕西、青海分别是 2086、4157、1859、3772、5251、1658、1581、2209、3829、3558、2673、3260 元。最多的为内蒙古，最少的是贵州，广西倒数第四。见下表：

12 个西部省区养老基金收入　　亿元

年份	广西	内蒙古	西藏	宁夏	新疆	云南	贵州	重庆	四川	陕西	甘肃	青海
1989	–	–	0.19	0.5	–	–	0.08	–	–	–	–	–
1995	–	–	0.73	2.22	7.02	–	5.7	–	–	–	–	–
2000	–	–	1.54	7.09	32.46	45	22.9	–	93	–	–	–
2005	–	11.32	3.65	–	11.48	103	57.3	81	267	–	81	–
2008	–	28.94	12.23	61.21	22.75	179	140.5	225	576	–	156	–
2010	296	273	16	86	296	205	152	344	834	327	181	54
2011	304	366	18	118	369	300	209	503	1153	403	266	80
2012	373	439	22	97	421	346	276	648	1246	539	263	80
2013	374	505	25	115	483	398	285	672	1538	602	295	88
2014	474	535	29	126	544	425	308	742	1727	649	340	104

第十五章　广西的旅游

根据世界银行有关数据，2013 年整个世界国际旅游收入和国际旅游支出分别是 13811 亿美元和 12749 亿美元，比 2012 年的 12967 亿美元和 11886 亿美元分别增长了 6.5% 和 7.3%。2013 年，中国国际旅游收入 1523 亿美元（大陆 564 亿美元、香港 426 亿美元、澳门 523 亿美元），是美国 2148 亿美元的 71%、法国 661 亿美元的 230%、英国 494 亿美元的 308%、西班牙 676 亿美元的 225%、俄罗斯 202 亿美元的 754%、日本 169 亿美元的 901%、泰国 460 亿美元的 331%、印度 190 亿美元的 802%、澳大利亚 334 亿美元的 456%。中国的国际旅游支出 1613 亿美元（大陆 1383 亿美元、香港 212 亿美元、澳门 18 亿美元），是美国 1367 亿美元的 118%、德国 1083 亿美元的 149%、英国 681 亿美元的 237%。《2015 年度中国出境旅游发展报告》显示，2014 年中国出境旅游人数达到 1.07 亿人次，与 2013 年相比，同比增长 19.49%。

第一节　广西的旅游占全国入境人数的 1.6%、收入的 1.8%，国内游客的 5.6%、收入的 3.7%

从《新中国 60 年统计资料汇编》中我们可以看到，我国有关旅游情况资料是从 1978 年才开始有记载的；而广西有关这方面的记录，到了 1985 年才有外国人游广西的数据。

1978 年，也就是十一届三中全会召开的那一年，到中国大陆来的境外游客只有 181 万人次，其中不属于中华民族的外国人只有 23 万人。国际旅游收入不到 3 亿美元。

7 年后的 1985 年，全国入境人数有 1783 万人次，其中外国人 137 万人次，旅游收入取得 12.5 亿美元。这一年里，到广西的境外人有 42.6 万人，其中外国人有 29 万人，国际旅游收入 1300 万美元。

1990 年，广西开始有国内游数据的记录。当年就有了 546 万人次到（在）八桂大地游历，旅游收入达到 6 亿多元人民币。而全国的国内游的记录，到了 1994 年才有，这一年的国内游客有 5.24 亿人次，旅游收入为 1024 亿元人民币。

1995 年，到广西的入境人数 42 万人次，是全国 4639 万人次的 0.91%。其中，到广西的外国人 31 万人次，是全国 589 万人次的 5.26%；广西的国际旅游收入 1.21 亿美元，是全国 87.3 亿美元的 1.39%。全年广西国内游客 1450 万人次，是全国6.3亿人次的2.3%；国内旅游收入17.4亿元人民币，是全国1376亿元人民币的1.26%。

2005年，到广西的入境人数146万人次，是全国1.2亿人次的1.22%。其中到广西的外国人87万人次，是全国2026万人次的4.29%；广西的国际旅游收入3.59亿美元，是全国293亿美元的1.23%。全年广西的国内游客6493万人次，是全国12.1亿人次的5.37%；国内旅游收入278亿元，是全国5286亿元的5.26%。

2010年，到广西的入境人数250万人次，是全国1.34亿人次的1.86%。其中到广西的外国人141万人次，是全国2613万人次的5.40%；广西的国际旅游收入8.1亿美元，是全国458亿美元的1.76%。全年广西的国内游客1.4亿人次，是全国21亿人次的6.66%；国内旅游收入898亿元，是全国12580亿元的7.13%。

2014年，到广西的入境人数296万人次，是全国1.29亿人次的2.29%。其中到广西的外国人147万人次，是全国2636万人次的5.57%；广西的国际旅游收入15.6亿美元，是全国569亿美元的2.74%。全年广西的国内游客2.9亿人次，是全国36亿人次的8.05%；国内旅游收入2494亿元，是全国30312亿元的8.23%。

从1995年、2005年、2010年、2014年这几年广西占全国比的情况看，入境人数是0.91%、1.22%、1.86%、2.29%，外国人数有5.26%、4.29%、5.40%、5.37%，国际旅游收入是1.39%、1.23%、1.76%、2.74%，国内游客是2.3%、5.37%、6.66%、8.05%，国内旅游收入有1.26%、5.26%、7.13%、8.23%。除了个别年份个别指标有些下降之外，总体上都呈随着年度的推移而不断增大的态势。一方面，说明壮乡确实有值得外国人、外地人来旅游的理由和向往之处；另一方面，也说明了广西仍然需要在软、硬环境上加以改善，以吸引更多的国内外游客和广西人走出家门去“花钱”。具体见下表：

广西的旅游人数和收入与全国比

亿人次、亿元人民币、亿美元

年份	全国				广西			
	入境人/外国人	国际收入	国内游人	国内收入	入境人/外国（万）	国际收入	国内游人	国内收入
1978	181/23万	2.63	–	–	–	–	–	–
1980	570/53万	6.2	–	–	–	–	–	–
1985	1783/137万	12.5	–	–	42.6/29	0.13	–	–

续表

年份	全国				广西			
	入境人/外国人	国际收入	国内游人	国内收入	入境人/外国（万）	国际收入	国内游人	国内收入
1990	2746/174.5 万	22.2	–	–	51.8/15.3	3.66	0.0546	6.4
1995	4639/589 万	87.3	6.3	1376	41.9/31	1.21	0.1450	17.4
2000	8344/1016 万	162	7.4	3175	124/51	3.07	0.3951	147
2005	1.2/2026	293	12.1	5286	146/87	3.59	0.6493	278
2008	1.3/2433	408	17.1	8749	201/120	6.13	0.9687	492
2010	1.34/2613	458	21	12580	250/141	8.1	1.4	898
2011	1.35/2711	485	26.4	19305	303/171	10.5	1.7	1210
2012	1.32/2719	500	29.6	22706	350/193	12.8	2.1	1579
2013	1.29/2629	517	32.6	26276	281/150	15.5	2.4	1961
2014	1.29/2636	569	36.1	30312	296/147	15.6	2.9	2494

第二节　广西的旅游在 5 个自治区中入境人数与收入、国内游客与收入均最多

1980 年，分别有 13000、3500 和 3900 人次的境外人到内蒙古、西藏和新疆游历。其中：西藏、新疆分别有 80 万、200 万美元的国际旅游收入。

1985 年，除宁夏外，广西、内蒙古、西藏、新疆均分别反映有 43 万、1.4 万、7.2 万、2.32 万的境外人次进来旅游，其中：广西有 0.13 亿美元的收入，内蒙古、西藏、新疆分别有 0.02 亿、0.012 亿、0.06 亿美元的收入。进入广西的境外人最多、取得的收入广西也最多。这一年，到西藏旅游的国人有 56600 人，但无旅游收入数记录。

1995 年，到广西的境外人 42 万人次，比 1985 年减少了 1 万人次，但收入为 1.21 亿美元；国内游有 1450 万人次，取得的旅游收入 17 亿元人民币。到内蒙古的境外人比广西少 10 万人次，取得的收入 9100 万美元；国内游 380 万人，收入

5.7 亿元。到西藏的境外人 20.7 万人次，收入 1100 万美元；国内游近 14 万人，收入 6300 万元。到宁夏的境外人有 4000 人次，收入 120 万美元；国内游客 138 万人次，收入 1 亿多元。进入新疆的境外人 20.4 万人次，收入 5300 万美元；国内游 514 万人次，收入 7 亿多元。广西的境内外人数最多、收入也最多。见下表：

5 个自治区国际旅游人数与收入　　万人次、亿美元

年份	广西	内蒙古	西藏	宁夏	新疆
1980	–	1.3/ –	0.35/0.008	–	0.39/0.02
1985	43/0.13	1.4/0.02	7.2/0.012	–	2.32/0.06
1995	42/1.21	30/0.91	20.7/0.11	0.4/0.012	20.4/0.53
2000	124/3.07	39/1.26	60.83/0.52	0.8/0.03	25.61/0.95
2005	146/3.59	100/3.52	180/0.44	0.8/0.02	33.11/1.0
2008	201/6.13	155/5.77	225/0.31	1.2/0.03	36.32/1.36
2010	250/8.1	143/6	23/1.0	1.8/0.06	51/1.9
2011	303/10.5	152/6.7	27/1.3	2/0.06	56/4.7
2012	350/12.8	159/7.7	20/1.1	2/0.05	63/5.5
2013	282/15.5	162/9.6	22/1.3	2.5/0.1	69/5.9
2014	296/15.6	167/10	24/1.4	3.4/0.2	54/5

注：西藏的国外游客，1980 年到 2008 年的《新中国 60 年统计资料汇编》上确为这几个数，如 2005 年 180 万人次；而 2015 年《中国统计年鉴》上的如 2000 年、2005 年、2010 年、2013 年、2014 年又分别是“15、12、23、22、24 万人次”。

2010 年，广西、内蒙古、西藏、宁夏、新疆的境外人数和取得的收入分别是：250 万人次/8.1 亿美元、143 万人次/6 亿美元、23 万人次/1 亿美元、1.8 万人次/600 万美元、51 万人次/1 亿 9 千万美元，广西人数及收入最多。到广西、内蒙古、西藏、宁夏、新疆的国内游人数和收入分别是：1.4 亿人次/898 亿元、4500 万人次/693 亿元、700 万人次/71 亿元、1000 万人次/67 亿元、3000 万人次/281 亿元，旅游人数和收入最多也是广西。

2014年，来广西、内蒙古、西藏、宁夏、新疆旅游的境外人分别有296万、167万、24万、3.4万、54万人次，取得的国际旅游收入分别是15.7亿、10亿、1.4亿、0.2亿、5亿美元，广西的人数和收入最多；在广西、内蒙古、西藏、宁夏、新疆旅游的国内人分别有1.9亿、0.74亿、0.15亿、0.09亿、0.48亿人次，收入分别是2494亿、1745亿、190亿、141亿、619亿元，人次和收入还是广西最多。具体见下表：

5个自治区国内旅游人数与收入 亿人次、亿元人民币

年份	广西	内蒙古	西藏	宁夏	新疆
1980	–	–	2500人/ –	–	–
1985	–	–	5.6万/ –	–	–
1995	0.15/17	0.04/5.7	14万/0.63	0.01/1.1	0.05/7.10
2000	0.4/147	0.74/32	46万/2.58	0.02/9	0.08/63
2005	0.65/278	0.2/180	0.017/15.75	0.05/2	0.15/131
2008	0.97/492	0.3/430	0.022/20.42	0.08/4	0.2/198
2010	1.4/898	0.5/693	0.07/71	0.1/67	0.3/281
2011	1.7/1209	0.5/847	0.08/87	0.12/84	0.4/411
2012	2.1/1579	0.6/1081	0.1/120	0.1/103	0.5/542
2013	2.4/ 961	0.7/1343	0.13/165	0.1/126	0.5/637
2014	1.9/2494	0.7/1745	0.15/190	0.1/141	0.5/619

第三节　广西的旅游在5个人口接近省区中入境人数与收入第四、国内游客与收入第五

一、国际旅游人数和收入

5个人口相近省区的境外来客和获得的旅游收入，从多到少是：浙江、云南、辽宁、广西、江西。

1985年，来广西的外国（境）人最多，比云南和江西分别多了39万人次，到浙江的也只有27万多人次，但国际旅游收入却是浙江的2500万美元最多。

1995年，浙江有67万多人次，超过广西的42万人次。辽宁也有28万人次，云南的近5万人次比江西少2万多人次。

2000年，到云南游的外国游客近277万人，在5个省区排第一。

2008年，除云南、浙江的人数超过广西外，到辽宁的游客也多过广西41万人次。

2014年，来广西的外国（境）人反超云南、辽宁。见下表：

5个人口相近省区入境人数/国际旅游收入　　万人次、亿美元

年份	广西	云南	浙江	辽宁	江西
1980	–	0.79/0.01	14/–	3.2/0.06	1.2/0.01
1985	43/0.13	4.66/0.10	27.3/0.25	9.6/0.16	3.1/0.01
1995	42/1.21	4.98/0.16	67.2/2.36	28/1.89	7.4/0.25
2000	124/3.07	276.7/3.4	112.6/5.14	61.2/3.8	16.3/0.6
2005	146/3.59	347.6/5.3	348/17.2	130.2/7.4	37.3/1.04
2008	201/6.13	510.7/8.7	540/30.2	242/15.2	80.2/2.52
2010	250/8.1	329/13	685/39	362/23	114/3.5
2011	303/10.5	395/16	774/45	405/27	136/4.2
2012	350/12.8	458/19	866/52	476/33	156/4.8
2013	282/15.5	288/24	338/54	256/35	124/5.3
2014	296/15.6	287/24.2	371/57.5	261/16.2	148/5.6

二、国内旅游人数和收入

国内游的人数与收入，最多的是浙江，第二是辽宁，第三是云南，第四是江西，第五是广西。

2000 年，到广西的国内游客 4000 万人次，比排在第一的浙江少 1900 万人次。

2005 年，在云南、辽宁的游客超过广西，广西只排在江西之前。

2013 年，江西的国内游客开始超过广西，2014 年更是超过 1.21 亿人次。江西的旅游收入，从 2005 年开始到 2014 年，每年都比广西多。见下表：

5 个人口相近省区国内游人数/收入 亿人次、亿元

年份	广西	云南	浙江	辽宁	江西
1980	–	–	–	–	–
1985	–	–	–	–	–
1995	0.15/17	0.013/0.5	0.36/202	–	0.112/6.3
2000	0.4/147	0.38/183	0.59/430	0.43/224	0.25/130
2005	0.65/278	0.69/386	1.3/1240	0.99/675	0.51/312
2008	0.97/492	1.03/595	2.1/2040	1.98/1635	0.80/542
2010	1.4/898	1.4/917	2.9/3045	2.8/2533	1.1/1135
2011	1.7/1209	1.6/ –	3.4/3785	3.3/3159	1.4/1362
2012	2.1/1579	2/1579	3.9/4476	3.6/3739	1.6/1650
2013	2.4/ 961	2.4/1961	4.3/5202	4.04/4432	2.48/1863
2014	1.9/2494	3.6/3031	4.79/5947	4.59/5190	3.11/2612

第四节　广西的旅游在6个相邻省区中入境人数与收入第三，国内游客与收入第五

一、国际旅游人数和收入

从30年的统计资料来看，6个相邻省区的境外来客和取得的国际旅游收入，应该均是广东最多，云南第二，广西第三，湖南第四，海南第五，贵州第六。

广东的入境人数，2000年至2008年之间达到6000万至1亿多人次，但2010年后又跌到4000万人次以下。云南2008年也达到510万多人次，广西最多的是2012年350万人次，湖南则是2013年的231万人次最多，海南最多人次为2008年的98万，贵州则为2014年的65万人次最多。但2008年以后，到广东、海南、云南的境外游客都有不同程度的减少，是什么原因？

国际旅游收入，各省区最多的年份，广东是2014年的171亿美元；云南也是2014年的24.2亿美元，比2013年多2000万美元；广西也为2014年的15.6亿美元，仅比2013年多1000万美元；湖南则是2011年的10亿美元最多；海南的是2008年的近4亿美元；贵州则为2013年的2亿美元。具体见下表：

6个相邻省区入境人数/旅游收入　　万人次、亿美元

年份	广西	云南	贵州	湖南	广东	海南
1980	–	0.79/0.01	0.17/–	0.95/0.01	532/2.9	–
1985	43/0.13	4.66/0.10	1.13/–	3.2/0.014	1678/7.1	–
1995	42/1.21	4.98/0.16	2.4/–	17.7/0.6	3615/24	32.8/0.8
2000	124/3.07	276.7/3.4	18.4/0.61	45.4/2.2	6729/41	48.7/1.1
2005	146/3.59	347.6/5.3	27.6/1.0	72/3.9	9579/64	43.2/1.3
2008	201/6.13	510.7/8.7	39.5/1.17	111/6.2	10323/92	98/3.9
2010	250/8.1	329/13	50/1.3	190/9.1	3141/124	66/3.2
2011	303/10.5	395/16	59/1.4	228/10	3332/139	81/3.8
2012	350/12.8	458/19	71/1.7	225/9.3	3489/156	82/3.5
2013	282/15.5	288/24	62.4/2	231/8.2	3398/163	76/3.4
2014	296/15.6	287/24.2	65.3/1.9	219.5/8	3355/171	42.1/2.7

二、国内旅游人数和收入

国内游的人数和收入，从多到少的排列是：广东、湖南、云南、贵州、广西、海南。

1995 年，广西有 1500 万人次、云南是 136 万人次、贵州是 400 万人次、湖南为 2500 万人次、广东有 2900 万人次、海南有 330 万人次。云南和贵州的收入只有 5000 万元和 1700 万元，而广西、湖南、广东、海南的收入各是 17 亿、38 亿、513 亿、46 亿元。

2014 年，广东的人数达到 6 亿多人次、收入 8220 亿元；云南和湖南收入各为 3031 亿元与 3001 亿元，人数分别是 3. 6 亿人次与 4. 1 亿人次；贵州 3 亿多人次比广西多 1. 3 亿人次，收入 2882 亿元比广西多近 400 亿元。见下表：

6 个相邻省区的国内游 亿人次、亿元

年份	广西	云南	贵州	湖南	广东	海南
1980	–	–	–	–	–/22	–
1985	–	–	244/0. 07	–	–/80	–
1995	0. 15/17	0. 013/0. 5	0. 04/0. 17	0. 25/38	0. 29/513	0. 033/46
2000	0. 4/147	0. 38/183	0. 2/58	0. 47/130	0. 65/810	0. 01/69. 5
2005	0. 65/278	0. 69/386	0. 31/243	0. 71/421	0. 98/1354	0. 15/115
2008	0. 97/492	1. 03/595	0. 82/644	1. 3/809	1. 4/2030	0. 2/165
2010	1. 4/898	1. 4/917	1. 3/1053	2/1366	4/2965	0. 25/236
2011	1. 7/1209	1. 6/ –	1. 7/1420	2. 5/1718	4. 7/3932	0. 29/300
2012	2. 1/1579	2/1579	2. 1/1850	3/2176	5. 2/6400	0. 4/408
2013	2. 4/ 961	2. 4/1961	2. 7/2358	3. 6/2630	5. 97/7297	0. 36/408
2014	1. 9/2494	3. 6/3031	3. 2/2882	4. 1/3001	6. 58/8220	0. 47/480

第五节　广西的旅游在9个民族省区中入境人数与收入第二、国内游客与收入第四

一、国际旅游人数和收入

1980年到1995年，到广西旅游的外国（境）人，要比到其他民族省区旅游的外国（境）人多得多。如1985年到广西有43万人次，而排在第二的西藏才有7万多人次；1995年有42万人次入桂，而第二位的内蒙古也只有30万人次。取得的国际旅游收入也是广西最多。

2000年，云南的近277万外国（境）游客，大幅度地超过广西的124万人次，收入也最多。

2005年，到西藏旅游的外国（境）人180万人次，超过广西的146万人次，广西退到第三位。

2014年，广西的入境人数反超云南又居第一。湖北有277万人次排第三。青海有5万多人次，比宁夏多2万人次。

9个民族省区入境人数/国际旅游收入　　万人次、亿美元

年份	广西	内蒙古	西藏	宁夏	新疆	云南	贵州	青海	湖北
1980	–	1.3/–	0.35/0.01	–	0.39/0.02	0.79/0.01	0.17/–	–	–
1985	43/0.13	1.4/0.02	7.2/0.01	–	2.3/0.1	4.7/0.1	1.1/–	1.4/–	–
1995	42/1.2	30/0.9	20.7/0.1	0.4/0.01	20.4/0.5	5/0.2	2.4/–	1.3/0.02	27/0.7
2000	124/3.1	39/1.3	60.8/0.5	0.8/0.03	25.6/0.9	277/3.4	18.4/0.6	3.3/0.1	45/1.5
2005	146/3.6	100/3.5	180/0.4	0.8/0.02	33.1/1	348/5.3	28/1	4/0.1	83/2.8
2008	201/6.1	155/5.8	225/0.3	1.2/0.03	36.3/1.4	511/8.7	40/1.2	3/0.1	119/4.4
2010	250/8.1	143/6	23/1.0	1.8/0.06	51/1.9	329/13	50/1.3	4.7/0.2	182/7.5
2011	303/10.5	152/6.7	27/1.3	2/0.06	56/4.7	395/16	59/1.4	5.2/0.3	213/9.4
2012	350/12.8	159/7.7	20/1.1	2/0.05	63/5.5	458/19	71/1.7	5/0.2	265/12
2013	282/15.5	162/9.6	22/1.3	2.5/0.1	69/5.9	288/24	62/2	4.7/0.2	268/12
2014	296/15.6	167/10	24/1.4	3.4/0.2	54/5	287/24.2	65/1.9	5.2/0.3	277/12

二、国内旅游人数和收入

9 个民族省区国内游客和收入，从多到少的排序是：湖北、云南、贵州、广西、内蒙古、新疆、青海、宁夏、西藏。

1995 年，湖北的游客只比排在第二的广西多 500 万人次，收入比广西多 1 亿元。

2000 年，在新疆和内蒙古的国内游客分别为第一、第二，湖北退到第三，广西为第四。

2005 年，湖北、云南的游客进入第一、第二位，广西第三。

2011 年，广西与贵州同为 1.7 亿人次的国内游客，排在湖北之后。

2013 年，广西与云南同是 2.4 亿的人次排在湖北、贵州之后。见下表：

9 个民族省区国内游人数/收入 亿人次、亿元

年份	广西	内蒙古	西藏	宁夏	新疆	云南	贵州	青海	湖北
1980	–	–	2500 人	–	–	–	–	–	–
1985	–	–	5.6 万	–	–	–	244/0.1	–	–
1995	0.15/17	0.04/5.7	14万/0.63	0.01/1.1	0.05/7.10	0.01/0.5	0.04/0.17	0.01/3.6	0.2/18
2000	0.4/147	0.74/32	46 万/2.6	0.02/9	0.08/63	0.4/183	0.2/58	0.03/10	0.6/270
2005	0.7/278	0.2/180	0.02/16	0.05/2	0.15/131	0.7/386	0.3/243	0.1/25	0.8/451
2008	1/492	0.3/430	0.02/20.4	0.08/4	0.2/198	1/595	0.8/644	0.1/46.7	1.2/713
2010	1.4/898	0.5/693	0.1/71	0.1/67	0.3/281	1.4/917	1.3/1053	0.12/70	2.1/1409
2011	1.7/1209	0.5/847	0.1/87	0.12/84	0.4/411	1.6/–	1.7/1420	0.14/92	2.7/1931
2012	2/1579	0.6/1081	0.1/120	0.1/103	0.5/542	2/1579	2/1850	0.2/122	3.4/2554
2013	2.4/ 961	0.7/1343	0.1/165	0.1/126	0.5/637	2.4/1961	2.7/2358	0.2/157	4/3130
2014	1.9/2494	0.7/1745	0.2/190	0.1/141	0.5/619	3.6/3031	3.2/2882	0.2/200	5/ 3675

第六节　广西的旅游在9个边境省区中入境人数与收入第二、国内游客与收入为第三

一、国际旅游人数和收入

1980年至2005年，到广西的国（境）外人最多。2000年，排在第二的辽宁61万多人次，也只是广西的一半。

广西被西藏在2005年超过，到2008年又被辽宁超越。

9个边境省区的国（境）外旅游人数和取得的收入，辽宁排在第一、广西居第二。2014年，黑龙江的142万人次比吉林的多11万人次，但收入比吉林少2000万美元；甘肃的近3万人次最少。见下表：

9个边境省区入境人数/国际旅游收入　　万人次、亿美元

年份	广西	内蒙古	西藏	新疆	云南	甘肃	黑龙江	吉林	辽宁
1980	–	1.3/–	0.35/0.008	0.39/0.02	0.79/0.01	0.5/–	0.6/0.02	–	3.2/0.06
1985	43/0.13	1.4/0.02	7.2/0.012	2.32/0.06	4.7/0.1	1.9/0.06	3.6/0.2	2.4/0.02	9.6/0.16
1995	42/1.21	30/0.91	20.7/0.11	20.36/0.53	5/0.2	9.1/0.21	16.2/0.6	15.6/0.41	28/1.89
2000	124/3.07	39/1.26	60.8/0.52	25.6/0.95	277/3.4	21.3/0.55	55/1.9	22/0.6	61.2/3.8
2005	146/3.59	100/3.52	180/0.44	33.1/1.0	348/5.3	28.8/0.59	82.2/3.4	37.3/1.2	130/7.4
2008	201/6.13	155/5.77	225/0.31	36.3/1.36	511/8.7	8.3/0.16	201/8.7	61.7/2.1	242/15.2
2010	250/8.1	143/6	23/1.0	51/1.9	329/13	7/0.15	172/7.6	82/3.1	362/23
2011	303/10.5	152/6.7	27/1.3	56/4.7	395/16	9/0.17	207/9.2	99.3/3.9	405/27
2012	350/12.8	159/7.7	20/1.1	63/5.5	458/19	10/0.22	207/8	118/5	476/33
2013	282/15.5	162/9.6	22/1.3	69/5.9	288/24	9.8/0.2	153/6	124/5.5	256/35
2014	296/15.6	167/10	24/1.4	54/5	287/24.2	2.9/0.1	142/5.6	131/5.8	261/16.2

二、国内旅游人数和收入

9 个边境省区国内游客和收入，排在第一的当属辽宁。

2000 年，到内蒙古的游客最多，有 7400 万人次，辽宁有 4300 万人次居第二，第三是广西。黑龙江有 2700 万人次，吉林有 1800 万人次，甘肃有 730 万人次。

2008 年，当辽宁有近 2 亿的人次时，排在第三的广西只有 9700 万人次。

2014 年，当辽宁达到 4.6 亿人次、收入 5191 亿元时，排在第三的广西只有近 2 亿人次、收入也只是 2494 亿元。此时的甘肃有 1.3 亿人次、收入 5910 亿元，黑龙江有 1.05 亿人次、收入 1031 亿元，吉林有 1.21 亿人次、收入 1766 亿元。见下表：

9 个边境省区国内游人数/收入 亿人次、亿元

年份	广西	内蒙古	西藏	新疆	云南	甘肃	黑龙江	吉林	辽宁
1980	–	–	2500 人/ –	–	–	–	–	–	–
1985	–	–	5.6 万/ –	–	–	–	–	–/0.13	–
1995	0.15/17	0.04/5.7	14 万/0.63	0.05/7.10	0.01/0.5	0.03/2	0.15/36	–	–
2000	0.4/147	0.7/32	46 万/2.58	0.08/62.7	0.4/183	0.07/18.6	0.27/121	0.18/52	0.43/224
2005	0.65/278	0.21/180	0.02/16	0.15/131	0.7/386	0.12/58	0.45/252	0.28/219	0.99/675
2008	0.97/492	0.32/430	0.02/20	0.22/198	1/595	0.25/136	0.84/502	0.45/436	2/1635
2010	1.4/898	0.45/693	0.07/71	0.3/281	1.4/917	0.4/236	1.57/832	0.64/712	2.8/2533
2011	1.7/1209	0.5/847	0.08/87	0.4/411	1.6/ –	0.6/333	2./1032	0.75/904	3.3/3159
2012	2.1/1579	0.6/1081	0.1/120	0.5/542	2/1579	0.8/470	2.5/1248	0.9/1147	3.6/3739
2013	2.4/ 961	0.7/1343	0.13/165	0.50/637	2.4/1961	1.01/5097	2.9/1348	1./1441	4/4432
2014	1.9/2494	0.7/1745	0.15/190	0.48/619	3.6/3031	1.3/5910	1.1/1031	1.2/ 1766	4.6/5191

第七节　广西的旅游在12个西部省区中入境人数与收入第二，国内游客与收入第四

一、国际旅游人数和收入

对外开放35年来，12个西部省区接待的国（境）外人员和取得的国际旅游收入最多的是：

1980年，陕西的4万人次和1200万美元。

1995年，陕西的44万多人次和1.4亿美元。广西以42万人次居第二。

2005年，四川457万人次和收入3亿多美元。广西排在西藏、云南之后的第四位上。

2010年，云南329万人次和收入13亿美元。广西排在第二位。

2014年，广西296万人次排在第一位，但收入只有近16亿美元，不敌云南的只有287万人次但收入却达24亿多美元。见下表：

12个西部省区入境人数/国际旅游收入　　万人次、亿美元

年份	广西	内蒙古	西藏	宁夏	新疆	云南	贵州	重庆	四川	陕西	甘肃	青海
1980	–	1.3/–	0.35/0.01	–	0.39/0.02	0.79/0.01	0.17/–	–	–	4/0.12	0.5/–	–
1985	43/0.13	1.4/0.02	7.2/0.012	–	2.32/0.06	4.66/0.10	1.13/–	5/0.05	–	21.2/0.24	1.9/0.06	1.4/–
1995	42/1.21	30/0.91	20.66/0.11	0.4/0.012	20.36/0.53	4.98/0.16	2.4/–	14.3/0.63	–	44.2/1.41	9.1/0.21	1.3/0.02
2000	124/3.07	39/1.26	60.83/0.52	0.8/0.03	25.61/0.95	276.7/3.4	18.4/0.61	26.6/1.38	192/1.22	71.3/2.8	21.3/0.55	3.3/0.07
2005	146/3.59	100/3.52	180/0.44	0.8/0.02	33.11/1.0	347.6/5.3	27.6/1.0	52.4/2.64	457/3.16	92.8/4.5	28.8/0.59	4/0.11
2008	201/6.13	155/5.77	225/0.31	1.2/0.03	36.32/1.36	510.7/8.7	39.5/1.17	87.2/4.50	532/2.15	125.7/6.6	8.3/0.16	3/0.1
2010	250/8.1	143/6	23/1.0	1.8/0.06	51/1.9	329/13	50/1.3	137/7	105/3.5	212/10	7/0.15	4.7/0.2
2011	303/10.5	152/6.7	27/1.3	2/0.06	56/4.7	395/16	59/1.4	186/10	164/6	270/13	9/0.17	5.2/0.3

续表

年份	广西	内蒙古	西藏	宁夏	新疆	云南	贵州	重庆	四川	陕西	甘肃	青海
2012	350 /12.8	159 /7.7	20 /1.1	2 /0.05	63 /5.5	458 /19	71 /1.7	224 /12	227 /8	335 /16	10 /0.22	4.7 /0.2
2013	282 /15.5	162 /9.6	22 /1.3	2.5 /0.1	69 /5.9	288 /24	62.4 /2	115 /12.7	210 /7.6	254 /16.8	9.8 /0.2	4.7 /0.2
2014	296 /15.6	167 /10	24 /1.4	3.4 /0.2	54 /5	287 /24.2	65.3 /1.9	264 /13.5	240 /8.6	266 /14.1	2.9 /0.1	5.2 /0.3

二、国内旅游人数和收入

1980 年，12 个西部省区中，只有西藏 2500 人次国内游的记录；

1985 年，记载国内游的除了西藏的 5.6 万人外，还有就是贵州的 244 万人次、收入 700 万元；

1995 年，重庆、四川两省市仍然没有国内游的数据反映；

2000 年，12 个省区国内游数字中，最多人数的是内蒙古的 7400 万人次，但收入最多的是四川的 248 亿元，广西 4000 万的人次排在第三名；

2005 年，有 1.3 亿人次及 696 亿元收入的四川排在第一，广西排在第三；

2010 年，到四川、重庆、云南、贵州、广西、陕西的国内游客都超过 1 亿人次，广西与云南、陕西同为 1.4 亿人次居于四川、重庆之后；

2014 年，云南、贵州、四川、陕西的国内游人数激增到 3 亿多人次，甘肃的也增到 1.3 亿人次，但广西只增到 1.9 亿人次。具体见下表：

12 个西部省区国内游人数/收入 亿人次、亿元

年份	广西	内蒙古	西藏	宁夏	新疆	云南	贵州	重庆	四川	陕西	甘肃	青海
1980	–	–	2500 人 / –	–	–	–	–	–	–	–	–	–
1985	–	–	5.6 万 / –	–	–	–	244 万 /0.07	–	–	–	–	–
1995	0.15 /17	0.038 /5.7	14 万 /0.63	0.014 /1.1	0.051 /7.10	0.013 /0.5	0.04 /0.17	–	–	0.21 /42	0.03 /2	0.014 /3.6
2000	0.4 /147	0.74 /32	46 万 /2.58	0.024 /9.29	0.076 /63	0.38 /183	0.2 /58	0.31 /137	0.54 /248	0.31 /127	0.07 /19	0.032 /10

续表

年份	广西	内蒙古	西藏	宁夏	新疆	云南	贵州	重庆	四川	陕西	甘肃	青海
2005	0. 65 /278	0. 21 /180	0. 017 /15. 75	0. 05 /1. 76	0. 15 /130. 6	0. 69 /386	0. 31 /243	0. 60 /279	1. 32 /696	0. 59 /316	0. 12 /58	0. 06 /25
2008	0. 97 /492	0. 32 /430	0. 022 /20. 42	0. 078 /4. 03	0. 22 /198	1. 03 /595	0. 82 /644	1. 0 /530	1. 75 /1077	0. 91 /561	0. 25 /136. 4	0. 09 /47
2010	1. 4 /898	0. 45 /693	0. 07 /71	0. 1 /67	0. 3 /281	1. 4 /917	1. 3 /1053	1. 6 /868	2. 7 /1862	1. 4 /916	0. 4 /236	0. 12 /70
2011	1. 7 /1209	0. 52 /847	0. 08 /87	0. 12 /84	0. 4 /411	1. 6 / –	1. 7 /1420	2. 2 /1202	3. 5 /2411	1. 8 /1240	0. 6 /333	0. 14 /92
2012	2. 1 /1579	0. 59 /1081	0. 1 /120	0. 07 /103	0. 5 /542	2 /1579	2. 1 /1850	– – – –	4. 4 /3230	2. 3 /1610	0. 8 /470	0. 16 /122
2013	2. 4 / 961	0. 66 /1343	0. 13 /165	0. 08 /126	0. 50 /637	2. 4 /1961	2. 7 /2358	– –	4. 9 /3830	2. 82 /2031	1. 01 /5097	0. 18 /157
2014	1. 9 /2494	0. 74 /1745	0. 15 /190	0. 089 /141	0. 48 /619	3. 6 /3031	3. 2 /2882	– – – –	5. 4 /4838	3. 29 /2435	1. 3 /5910	0. 2 /200

下篇

说在后尾

昨天、今天的壮乡是个什么样子，相信通过以上章节大量的数字、数据和相应的言语表述，应该已不难看出，基本清楚明了。

明天的壮乡又将是个什么样子，广西的明日如何在昨日、今日的基础上做得更实、更好、更有效，让明天的广西更加美好，使“阿牛哥”更俊更壮更实，让“刘三姐”更靓更美更甜？当然要靠那些顶尖的理论家、设计师设计好，要靠那些引领壮乡前行的舵手领导好，更要靠长期生活劳作在广西这片大地上的5000万各族人民的辛勤努力、艰苦奋斗。

有比较，才能有鉴别

1957年3月12日，毛泽东主席在中国共产党全国宣传工作会议上论述“双百方针”（百花齐放、百家争鸣）“放”还是“收”的问题时说：“领导我们的国家可以采用两种不同的办法，或者说两种不同的方针，这就是放和收。放，就是放手让大家讲意见，使人们敢于说话，敢于批评，敢于争论；……发展各种意见之间的相互争论和相互批评……对于错误的意见，不是压服，而是说服，以理服人。收，就是不许人家说不同的意见，不许人家发表错误的意见，发表了就‘一棍子打死’。这不是解决矛盾的办法，而是扩大矛盾的办法。两种方针，放还是收呢？二者必取其一。我们采取放的方针，因为这是有利于我们国家巩固和文化发展的方针。”“人们历来不是讲真善美吗？真善美的反面是假恶丑。没有假恶丑就没有真善美……有比较才能鉴别。有鉴别，才能发展。”（《毛泽东选集》第五卷，人民出版社1977年4月第1版，第403－418页）

“比较”——《辞海》中的解释是，确定事物同异关系的思维过程和方法。根据一定的标准把彼此有某种联系的事物加以对照，从而确定其相同与相异之点，便可以对事物作初步的分类，才能把握事物间的内在联系，认识

事物的本质。(《辞海》缩印本，上海辞书出版社，1989 年出版，第 1525 页)

通过本书中的第 1 章到第 15 章对新中国成立 65 年以来广西经济社会的相关主要指标，与广西自身的纵向分析、与全国尤其是与兄弟省区的横向对比之后，在充分肯定壮乡 65 年以来取得的巨大成就、显著成绩的同时，我们可以大致或大体上作出如下鉴别、或得出以下结论：

在全国，广西的人口约占 3.5%；国内生产总值占 2.2%，人均 GDP 为 2/3；财政收入是 1.15%、支出为 1.8%，人均财政收入是 33%、支出为 51%；全社会固定资产投资量占 2%；农林牧渔业产值是 3.5%；规模以上工业企业户数是 1.6%，总资产为 1.5%，业务收入占 1.4%；进出口额是 0.73%，社会零售额为 2.1%；上市公司户数是 1.2%，市值为 0.6%；存贷款余额均占 1.8% 以下；城乡居民人均收入是 89%；每万人拥有在校大学生为 57%；每千人口拥有医护人员数少 0.26 人、病床数少 0.42 张；养老保险人数占比低 10 个百分点；国（境）外游客人数是 1.6%，国际旅游收入占 1.8%，国内游客人数为 5.6%，国内旅游收入是 3.7%。

在 5 个自治区中，广西的人口最多、少数民族人口最多；经济规模第二，人均 GDP 第四；财政收支总额皆第二，人均收支皆第五；全社会固定资产投资量第二，增速第五；农林牧渔业产值第一，增速第四；规模以上工业企业平均每户资产第五、业务收入第三；进出口额第一，增速第三；社会零售额第一，增速第四；上市公司户数第二，户均市价第四；存贷款余额皆第一，存款增速第二、贷款增速第五，存贷比第三；城乡居民人均收入第二，增速第四；每万人拥有在校大学生第三；每万人拥有医护人员数第五，病床数第五；养老保险人数占比第四，人均养老基金第四；国（境）外游客人数和旅游收入第一，国内游客人数和旅游收入第一。

在 5 个人口接近省区中，广西的人口数第二；经济规模第四，人均 GDP 第四；财政收支总额皆第五，人均收支皆第五；全社会固定资产投资量第四，增速第二；农林牧渔业产值第二，增速第四；规模以上工业企业平均每户资产、业务收入均为第二；进出口额倒数第二，增速第一；社会零售额及增速皆第三；上市公司户数第三，户均市价第五；存款余额第五、贷款余额第四，存增、贷增速皆第二，存贷比第三；城乡居民人均收入第四，增速第五；每万人拥有在校大学生第四；每万人拥有医护人员数第三，病床数第五；养老保险人数占比和人均养老基金均为第四；国（境）外游客人数和旅游收入第四，国内游客人数和旅游收入第五。

在6个相邻省区中，广西的人口第三；经济规模第三，人均GDP第四；财政收支总额皆第三，人均收支皆第六；全社会固定资产投资量第三，增速第四；农林牧渔业产值第三，增速第四；规模以上工业企业平均每户资产第五、业务收入第二；进出口额及增速皆第二；社会零售额第三，增速第五；上市公司户数第三，户均市价第六；存贷款余额皆第四，存增第三、贷增第四，存贷比第四；城乡居民人均收入第四，增速第五；每万人拥有在校大学生第四；每万人拥有医护人员数第五，病床数第五；养老保险人数占比第六，人均养老基金第四；国（境）外游客人数和旅游收入第三，国内游客人数和旅游收入第五。

在9个民族省区中，广西的人口第二；经济规模第三，人均GDP倒数第四；财政收支总额皆第四，人均收支皆倒数第一；全社会固定资产投资量第三，增速倒数第二；农林牧渔业产值第二，增速倒数第二；规模以上工业企业平均每户资产倒数第二、业务收入倒数第五；进出口额第二，增速第四；社会零售额第二，增速倒数第二；上市公司户数第三，户均市价倒数第二；存贷款余额皆第三，存款增速第四、贷款增速倒数第三，存贷比倒数第四；城乡居民人均收入第三，增速倒数第二；每万人拥有在校大学生第四；每万人拥有医护人员数倒数第三，病床数倒数第二；养老保险人数占比倒数第二，人均养老基金倒数第四；国（境）外游客人数和旅游收入第二，国内游客人数和旅游收入第四。

在9个边境省区中，广西的人口第一；经济规模第四，人均GDP倒数第三；财政收入总额第四、支出总额第五，人均财收倒数第二、人均财支倒数第一；全社会固定资产投资量第三，增速倒数第四；农林牧渔业产值第三，增速倒数第二；规模以上工业企业平均每户资产倒数第一、业务收入倒数第三；进出口额第三、增速第二；社会零售额第四，增速倒数第五；上市公司户数第三，户均市价倒数第一；存贷款余额皆第三，存款增速第四、贷款增速倒数第四，存贷比第四；城乡居民人均收入第四，增速倒数第二；每万人拥有在校大学生倒数第四；每万人拥有医护人员数倒数第二，病床数倒数第一；养老保险人数占比倒数第二，人均养老基金倒数第三；国（境）外游客人数和旅游收入第二，国内游客人数和旅游收入第三。

在12个西部省区中，广西的人口第二；经济规模第四，人均GDP倒数第四；财政收支总额皆第六，人均财收倒数第二、人均财支倒数第一；全社会固定资产投资量第四，增速倒数第三；农林牧渔业产值第二，增速倒数第二；规模以上工业企业平均每户资产倒数第二、业务收入倒数第五；进出口额第三、增速第五；社会零售额第三，增速倒数第二；上市公司户数第四，户均市价倒数第二；存贷款余额皆第五，存款增速倒数第五、贷款增速倒数第三，存贷比倒数第五；城乡居民人均收入第三，增速倒数第三；每万人拥有在校大学生第七；每万人拥有医护人员数倒数第四，病床数倒数第二；养老保险人数占比倒数第二，人均养老基金倒数第四；国（境）外游客人数和旅游收入第二，国内游客人数和旅游收入第四。

广西在21个省区（5个自治区、5个人口接近省、6个邻居省、9个民族省区、9个边疆省区、12个西部省区）中，有关经济指标65年以来大约所占的位置，我们再综合如下：

经济总量—从1952年的第12位，1970年进前至第11位 ，1990年再前进到第9位 ，2010年后退了1位，2014年继续保持在第10位。

人均GDP—1952年排在第19位，1970年只排在贵州之前 ，至1990年仍只有贵州垫后，2010年进至第17位，2014年继续保留在第17位。

财政收入—由1950年的第11位，到1970年退至第12位 ，1990年回到第11位，2010年又退至12位，2014年保持在第12位。

人均财政收入—1994年在第14位，2000年进至第13位，2005年退至16位，2010年再退到第18位，2014年的只有甘肃比广西少了。

财政支出—1950年为第10位，1970年保持在第10位，1990年仍然保持在第10位，2010年退了1位，2014年进前到第8位。

人均财政支出—1994年排在第15位，2000年退到第17位，2005年的1281元只比四川多了3元，2010年的只比湖南多，2014年虽然有7347元但在21个省区中是最少的了。

得到的中央补助—1960年5亿元在21个省区中得到最多，1970年虽然降至2亿元但也只少于内蒙，1980年退到第5位，1990年再退1位，2000

年又退到第 15 位，2010 年回到第 7 位，2014 年退居第 8 位。

人均中央补助—1960 年 23 元排在第 17 位，1970 年低至 7 元但多于甘肃等 2 个省，1980 年仍排在第 19 位，1990 年进前到第 12 位，2000 年又退到第 19 位，2010 年为第 15 位，2014 年以 4329 元退至第 16 位。

城乡居民收入—1980 年为第 7 位，1990 年退了两位，2000 年再退 1 位，2014 年退到第 12 位。

全社会投资—由 1950 年的第 3 位，1970 年退到第 16 位，1980 年回到第 15 位，1990 年保持在第 15 位，2000 年进前到第 11 位，2010 年继续保持在第 11 位，2014 年再回到第 10 位。

进出口贸易—1950 年居于第 3 位，1970 年退到第 4 位，1980 年回到第 3 位，1990 年退至第 10 位，2000 年再后退 2 位，2010 年回到第 7 位，2014 年又退到第 8 位。

全社会消费—1950 年位于第 8，1970 年退到第 11 位，1980 年回到第 9 位，1990 年退了 1 位，2010 年保留在第 10 位，2014 年再保持在第 10 位。

贷款余额—1950 年位居最后，1970 年进到第 9 位，1980 年退于第 10 位，1990 年又退了 1 位，2000 年再退到第 14 位，2010 年回进到第 10 位后保持到 2014 年。见下表：

广西经济总量等指标大体在 21 个省区中的排名情况

	1950	1960	1970	1980	1990	2000	2005	2010	2014
投资额	3	16	16	15	15	11	–	11	10
进出口额	3	6	4	3	10	12	–	7	8
零售额	8	12	11	9	10	9	–	10	10
贷款余额	21	11	9	10	11	14	–	10	10
中央补助	–	1	2	5	15	15	–	7	8
人均央补	–	16	19	19	12	19	–	15	16
经济总量	12（1952）	13	11	11	9	8	–	10	10
人均 GDP	19	20	20	19	20	18	–	17	17

续表

	1950	1960	1970	1980	1990	2000	2005	2010	2014
财政收入	11	14	12	12	11	9	–	12	12
人均财收	–	–	–	–	14（1994）	13	16	18	20
财政支出	10	12	10	9	10	11	–	10	8
人均财支	–	–	–	–	15（1994）	17	20	20	21
居民收入	–	–	–	7	9	10	–	12	12

有鉴别，才能有发展

另一版本的《辞海》对“鉴别”的注释是：辨别真假好坏，如：辨别真伪；鉴别能力。（见《辞海》第六版，上海辞书出版社，2009 年出版，第 1077 页）

说心里话、讲实在话，在看到新中国成立以来广西社会经济得到快速发展，取得显著成效，人民生活得到很大提高和获得明显改善的同时，我更看到的或更关注的，可能是长期以来壮乡的不足、落后、贫穷的一面。与全国、特别是与兄弟省区相比，广西仍然存在着许多的差距。

壮乡之所以存在着这些差距，其原因正如笔者在“写在前面”中讲到的那样可能有百条千种，但我认为最主要的还是由于我们自身因素造成的。也就是说，是由于广西人的思想远未有解放，心态远未有放开，胸怀远未有放宽，民族重要性远未有认识，真正根据壮乡具体实际情况开创性地贯彻执行中央的方针政策还远未有做到等因素而造成的。根据党的十八大精神，结合2015 年 11 月 10 日到荔园山庄听了十八届五中全会中央宣讲团的辅导报告后的感慨，我认为解决的对策无非是“四句话”：再洗脑瓜子（进一步解放思想，放开心态，放宽胸怀）、紧靠党中央（争取国家更多的扶持政策与资金）、打好东盟牌（发挥地缘优势更广更深的对外开放）、唱响三姐歌（利用好民族自治和广西特色这个品牌）。这四句话化为“一个具体行动”，就是在党中央的领导下，广西各族人民根据自身的特点，充分调动主观能动性，充分发挥壮乡的优势，进一步对内改革对外搞活，通过自身的积极努力、中央的全力支持和各方的尽心帮助，有选择地大力发展陆上海上各种各类经济，尽快做大做好财政“蛋糕”，让兄弟姐妹一个不落地与全国人民一起向全面建成小康社会共同迈进。

一、民族问题至关重要

2015 年 11 月 12 日的《参考消息》上，以《晚宴上红酒总统拒出席》的标题报道了美国石英财经网站的一篇题为“法国大餐最基本的一个内容引发与伊朗的外交纠纷”，称：“伊朗总统哈桑·鲁哈尼首次访问欧洲引发了两种文化的碰撞，鲁哈尼拒绝了法国总统弗朗索瓦·奥朗德的晚宴邀请，因为爱丽舍宫坚持要在宴会上上红酒。这个法国宴会上的固定搭配是被伊斯兰教禁止的。”两位应该非常具有政治远见的总统因一瓶红酒但为了捍卫各自的民族习俗而坚持己见，从而导致本该给双方会面带来更喜庆的宴会被迫取消，想想这两位世界上有名的政治人物是不是太过于计较“小事”了？

（一）伟大导师领袖对民族工作的有关论述

1. 马克思、恩格斯

马克思、恩格斯在《德意志意识形态》中说：“每一个民族都由于物质关系和物质利益而团结在一起。”（见《马克思恩格斯列宁斯大林论民族问题》，中国社会科学出版社出版，第 1 页）在《论波兰》中又指出：“要使各民族真正团结起来，他们就必须有共同的利益。”（见《马克思恩格斯列宁斯大林论民族问题》，中国社会科学出版社出版，第 29 页）在《共产党宣言》中强调：“在各国无产者的斗争中，共产党人强调和坚持整个无产阶级的不分民族的共同利益。”（见《马克思恩格斯列宁斯大林论民族问题》，中国社会科学出版社出版，第 135 页）。

2. 列宁

列宁提出了“全世界无产者和被压迫民族联合起来”。（见《马克思恩格斯列宁斯大林论民族问题》，中国社会科学出版社出版，第 214 页）在《中国的战争》中指出：“目前在报刊上大肆攻击中国人，叫嚣黄种人野蛮，仇视文明，俄国负有开导的使命。”（见《马克思恩格斯列宁斯大林论民族问题》，中国社会科学出版社出版，第 29 页）

3. 毛泽东

毛泽东主席在 1945 年《论联合政府》中说：“必须帮助各少数民族的广大人民群众，包括一切联系群众的领袖人物在内，争取他们在政治上、经济上、文化上的解放和发展，并成立维护群众利益的少数民族自己的军队。他们的言语、文字、风俗、习惯和宗教信仰，应被尊重。”（见《中国共产党主要领导人论民族问题》，民族出版社出版，第 30 页）在《关于大量吸收和培养少数民族干部的电报》中指出：“各级政权机关均应按各民族人口多少，分配名额，大量吸收回族及其他少数民族能够和我们合作的人参加政府工作。在目前时期应一律组织联合政府，即统一战线政府。在这种合作中大批培养少数民族干部。”（见《中国共产党主要领导人论民族问题》，民族出版社出版，第 42 页）在《给西北各族人民抗美援朝代表会议的复电》中写道："帝国主义过去敢于欺负中国的原因之一，是中国各民族不团结，但是这个时代已经永远过去了，从中华人民共和国成立的那一天起，中国各民族就开始团结成为友爱合作的大家庭，足以战胜任何帝国主义的侵略，并且把我们的祖国建设成为繁荣强盛的国家。"（见《中国共产党主要领导人论民族问题》，民族出版社出版，第78页）在《批判大汉族主义》中批评"在许多地方的党内和人民中，在民族关系上存在的问题，并不是什么大汉族主义的残余的问题，而是严重的大汉族主义的问题，即资产阶级思想统治着这些同志和人民而尚未获得马克思主义教育，尚未学好中央民族政策的问题，故须进行认真的教育"。（见《中国共产党主要领导人论民族问题》，民族出版社出版，第95页）在《关于中华人民共和国宪法草案》中说："少数民族地区，可以按照当地民族的政治、经济和文化的特点，制定自治条例和单行条例。所有这些，都是原则性和灵活性的结合。"（见《中国共产党主要领导人论民族问题》，民族出版社出版，第105页）在《论十大关系》中指出："我国少数民族人数少，占的地方大。论人口，汉族占百分之九十四，是压倒优势。如果汉人搞大汉族主义，歧视少数民族，那就很不好。而土地谁多呢？土地是少数民族多，占百分之五十到六十。我们说中国地大物博，人口众多，实际上是汉族'人口众多'，少数民族'地大物博'，至少地下资源很可能是少数民族'物博'。"（见《中国共产党主要领导人论民族问题》，民族出版社出版，第120页）

4. 周恩来

1957年3月25日，周总理在中国人民政治协商会议第二届全国委员会召开的关于建立广西壮族自治区座谈会上说："广西境内，有苗、瑶、侗、壮好几个少数民族。民族问题很复杂，过去我们对少数民族的情况了解得也很少。在汉族史书上记载少数民族的名称，几乎都加个'犬'旁，说他们是'非我族类'，宣扬汉族至上。这就是大汉族主义的表现。""我国有些少数民族，原来是居住在中原的，后来汉族逐渐发展，就把他们挤到边疆去了。""在历史上，也有些少数民族进犯过汉族"，"例如满族不过几十万人口，但是它建立的清朝统治中国长达二百多年，正说明它是一个有本领的民族，是值得佩服的。""汉族愈发展，就愈把许多少数民族挤到边疆，汉族统治者在政治上压迫他们，在经济上剥削他们。我们只要到内蒙古去作个调查，就知道过去汉族商人是怎样利用蒙古族人民文化上的落后去盘剥他们的。""今天，汉族应该多多地替少数民族设身处地想一想，不要让他们再受委屈，应该使他们也能得到较好的发展条件。只有汉族主动地替少数民族着想，才能够团结好少数民族。不要一讲到壮族自治，就讲汉族的民族感情。我同意梁漱溟先生在这次会议上说过的一句话，要'互相以对方为重'。""我们主张把全国各民族都联合起来组成一个民族大家庭。在各民族相处中要搞好团结，不能怕麻烦。一时怕麻烦，日后就会生出更多的麻烦来。""有人说壮族特点少。壮族留下来的历史痕迹是比较少些，但壮族有自己的语言、文化，这些都是它的特点。我同意李维汉同志对民族问题的意见。在我国，不能死套斯大林提出的民族定义。尤其在我国，封建社会历史很长，汉族和非汉族的冲突斗争很多，这说明民族之间的界限是存在着的。我们只要从事实出发，毫无疑问就应该承认壮族是一个民族。”“历史上汉族长期处于优势地位，汉族统治阶级要么把少数民族同化，要么就把少数民族挤到边疆和生产条件差的地区。处于劣势地位的少数民族得不到发展，因而落后了。”“我们的区域自治政策，利于合，利于团结，利于各民族的共同发展。”“在民族自治地方，少数民族自治，汉族又占多数，因而可以考虑将来在自治区的执行机关和权力机关中对各民族人员作适当的安排。既然是壮族自治区，行政领导人就应该由壮族人担任；因为汉族占多数，在人民代表中，汉族代表比例应该与人口比例相适应。人大常委会的委员长也可以考虑是汉族人。”（见《中国共产党主要领导人论民族问题》，民族出版社出版，第146－157页）

4. 邓小平

邓小平总设计师在《关于西南少数民族问题》中说：“在少数民族问题上，我还是一个小学生。”“我们中国的少数民族最多的地区，一个是西北，一个是西南。恐怕西南比西北还多，而且情况也比较复杂。西南的国境线从西藏到云南、广西，有几千公里，在这么长的边境上，居住的绝大多数是少数民族。少数民族问题解决得不好，国防问题就不可能解决好。”“我们派往少数民族地区的干部要少而精，不在数量而在质量。他们要懂得民族政策，真正想把少数民族工作做好。”“要在少数民族地区研究出另外一套政策，诚心诚意地为少数民族服务。”（见《中国共产党主要领导人论民族问题》，民族出版社出版，第51－61页）

6. 江泽民

江泽民总书记在新疆考察工作期间讲话中指出：“第一，各民族不分大小、历史长短、发育阶段高低，都应该一律平等。第二，各民族没有高低优劣之分，每个民族所以能够作为一个民族而长期生息繁衍，都有自己生存发展的能力、优点和特点。……第五，民族区域自治制度是解决我国民族问题的根本制度。”（见《中国共产党主要领导人论民族问题》，民族出版社出版，第238－239页）在《加强各民族大团结，为建设有中国特色的社会主义携手前进》上说：“历史发展表明：国家统一、民族团结，则政通人和、百业兴旺；国家分裂、民族纷争，则丧权辱国、人民遭殃。中国是这样，外国也是这样。”（见《中国共产党主要领导人论民族问题》，民族出版社出版，第250页）

7. 胡锦涛

胡锦涛总书记在2004年10月中共中央政治局学习时指出：“加快少数民族和民族地区经济社会发展的步伐，不断改善少数民族群众的生活。要全面贯彻落实民族区域自治法，用法律法规来保障少数民族和民族地区经济社会发展，用发展的成就不断充实实行民族区域自治制度的物质基础。”在2009年9月全国民族团结进步表彰大会上说：“六十年的经验归结到一点，就是必须坚持一切从中国民族问题实际出发，坚定不移走中国特色解决民族问题的正确道路。”

8. 习近平

习近平总书记在2014年3月全国政协十二届二次会议少数民族界委员联组讨论时指出：“增强民族团结的核心问题，就是要积极创造条件，千方百计加快少数民族和民族地区的经济社会发展，促进各民族共同繁荣发展。”在2014年9月全国民族工作会议上说：“解决好民族问题，物质方面的问题要解决好，精神方面的问题也要解决好。”强调“民族区域自治制度是我国的一项基本政治制度，是中国特色解决民族问题的正确道路的重要内容”。做到“统一和自治相结合”，“民族因素和区域因素相结合”。在2015年3月参加全国人大会广西团的讨论时强调：“要把扶贫攻坚抓紧抓准抓到位，坚持精准扶贫，倒排工期，算好明细账，决不让一个少数民族、一个地区掉队。”在2015年国庆会见基层民族团结优秀代表时动情地说：“我特意把你们请来参加国庆活动，共同庆祝我们伟大祖国的生日。”“船的力量在帆上，人的力量在心上。做民族团结重在交心，要将心比心、以心换心。”

（二）世界上数不胜数的战争是与民族问题有关

有关这方面的话题，在几个月的少数民族培训班上，我们不但在自治区党校本部中有一个专题《中国宗教问题与社会稳定问题》，而且到江苏外教点后还专门安排了一场《国际民族宗教与战争起因》的讲座。

思想信仰是一个民族社会生活的精神支柱。对于多数民族来说，宗教信仰是神圣崇高而不可亵渎的。在虔诚信教的民族中，宗教信仰是最敏感最容易触动的神经感应器，不仅支配着人们的思想感情，也支配影响着人们的伦理道德、文学艺术、家庭婚姻、人际往来和生老病死。反之，没有或失掉了信仰的民族是可悲的，没有了精神信仰，这个民族必然会人心散乱，道德沦丧。我们在外教课余互动时，一位老师问维吾尔族、藏族、回族、蒙古族都有自己的信仰，你们壮族的信仰是什么？几个同学都将脸转向我这个壮族的。我说：“当然有啦，比如《布洛陀经诗》呀崇拜自然呀祖先呀。离南宁不远的大明山上就有一座祖先庙，每年三月三节都有几万甚至十几万人从海内外各地云集到广西对歌过节呢！政府为此还专门放了两天假。当然，我们也一样信仰共产主义！”后来，在班委讨论选择毕业晚会演出节目时，我受此启发提出了一个“永远跟党走”的全班同学上台表演的歌舞节目，得到了大家的一致支持。

可以说，引起战争的根源无非就两个：一个是统治者让平民百姓确实活不下去了，老百姓不得不组织起来以死抗争，如陈胜吴广起义；一个是民族生存空间太窄、或者是民族特别强大了，就对外侵略重新瓜分世界。

国际争端和地区性冲突，基本上是由民族矛盾引起的。一种是西方强势民族与东方和其他地区后起民族之间的矛盾。如鸦片战争英国借着洋枪火炮打开中国的大门，八国列强强分中国等。再一种是地区性的民族矛盾，如两伊科威特的冲突、印巴冲突等。第三种是国家内的不同民族和种族之间的矛盾。如欧美白人与国内其他有色人种之间的矛盾等。铁托总统1980年去世后，南斯拉夫各民族之间日益紧张的关系在克罗地亚独立战争、波黑战争中得到了明显体现，最终该国被一分为六。1991年曾为社会主义第一大国的苏联解体后被分裂为15个国家。尽管苏共的衰败是苏联发生剧变的前兆，但苏联是在沙俄废墟上建立起来的以民族为特征的邦联制国家，前沙俄先后征服了120多个民族，占领了外高加索、中亚、西伯利亚和远东等地，使其版图扩大了8倍。鉴于历史上传袭下来的民族问题的严重性和民族关系的复杂性，加之苏共在处理民族问题理论和实践上的失误，致使民族问题未能得到根本解决。

第一次世界大战，是由于英、法、俄、德在重新划分世界，争夺殖民地和势力范围的矛盾中引起的。导火线是奥匈帝国皇储1914年6月28日到新吞并的波斯尼亚检阅以塞尔维亚为假想敌的军事演习时，在萨拉热窝被塞尔维亚民族主义成员刺杀的萨拉热窝事件。第二次世界大战，是由于德国人认为导致国家贫弱苦难困境的原因是本国丧失了所有的殖民地，因此必须推翻压在头上的《凡尔赛和约》，希特勒纳粹党的出现恰恰迎合了德国人这种急于报复的极端民族主义心理。在另一端的岛国日本，其狭隘的民族心理膨胀扩张野心与华盛顿会议上处理德国在太平洋上的岛屿殖民地、重新划分远东政治格局有着密切关系。所以，一场真正的世界大战，终以德日强烈的“民族”心理作用而迅速地在东西方全面爆发。

新中国成立以来，我国民族团结进步事业取得的伟大成就，为我国各项事业的不断发展、战胜国内外各种困难和风险挑战、保持社会和谐稳定奠定了坚实的基础。壮乡广西还被党中央赞誉为是民族团结的模范、维护统一的模范、维护稳定的模范，我国民族关系“三个离不开”的模范的自治区。但近些年来国内出现的诸如拉萨“3·14事件”、新疆系列暴力恐怖袭击事件等，无不给我们的民族工作敲响了警钟。达赖给我们国家在国际上带来的影响和花费的人力、财力和物力，这两本“政治账”和“经济账”，是我们这些搞经济管理工作的人，无论是采取或借或贷、或收或付、或增或减等什么记账方法也难以计算得了的。

二、对民族区域自治法有关条款的看法

从1947年内蒙古自治区成立至今，我国实际上实行民族区域自治已经有近70年了。1952年中央颁布的《中华人民共和国民族区域自治实施纲要》，对民族

区域自治的推行起到了巨大的作用。1984 年民族区域自治法的制定实施，标志着我国的民族区域自治进入了一个全新阶段。全国已先后建立了 5 个自治区、30 个自治州、124 个自治县，在少数民族聚居地区，还建立了 1700 多个民族乡，在全国 55 个少数民族中有 45 个已成立了自治地方。属于多民族地区的四川、青海、甘肃、云南、贵州、湖北、广东、辽宁、湖南、河北等省还制定了《关于民族区域自治法的一些规定》。这对全面落实和进一步完善民族区域自治法，促进民族自治地方的经济文化发展起到了重要作用。实践证明，我们党实行的民族区域自治制度，是正确解决中国民族问题的根本政治制度。

但是，毋庸置疑，在完全彻底落实民族区域自治法中还存在着不少问题。比如，民族自治地方还没有完全享受宪法和民族区域自治法中规定的自治权，特别是在经济文化上更是这样。出现这些问题的主要原因，一是国家机构和上级专业管理部门的一些干部，对彻底落实民族区域自治法，保证民族自治地方充分行使自治权的重要性认识不足；二是有关民族事务的法规建设尚待配套齐全。

（一）民族区域自治法有关条款修改前后的对比

不难看出，除“序言”外，修改前的 1984 年 10 月起施行的民族区域自治法有七章六十七条，而经 2001 年 2 月修订后的民族区域自治法，也有七章但增至七十四条。

关于经济、财政方面条款的修改。比如，将第二十五条的“自治机关在国家计划的指导下，自主地安排和管理地方性的经济建设事业”，第二十六条的“自治机关在国家计划的指导下，根据本地方的特点和需要，制定经济建设的方针、政策和计划”，第二十九条的“自治机关在国家计划的指导下，根据本地方的财力、物力和其他具体条件，自主地安排地方基本建设项目”，第三十条的“自治机关自主地管理隶属于本地方的企业、事业”，第三十三条的“民族自治地方的财政收入和财政支出的项目，由国务院按照优待民族自治地方的原则规定。财政收入多于财政支出的，定额上缴上级财政；收入不敷支出的，由上级财政机关补助”，第三十四条的“ 自治机关对本地方的各项开支标准、定员、定额，根据国家规定的原则，结合本地方的实际情况，可以制定补充规定和具体办法。自治区制定的补充规定和具体办法，报国务院备案”等修改为：第二十五、二十六条的“民族自治地方的自治机关在国家计划的指导下，根据本地方的特点和需要，制定经济建设的方针、政策和计划，自主地安排和管理地方性的经济建设事业”，第三十二条的“民族自治地方在全国统一的财政体制下，通过国家实行的规范的财政转移支付制度，享受上级财政的照顾”，第三十三条的“自治机关对本地方的各项开支标准、定员、定额，根据国家规定的原则，结合本地方的实际情况，可以制定补充规定和具体办法。自治区制定的补充规定和具体办法，报国务院备案”等。

（二）对民族区域自治法有关条款的看法

毛主席在1956年《论十大关系》中的“汉族和少数民族的关系”里曾指出：“在少数民族地区，经济管理体制和财政体制，究竟怎样才适合，要好好研究一下。”1983年我走出财经学校大门后，就直接参与了当年度开展的第一步利改税和次年进行的第二步利改税，此后又参与了企业工效挂钩工作和参加了多次的分税制体制以及《两则两制》业务的培训，多少知道每一次国家财税、财会政策制度的变动，必然很大地甚至是极大地影响到企业间、政府间、企业与政府间、地方政府与中央政府间的财力分配，更深刻地影响着区域间各种经济要素的大幅度移动。少数民族地区的经济管理体制特别是财政体制如毛主席说的“究竟怎样才适合”，我说不上“研究”，现仅对修改后的民族区域自治法有关条款谈些个人的肤浅看法。比如：

1. 第六条中：“民族自治机关根据本地方的情况，在不违背宪法和法律的原则下，有权采取特殊政策和灵活措施，加速民族自治地方经济、文化建设事业的发展。”什么是“特殊政策和灵活措施”？如何做才是“不违背宪法和法律”？具体包括哪些内容？都没有具体的明文规定。民族区域自治法实施30年来，5个自治区似并未单独制定有自己的“特殊政策和灵活措施”，为什么？

2. 第十九条中：“民族自治地方的人民代表大会有权依照当地民族的政治、经济和文化的特点，制定自治条例和单行条例。”民族区域自治法实施30年来，5个自治区似并未单独制定有自己的自治条例和单行条例。时间不可谓不长，意义不可谓不重要，但为什么还没有制定？

3. 第二十条中：“上级国家机关的决议、决定、命令和指示，如有不适合民族自治地方实际情况的，自治机关可以报经该上级国家机关批准，变通执行或者停止执行。”这在实际中很难做到，一是究竟具体怎么样才属于“不适合”？作为下级的自治地区很难明晰确认上级国家机关有“不适合实际”的条文，所以自治地方不可能以“不适合”为由轻易行文该上级机关。二是既然该机关敢于作出“不适合”民族自治实际的规定，肯定有其原因，它不可能轻易地在接到自治机关“不适合”的报告后，就“批准”变通执行或停止执行。

4. 第二十五条中：“民族自治地方的自治机关在国家计划的指导下，根据本地方的特点和需要，制定经济建设的方针、政策和计划，自主地安排和管理地方性的经济建设事业。”第三十条中：“民族自治地方的自治机关自主地管理隶属于本地方的企业、事业。”什么是“国家计划”、是抽象的还是具体的？什么是“自主”？如何做才是“自主安排和管理”？

5. 第三十二条中：“民族自治地方在全国统一的财政体制下，通过国家实行的规范的财政转移支付制度，享受上级财政的照顾。”规范是指明文规定或约定俗成的标准，具有明晰性和合理性。从1994年开始实施的分税制财政体制下的转移支付制度算起已经有20年了，什么时候才“规范”，如何才算“规范”，具体怎样做才算“规范”？既然“民族自治地方通过规范的制度享受上级财政照顾”，那么20年来不属“民族自治”的地方又是怎么“享受上级财政照顾”的，不也一样“通过规范制度来享受照顾”？所以可以说，由于20年来中央财政对全国31个省份的转移支付都是“通过规范”来进行的，故这第三十二条并没有具体体现出中央对民族自治地区与一般地区在转移支付上享受到“另外”的或“特殊”的照顾。从这些年的中央实际转移支付情况看，广西作为“民族区域”地区与其他“一般”省份并没有多少的不同之处，甚至比一些“一般”省份享受到的还要少。

6. 第三十三条中：“民族自治地方的自治机关对本地方的各项开支标准、定员 、定额，根据国家规定的原则，结合本地方的实际情况，可以制定补充规定和具体办法。自治区制定的补充规定和具体办法，报国务院备案。”从字面上看，这一条可以理解为，自治地方的“各项开支标准、定员、定额”，根据国家规定的原则结合本地实际情况，可以高（多）一些、也可以低（少）一些，报国务院备案即可。但从这么多年来广西的实际操作来看，各项开支标准（如工资、差旅）等最多等同于国家规定，甚至由于资金不足等原因低（少）于国家规定。

7. 第三十四条中：“民族自治地方的自治机关在执行国家税法的时候，除应由国家统一审批的减免税收项目以外，对属于地方财政收入的某些需要从税收上加以照顾和鼓励的，可以实行减税或者免税。”一是5个自治区中，属于地方财政收入的税收就非常之少，减免无多大实质性意义，如分享的企业所得税40%。二是“对于属于地方财政收入的某些需要从税收上加以照顾鼓励的可以实行减免”，实际工作中这一政策不仅限于自治地方，其他“一般”地方也同样适用，甚至有些“一般”地方由于属于地方收入的份额大而减免的幅度力度更大。

8. 第五十五条中：“上级国家机关应当帮助、指导民族自治地方经济发展战略的研究、制定和实施，从财政、金融、物资、技术和人才等方面，帮助各民族自治地方加速发展经济、教育、科学技术、文化、卫生、体育等事业。”“国家制定优惠政策，引导和鼓励国内外资金投向民族自治地方。”实际工作中，这一条一样适用于所有省份，甚至非自治地区的省份如长三角、珠三角、环渤海湾地区等“一般”地区得到的国家“优惠政策”远优于自治地区特别是广西地区。

9. 第六十二条中：“随着国民经济的发展和财政收入的增长，上级财政逐步加大对民族自治地方财政转移支付力度。通过一般性财政转移支付、专项财政转移支付、民族优惠政策财政转移支付以及国家确定的其他方式，增加对民族自治地方的资金投入，用于加快民族自治地方经济发展和社会进步，逐步缩小与发达地区的差距。”从广西这些年来得到的中央转移支付资金来看，数额上虽然有所增加，但人均起来远比大部分省份特别是民族及边疆省区要少。

10. 第六十五条中：“国家在民族自治地方开发资源、进行建设的时候，应当照顾民族自治地方的利益，作出有利于民族自治地方经济建设的安排，照顾当地少数民族的生产和生活。国家采取措施，对输出自然资源的民族自治地方给予一定的利益补偿。”长期以来，中央一些单位或企业在广西进行的如水电、有色金属等资源性的开发项目，由于总分机构之间没有合理分配、税收征收主体不在广西、集团企业关联定价转移销售收入、企业法律地位变更和财税分配体制等原因，使得应该在广西缴纳或是广西应该分享的税收很少甚至是无法得到。据国税部门反映，每年广西仅外流的增值税、所得税就达百亿之多。

11. 第七十三条中：“自治区和辖有自治州、自治县的省、直辖市的人民代表大会及其常务委员会结合当地实际情况，制定实施本法的具体办法。”据了解，5个自治区中似并未有制定。

上述种种，恕我直言，并未有全面、彻底、充分、及时地体现宪法中“国家尽一切努力，促进全国各民族的共同繁荣”，“国家根据各少数民族的特点和需要，帮助各少数民族地区加速经济和文化的发展”，“各少数民族聚居的地方实行区域自治，设立自治机关，行使自治权”，“自治机关依照宪法、民族区域自治法和其他法律规定的权限行使自治权，根据本地方实际情况贯彻执行国家的法律、政策”，“自治机关在国家计划的指导下，自主地安排和管理地方性的经济建设事业”，“国家在民族自治地方开发资源、建设企业的时候，应当照顾民族自治地方的利益”，“国家从财政、物资、技术等方面帮助各少数民族加速发展经济建设和文化建设事业”以及民族区域自治法中的“实行民族区域自治，体现了国家充分尊重和保障各少数民族管理本民族内部事务权利的精神”，“必须切实保障民族自治地方根据本地实际情况贯彻执行国家的法律和政策”，“努力帮助民族自治地方加速经济和文化的发展”等的要义。

邓小平指出：“要使各少数民族聚居的地方真正实行民族区域自治。”“实行民族区域自治，不把经济搞好，那个自治就是空的。如果我们只给人家一个民族区域自治的空头支票，而把人家的粮食吃光，这是不行的。”“社会主义最大的优越性就是共同富裕，这是体现社会主义本质的一个东西。如果搞两极分化，情况就不同了，民族矛盾、区域间矛盾、阶级矛盾都会发展，相应地中央和地方的矛盾也会发展，就可能出乱子。”乌兰夫说过：“我们说的民族区域自治，这个‘民族’，是当地居主体地位的少数民族；这‘区域’，以当地居主体地位的少数民族的聚居地区为基础；这‘自治’，是当地居主体地位的少数民族的自治。如果自治机关不以实行自治的民族的人员为主，那就不成其为民族区域自治了。”我以为，民族区域自治法的制定或修改，如果不在“自治”上、尤其是在政治、经济、财税、教科文卫等方面的政策上，让“民族自治”地方与“一般”地区有

“明显”的区别，那么这部法律就没有实质上的制定与存在的意义。

1999 年参加民族区域自治法座谈会后与财政部及 4 个自治区的同行到布达拉宫

（三）完善民族区域自治法的有关条款并配套相关的法规制度

新中国成立 60 多年来特别是改革开放以来，中国的国情、省情发生了翻天覆地的变化。民族区域自治法虽然颁布实施了 30 年、分税制的财政体制也实行了 20 年，但由于这部法律这些年来并没有在实际中更多、更好地体现民族自治地方，特别是广西“享受上级财政的照顾”，所以不得不再多说几句。

应该承认，现行的即 2001 年修订的民族区域自治法，就有关的财政条款来说，是迫于 1994 年实行的分税制财政体制后才不得不对 1984 年已实施的民族区域自治法“修订”。因为分税制财政体制的有关内容，是与 1984 年颁布实施的民族区域自治法中的财政条款相矛盾的。甚至可以这样说，在民族区域自治法面前，分税制财政体制的有关内容是不能成立的、是无效的、是行不通的。因为民族区域自治法是国家的一部法律，是 1984 年 5 月就经过全国人民代表大会通过并经国家主席签发的。而分税制的财政体制，是 10 年后的 1994 年才以国务院的名义作出的，其相关的内容不能与民族区域自治法这部“上位法”中的有关条款相违背、相矛盾。如果有互相矛盾、不一致的地方也应该是以“法”为准。我在 1999 年 3 月写的《广西财力结构分析》一文“完善的刍议”中，就写了“学好民族区域自治法、用足用活民族区域自治法、从民族区域自治法中要财力”的话，同时结合 1994 年至 1998 年实行分税制后给广西带来的财政收支问题突出甚至相当部分县乡政府连工资差旅连续几个月都无法正常发放支付等困难的现象，建议“广西暂缓实施分税制的财政体制”。

当然，到目前为止，再说这些没有一丁点的意义和作用。因为分税制的财政体制实际上已经包括在广西、在5个自治区的31个省级行政区域内全面推行了20年，民族区域自治法中的有关条款特别是财政条款也已于2001年经全国人民代表大会修改讨论通过并经国家主席签发执行。我们在这里只是说明一下事情的来龙去脉、因果关系罢了。

本书所要考虑的重点之一，也就是我们目前需要解决、或需要探讨解决的首要事项之一，就是在现行的分税制财政体制下，民族地区特别是贫穷落后的民族地区的人民大众，如何更好地感受到来自党中央的关怀和照顾，更多地享受着在中华民族这个大家庭中的幸福快乐，“共享”改革开放带来的丰硕成果。经济基础决定上层建筑，从国家的层面是这样，从一个省、一个市县、一个乡村甚至具体到一个家庭、一个自然人来说也可以说是这样。北京大学《中国民生发展报告2015》称：“顶端1%的家庭占有全国约三分之一的财产，底端25%的家庭拥有的财产总量仅在1%左右。”从民族区域自治法中的有关财政条款来讲，在“民族自治地方的财政收入和财政支出的项目，由国务院按照优待民族自治地方的原则规定。收入不敷支出的，由上级财政机关补助”等，变成了“民族自治地方在全国统一的财政体制下，通过国家实行的规范的财政转移支付制度，享受上级财政的照顾”后的20年里，广西似乎与全国不实行“民族区域自治”的省份一样没有什么不同，广西似乎并没有几年真正多少“享受上级财政的（民族区域自治）照顾”。比如：实行分税制前的1993年，广西的财政收入95.9亿元占全国财政收入4349亿元的2.21%，几乎比1994年到2014年间每一年的占比要高出1个百分点；1950年至1993年的平均占比为1.28%，而1994年至2014年的平均占比是0.99%，分税制前的年份要比之后的年份高出0.29个百分点；1993年广西的财政支出107.49亿元占全国财政支出4642亿元的2.32%，而1994年到2014年间除了2011年的2.33%和2012年的2.37%与之相当外，其他年份都比之不及；人均财政收入，1993年广西有218元，全国是365元，广西占全国的59.73%，而1994年到2014年中，广西占全国比30%以上的只有1994年、2000年和2013年，分税制前的43年广西人均财政收入年均达37.3%，而分税制后的20年只有28.8%；人均财政支出，1993年广西有244元，全国是390元，广西是全国的63%，而1994年到2009年中的15年，没有哪一年的占比达到这个数，只是从2010年起至2014年才达到或超过，而且2013年、2014年的占比又比2011年、2012年降低了近3个点。

所以，如何看待民族区域自治法，如何看待分税制的财政体制，如何既要考虑到分税制的财政体制在今后不可能变动或做大的更改，又要从民族区域自治的角度在财政上“照顾”到广西等民族自治地方，这是广西、甚至是中央层面，不得不思考甚至是更早些时候就应要解决的问题——因为广西已是长时间以来经济发展落后、财政收支矛盾突出，人均GDP只有全国的66%、人均财政收入只有全国的33%、人均财政支出只有全国的51%。再说得开一点，就是如何在新的形势下，在2020年全国全面建成小康社会之前，针对民族自治地区的具体状况和存在的各种问题，在充分发挥市场作用的同时，尽快地发挥中央政府的“输血”作用来扩充民族自治地区的“造血”功能促进社会经济得到全面快速的发展，让包括广西在内的民族自治地区的全体人民群众更多、更好地享受到国家经济发展和改革开放的成果，与全国各族人民一起一个不漏地共同迈进小康这个门槛。

其实这一矛盾或问题，要解决起来也是非常简单的。首先或者前提是，如果在今后相当长的时间内目前实行的分税制财政体制基本上维持不变、不作大的改动的话，那么就要首先予以考虑解决在这一体制下中央如何来体现“民族自治地方通过国家实行的规范的财政转移支付制度，享受上级财政的照顾”这一实质性的内容或问题了。只有解决了这一具体的前提条件后，才有可能解决其他问题。比如，只要中华民族大家庭中的56个民族还存在，只要在民族地区还实行民族区域自治，只要还实行分税制的财政体制，只要地区间还存在着比较大的经济发展差距或全体居民收入上的差距，就一定要考虑在分税制的财政体制下如何与一般地区有“明显区别”的中央对民族区域自治地区的财政转移支付，增大中央财政资金补助民族自治地区的份额，就一定要考虑修改完善民族区域自治法、制定民族区域自治法实施细则、实行民族区域的地方制定单行条例等配套的法规体系制并真正全面贯彻执行，真正让分税制的财政体制在民族区域自治法下更早、更多、更好地惠及于民族自治地方，真正保证通过“规范”的财政转移支付制度缩小民族地区与一般地区过于悬殊的收入或支出差距，最终实现56个民族13亿中国人在共产党的领导下“各美其美、美人之美、美美与共、天下大同”的共存共享境界。

为此，根据民族区域自治法前后修改的有关财政条款和1994年实行分税制财政体制以来20年的实际情况，对民族区域自治法中财政的有关条款，建议修改为：“民族自治地方的财政收入和财政支出的项目，由国务院按照优待民族自治地方的原则规定”；“自治机关对本地方的各项开支标准、定员、定额，根据国家规定的原则，可以结合本地方的实际情况制定补充规定或具体办法并报国务院备案”；“民族自治地方在全国统一的财政体制下，通过国家实行规范的单独的财政转移支付制度，享受中央财政的特殊照顾，收入不足支出的由中央财政补助”等。在编制三年中期财政规划时，民族自治机关首先要对本地方的各项开支标准、定员、定额，根据国家规定的原则，结合本地方的实际情况，一一具体计算出各项开支项目的支出数额，汇总算出本地区的年度财政支出预算后报财政部。

三、以人口最多、少数民族人口最多的自治区为中心，作为我们考虑、解决广西事项和问题的出发点

广西是中国与东盟之间唯一既有陆地接壤又有海上通道的省区，是全国唯一的具有沿海、沿江、沿边优势的少数民族自治区。土地总面积居于全国第九位，是全国10个重点有色金属产区；水力资源丰富，珠江水系占广西总面积的85.2%；海岸天然港湾众多，北部湾是世界海洋生物物种资源的宝库；陆栖脊椎野生动物929种占全国的43%；野生植物288科8354种在各省份中位列第三；山川秀丽风光旖旎，旅游资源得天独厚……

（一）按照广西是人口最多、少数民族人口最多的自治区这个最大的特点、最大的优势或最大的实际，解放思想、升华认识，提高谋事话事办事成事能力

广西的优势、特点很多。然而，长期以来，在许多外地人的印象中，正如周总理1957年举例讲的“有人说壮族特点少”，广西不太像个少数民族自治区，更看不出壮族人与汉族人在吃、穿、住甚至是风俗习惯上有什么不同之处。也许是壮族人之“相”，笔者就常被外省外地的同行、亲朋好友们问及壮族的风俗习惯文化文字信仰等的“闲言碎语”。比如与欧美人甚至是阿拉伯人在一起学习工作时，甚至被问到诸如“你们壮族吃不吃猪肉”“可以和几个女性在一起”等这样的似严肃又让我觉得好笑的话题。

壮乡广西目前仍然有538万的贫困人口和54个精准扶贫县，要既快又好地全面提升经济社会发展的速度与质量，要在2020年让“每一个人”都与全国人民同步踏进小康社会。时间之紧、任务之重、压力之大可想而知。

应该说，也必须承认，65年来中央给予广西的优惠政策不可谓不多，既有民族区域自治政策又有大西部开发政策，既有沿边沿海沿江政策、又有国家级保税区开发区试验区政策，既有北部湾经济区又有西江经济带和左右江革命老区开发区政策等。仅财税优惠政策的部分，笔者参与编著的《广西最新财税优惠政策指南》就有厚厚的4大本1500多页。

但是，应该说，也不得不说，广西的这些优惠政策与一些省份比较起来，相当部分的“含金量”并不是很高。比如说，广西各个算是国家战略的开发区经济区保税区沿边金融综合改革试验区等的政策，与中央给予相关省份、珠三角、长三角、环渤海湾的同类政策比，远不是同一张纸同一个内涵与外延上。比如，同是《国务院关于进一步促进（广西、内蒙古）经济社会发展的若干意见》，内蒙古就得到了“鼓励”央企分支机构变更为独立法人的待遇。内蒙古为此仅在2013年就已变更或新设央企35户，得到税收47.3亿元的收益。

相对于全国而言，民族地区最大的特点就是“民族”，民族区域自治地区最

关键之处就是“自治”，自治最主要的体现就是根据自己的客观实际情况来“自主”，国家应制定有与一般地区“明显不同”的专门政策、资金、物资来优先支持，真正做到如邓小平说的“要在少数民族地区研究出另外一套政策，诚心诚意地为少数民族服务”。所以，广西必须而且一定要很好地利用“最多人口、最多少数民族人口的自治区”这个最大的特点或优势。

（二）以少数民族人口最多的自治区、最多的省份为轴心，向国家申请尽可能的“弥补”看得见摸得着的资金

要根本上彻底解决或最大限度地解决广西长期以来与全国、特别是与兄弟省区的人均 GDP、人均财力、人均财政收入、人均财政支出差距大，全社会固定资产投资量小、存贷款余额不大、规模以上工业企业资产与收入不规模、上市公司少筹资面窄、进出口额小与社会消费品零售额少、城乡居民人均收入低以及文化教育、卫生科技、社会发展等诸方面差距较大的问题，一是壮乡通过自己的艰苦努力发展壮大经济，尽快地涵养出更多更好的财源税源。这一点笔者与甘耘先生曾在 1997 年通过大量的调查研究后专门写了《财源建设的理论与实践》，在此不再多述。二是根据壮乡广西的特点、实际、优势、困难等多向中央诉求讨要专门的且含金量高的支持或扶持政策。如发展做大经济政策、民族区域自治政策、财税金融支持优惠政策、存贷款余额及其比例政策、各种融资政策、发展科教文卫政策等。三是向中央申请补助更多的财政资金、特别是一项“专门”的补助资金，“弥补”中央 65 年以来、特别是 1994 年以来“该给而未给广西”的转移支付资金。

上面已经说过，按照预算法有关规定，实行分税制的财政体制后，由于地方不得举债和进行赤字安排，大体来讲，各省份的财政支出与财政收入的差额就是中央通过税收返还和转移支付补助的资金。我们假设，当一定量的财政收入不变时，那么，财政支出额越多或越大，表明中央给予的补助资金就越多越大，反之则越少越小。许多年以来或至少是这些年以来，广西获得的中央补助资金，不管是从总量的额度来看，还是从人均的尺度来量，应该都比同类型的兄弟省份少、小得多。这是为什么？我认为，广西应多从自身角度来找原因，系统地而不是碎片地考究一下如同为自治区、同为民族省、同为相邻省、同为人口量相当省、同为边境省、同为西部省等的其他省份，他们的财政支出总额、人均财政支出量为什么有那么多、达那么高？这些省份开支的项目、内容、标准、范围等具体有哪些、是什么？与广西的差异究竟原因在哪里？等等。

上面讲到的“专门弥补”资金，提法上还可以商榷，但确有一定的道理和符合实际情况，恐怕这也是中央领导同志关注并发问广西少数民族人口最多、但人均财力为什么在民族八省区中最低的原因之一。比如，仅从2010 年至 2014 年的人均年财政支出来看：一是其他 4 个自治区的为 16534 元，广西只有 6064 元，差额达 10471 元；二是其他 4 个人口接近省份的是 7948 元，广西少了 1884 元；三是其他5个相邻省份的是7629元，比广西多了1565元；四是其他8个民族省区的是13338元，广西与之差额为7274元；五是其他8个边境省份的有11947元，广西少了5883元；六是其他11个西部省区的是12070元，广西少了6006元；七是全国的平均数是9098元，广西也少了3034元。

广西作为一个少数民族人口最多的自治区、民族省份、边疆省份、西部省份，长期以来其人均财政支出与兄弟省区相比相差确实过大甚至是过于悬殊，说是中央“弥补”“该给而未给广西”的资金，应该讲还是可以说得过去的。一是宪法中有“国家尽一切努力，促进全国各民族的共同繁荣”，“国家从财政、物资、技术等方面帮助各少数民族加速发展经济建设和文化建设事业”。民族区域自治法中有“努力帮助民族自治地方加速经济和文化的发展”，“上级国家机关从财政、金融、物资、技术和人才等方面，帮助各民族自治地方加速发展经济、教育、科学技术、文化、卫生、体育等事业”，“随着国民经济的发展和财政收入的增长，上级财政逐步加大对民族自治地方财政转移支付力度”。二是毛泽东、邓小平、周恩来、江泽民、胡锦涛、习近平、李克强等国家领导人的有关论述。如，习近平总书记指出：“要对边疆地区、贫困地区、生态保护区实行差别化的区域政策，优化转移支付和对口支援体制机制，加快少数民族地区全面建成小康社会进程。”三是“让一部分人先富起来”“先富地区帮助后富地区”“共同富裕”“共享成果”的理论理念支撑。四是国家乃至相当部分的省区这些年以来，已经积蓄了相当的物质财富或具有雄厚的财政实力。五是65年来壮乡广西各族人民为保卫祖国南疆国土领空领海领域的安全作出了巨大的牺牲。六是65年来广西各族人民精诚团结，为巩固全国各民族大家庭作出了极大的贡献，起到了团结和谐的模范作用。七是65年来广西各族人民为了支援祖国特别是东部、沿海、开放地区的优先发展，毫无怨言地付出了资源、人力、物力上的巨大代价。八是分税制的财政体制实行后，据税务部门的有关资料以及我们一年多来的调研佐证，广西每年仅增值税、企业所得税流出省外100多亿元绝不是毫无依据。九是广西是人口最多、少数民族人口最多的自治区。十是城乡居民的人均年收入，2010年至2014年，全国为32284元，广西是27278元，广西少了5006元。十一是就算从2015年中央财政对31个省份实际的税收返还和转移支付55098亿元来看，广西得到的2163亿元，也只是分别排在新疆2429亿元后的5个自治区中的第2位，云南2510亿元后的5个人口接近省中的第2位，贵州2318亿元、湖南2864亿元及云南后的6个邻居省中的第4位，湖北2606亿元及新疆、贵州、云南后的9个民族省中的第5位，黑龙江2455亿元及新疆、云南后的9个边疆省中的第4位，四川3701亿元及新疆、贵州、云南后的12西部省份中的第5位上。如果按人均来看，广西在相应的省份中相比，应该就更低了。

当然，我们并不是讲通过广西说说、或向中央呈报一份请示就能得到这几百乃至上千亿元的资金的。在依法行政的今天，特别是新修订后的预算法实施，以及三年财政规划的滚动编制等有诸多因素，关系错综复杂，更加绝非易事。以何种方式、通过何种途径、采取何种手段，既能合理合实合情，又要合法合规合章地“拿到”这笔钱，这需要壮乡领航人之智慧，需要当政者的通力合作且长时间地不懈努力，需要人大、政协、其他党派的献言献策甚至是必要的专门议案提案、需要财经工作者的精心科学设计而又务实具体诚恳的行动，需要一个强有力的尽心尽意为广西人民服务的专门班子来统筹协调，直至党委、政府向党中央、国务院作面对面的广西详细“区情”的汇报。至于中央以什么名义形式、采用什么方式方法、在什么时候来“弥补”、弥补多少给广西，这是中央的事情。毛主席曾经语重心长地交代：“我们要诚心诚意地积极帮助少数民族发展经济建设和文化建设。”习近平总书记也谆谆教导：“我们要保证人民平等参与、平等发展权利，维护社会公平正义，使发展成果更多更公平惠及全体人民，在经济社会不断发展的基础上朝着共同富裕方向稳步前进。”

（三）挖掘、恢复、建设以壮族为主的具有岭南民族显著特色的广西

日月不同光，昼夜各有宜。越是有个性的，就越是有特色的。越是民族的，就越是世界的。正是因为有了差别，这个世界才多姿多彩。正是因为有了不同的国家、不同的人种、不同的信仰理念、不同的思维视野、不同的生活甚至是生产方式，我们生存的地球上才五颜十色、千姿百丽。

一些可有可无的东西比如不良陋习没有必要记住，更没有必要保留，但一些特别是有本地、本民族明显特色的东西，不但要保留、更要很好地完整恢复并使之光大下去。

1. 结合发展生态经济，建设具有岭南风情更具有壮乡特色的镇街民居村屯。

“茅檐低小，溪上青青草。醉里吴音相媚好，白发谁家翁媪。大儿锄豆溪东，中儿正织鸡笼，最喜小儿无赖，溪头卧剥莲蓬。”每当念起辛弃疾的《清平乐·村居》，就自然而然地想起自己小时在村中的情景。

我的老家是一个依山傍水的小山村。我家的房子也像村中许多的老房子那样，是一百多年前祖辈们用厚厚的泥砖加青砖砌成的青瓦房。虽然前辈们穷困但仍“瞎折腾”地在房子的“横梁”“挑手”“门框”上雕刻至今仍清晰可见的花鸟图案。我常与姐弟从木板铺成的二楼坑上早起吃个红薯芋头什么的，就屁颠屁颠地扛着一把比自己还高的锄头，跟着亲娘大姐到郁江边的潮泥滩上播种收割苎麻。母亲大姐将苎麻拆骨晒干打成丝条后，就脚踩织布机织出长长的白布，然后放入用各色植物漂泡出墨黑墨黑的大水缸里染成黑亮清香的苎布，之后用剪刀针线裁剪成每个人穿戴的衣服头巾。我与村中的小伙伴们一年四季都穿着这种既经济实用又耐磨且具有夏凉冬暖之效的小布结做成纽扣的对襟式衣服，一起走村串巷去学校、打陀螺、斗蟋蟀、上树掏鸟蛋、下河摸鱼虾、到地里烧泥灶烤红薯，跟着大人去赶圩、看对歌、睇新郎新娘喝喜酒。记得暑假，我还偶尔拉着娘的衣襟翻山越岭，渡江过水去看在几十里外供销社上班的几个月也很难得回家一次的父亲，顺便闹着要他给我买连环画小人书。改革开放后，市场经济生产出的布料衣服各式各样、五花八门，像我娘、大姐这种纯手工的种、收、染、晒、织、裁一气呵成的衣帽，如今在我的家乡已经成为绝唱。更让我感叹的是，由于受到“铜钱”的过度熏陶和“新农村”建设的误导，原先满山遍野自然生长的松林变成了如今连鸟雀蚂蚁虫蛇都不太愿靠近的速丰林，原先那些刻有花虫图案、各显风骚的老房子大多被拆掉，重新建设千篇一律无多特色的楼房，更是将原来房前屋后的花草树木砍掉，铺上白白硬硬的水泥地面。过去那幅村落屋宇错落有致、绿树成荫、鸟鸣花舞、鸡啼狗叫、蛙声伴眠，行走在山间小路上，脚踩在田埂边不时随手捧起喝一口从石隙淤泥中沁出的清泉的恬静怡然风貌已不复存在，大人们在大树下纳凉聊天下棋对山歌飞针走线、小孩子们随卧在石条边读书做作业的情景已成为遥远的故事。

有时，回老家看见我们还未拆掉的但已孤零零的埋没在周围水泥楼宇的老房子，看见放在屋角边上布满灰尘的纺纱机时，仿佛仍然看见我那已经逝去的母亲坐在上面，在太阳的余晖中或在煤油灯下忙着给我们几个姐弟穿纱织衣的样子；看见那屋顶门口上的花鸟图案以及踩在门前小巷仍存在的那已不多的几块青石青砖时，就会想起小时与小伙伴们在曲径通幽的小巷中稻垛里柴草堆旁捉麻雀玩迷藏晒太阳的时日。

望得见山，看得见水；留得下乡音，记得住乡愁。这“山”、这“水”、这“音”、这“愁”，在一个个小山村里，这些似乎是那么的老土、平凡、不起眼，甚至有时还被自己或被别人瞧不起。但在久居的大街闹市，在千篇一律的普通话人堆中，听到哪怕只有一两声不知是哪里的方言或民调时，眼睛总是很自然地放亮去寻找那不同的声源，甚至还勾起你那思乡的情愫。这“山”、这“水”、这“音”乃至这“愁”，我理解是有你自己与别处不同的特色、不同的个性内涵外延韵味，能够给你或别人留下深刻的印象、久久的记忆甚至是无尽的思念、无限的向往或无限的感慨。比如，我娘为我等几个兄弟姐妹种染织裁的苎布衣服。比如，我看见过的、听到过的或体会过的纳西古乐、维吾尔族的手抓饭、茫茫草原上蒙古包旁的篝火晚会、西藏的冬宫与夏宫、印度的古城堡和泰姬陵、吴哥的古迹群与曼谷的皇宫、美国的费城独立钟《汤姆叔叔的小屋》和科罗拉多大峡谷、西班牙的踢踏舞和巴塞罗那那修建了几百年到现在还在修的大教堂……一句《多谢了》让你领悟到了刘三姐故乡人的知书达理，一首《请到天涯海角来》让你体会到海南人的热情大方好客，一曲《山丹丹开花红艳艳》让你看到了陕甘人的喜庆开朗质朴，一条《天路》让你对雪山高原神驰向往，一曲《喀秋莎》让你看到了俄罗斯少女的纯情美丽可爱，一朵樱花会让你抬起双腿去富士山下看那穿着和服的聪明美丽姑娘木花开耶姬，一集《大长今》会让你跨洋过海去寻觅她坎坷而又神奇的踪迹，一座金字塔会使你对古埃及法老及其建筑物产生浓厚的兴趣……我们到一个饮食店，点的第一道菜肯定是这个店的最有特色的或你最喜欢最爱吃的。初到一个地方游览，肯定最想去的是这个地方最具有特色的景点。

在新的城乡建设中，壮乡可以借助于目前的国家精准扶贫政策和发展生态经济精神以及结合旅游长寿养老产业的发展，将广西建设成更具有岭南风情且以壮族为主的多民族风俗特色的镇街村屯民居，甚至每个市县可以根据自己的“民族”特色集中在一两个地方建造民族风情生态旅游村，让到广西的外地人“有处去、有嘢睇”。

从自治区的层面上或从大南宁的角度来说，比如以武鸣伊岭岩风景区或大明山风景区为中心，打造一个约有千人居住的主要从12个世居民族贫困户迁移建成入住以壮族为主兼各民族风情特色的生态旅游区（村），与大明山、伊岭岩连为一体，构成一个食、住、玩、看、品、买、尝的旅游度假区。一是解决部分少数民族贫困人口的迁移及就业问题；二是让国家的扶贫资金真正落到点子上起到“四两拨千斤”的作用；三是提升大南宁的旅游品牌增值；四是打造出一个著名的民族风情生态旅游村，让广西有个更“民族”风俗的样子。

我想象着那些特色尽显的民居，点缀在青山绿水间，随日出日落明暗交替，在岁月的流淌中沉积着讲述着自己的故事。我多想广西各地有更多的《百鸟衣》《一幅壮锦》《妈勒访天边》《印象刘三姐》《南宁国际民歌节》等那样具有浓厚民族底蕴的文化品牌和各个民族原汁原味风俗习惯礼仪的村落巷居，让广西真正是个具有自己鲜明特色的壮乡，给广西这个民族自治地区真正与其他省区有太多的“不一样”。

2. 以壮语为中心、以汉语为核心、以英语为重心，在壮乡广西辖区内的较大公众地方、重大场所同时书挂壮、汉、英三种文字的路牌门牌横额。

周恩来总理在1957年《关于我国民族政策的几个问题》中指出：“在民族自治地方，主要民族的文字应该成为第一种文字。”与之相关的，首府南宁目前给我印象最深的是：民族大道不够“民族”、民歌湖里不太听见民歌声、国际民歌节“国际味”太淡。

民族大道是一条横跨南宁市中心长达十几千米的主干道，漫步在这条东西走向的街道上，你无不为这条市道的宽阔笔直特别是拥有那各式茂密树林而惊叹。然而，作为一个自治区首府里的一条民族大道，你却很难在这长长的街道上看到有“民族”的影子。假如在这条街道两旁茂密的树荫下每隔一千米左右就有一间（套）广西12个世居民族的建筑，里面装饰一些与这个民族有关的物品商品，再辅之以相关的少数民族文字或声乐什么的，恐怕这条街道上的“民族”味比专门的民族馆更能吸引外地游客。

民歌湖建成已经好几年了，每天晚上散步在湖边的人们，除了望见那一潭湖水和几间生意比较冷清的门店外，很少看到听见民歌的影子或声音在湖中舞台上聚集。为了还民歌湖的本意，也给南宁市民以及外地客人晚上有个好去处，建议南宁市长可以下个政令让所属城区区长乃至县长们每个月来轮流当一下这个“湖长”，每个周六的晚上固定在湖中舞台上演壮剧粤剧什么剧，或民歌流行歌什么歌，或独唱对唱大合唱，或民族舞国标舞广场舞，或专业演员或群众演唱一两个钟头……不求“大气”“正规”，只求常有常在。节目内容由各“湖长”自定，免费向公众演出，有几个保安维持秩序，对参加演出的演员给个夜餐费住宿费车船费即可。长期下去，其作用、效果、正能量应比你一次性花几万几十万请个明星还要大、还要好。只要组织得当，甚至不用花钱人家都愿意来演——比如我们办公楼下南湖边每天都有引吭高歌的那些大叔大娘们、那些吹拉弹唱的大伯大婶们等。就算是要出这“百花齐放”、广大民众参与共享的几个钱，我想政府也出得了，也让那些宣传部长、文化局长有些事情来做。我们要的是南宁、广西真真正正“唱响三姐歌”，真真正正的是歌仙刘三姐的故乡。

南宁国际民歌节的开场晚会我是每年都看的——没有钱买票就坐在电视机前睁开双眼。这个晚会给我最不能忍受的是“不国际”或“不够国际”味——每年的节目应不少于三分之二是“国内”的。更要紧的是这台晚会还是一年一度的东盟博览会的招待晚会。你请人家的总统、总理、部长来看节目，连人家本国的一个节目都没有，如果是你，你的心里是何种感受？因此，建议这台晚会的总导演将节目的三分之二让给各个国家——最少东盟每个国家都有一个节目，其他五大洲国家也要占有一定的比例。同时，主持人也应有个英语的全过程发声。这样才算得上是真正的“国际民歌节”。

我们到世界上任何一个没有去过的地方旅游，到一个全新陌生的地方出差，最初给您印象最深的，相信是写在机场车站码头景区上的文字、当地人的言语着装和不同风格的建筑物。

为了更好地增进各民族的交流，特别是进一步扩大对外开放，作为5 个少数民族自治区之一的壮乡广西，在保留挖掘光大各个民族语言文字的同时，建议大力提倡和推广普通话、英语等语言。另外，为了更能明显地表明出壮乡的特色，建议在党政机关、在开展国际国内重大活动的场所、在机场车站码头、在旅游景点等地方或公众场所，同时书写张贴高挂上“右”为壮文、中为汉文、下“左”为英文三种文字的路牌门牌横额。一是给进入广西的外地人最先的感观是壮乡确实是个民族地区；二是表明广西是中国的壮乡，是中华大家庭中的一名成员；三是说明广西人不仅善良友好，而且更是一个海陆邻靠东盟休养生息、更具有对外开放强烈意识与行动的“壮人”。我希望、更期待着，特别是在南宁这个作为广西壮族自治区的首府里，多几条同时书写着壮、汉、英三种文字的东盟大道！